Martin Stankowski

KÖLN

Der andere Stadtführer

Band 2

Kiepenheuer & Witsch

Herausgegeben von Rainer Osnowski

Überarbeitete Neuausgabe 1997 (6. Auflage)

Recherche: Petra Metzger
Lektorat: Frank Möller
Titelgestaltung: Jan Ü. Krauthäuser, Köln
Karten: Mit Genehmigung des Vermessungs- und Katasteramtes der Stadt Köln vom 24.1.1989, Lizenz-Nr. 428
Satz, Layout und Druck: Prima Print GmbH, Köln

ISBN 3-462-02414-0

Inhalt

Die Wanderungen

Stichworte

Hinweis zum Gebrauch

Nehmen wir an, Sie stehen auf dem **Hansaplatz** und haben dieses Buch in der Hand, dann:

• können Sie auf der **Gesamtkarte** im Innendeckel ihren Standpunkt suchen (wir haben ihn als Beispiel eingekreist) und sich an Hand der Wanderung 7 und des Punktes 4 (S. 84) den Text mit Hilfe der fettgedruckten Randziffern erschließen. Sie finden die mit diesem Punkt verbundene Geschichte dann auf Seite 90.

• Oder Sie schlagen im **alphabetischen Register** am Ende der weißen Seiten unter dem Stichwort »Klingelpütz« und »Hansaplatz« nach und finden dort Hinweise auf die Seiten.

• Oder Sie interessieren sich für die Geschichte des Nationalsozialismus in Köln und sind auf den nach einem NS-Märtyrer benannten »Spangenbergplatz« gestoßen (der heute wieder Hansaplatz heißt) und sind hierhergegangen, um sich den Ort anzusehen. Wie es auf dieser am Thema »Köln zwischen 1933 und 1945« orientierten Tour für Sie weitergeht, können Sie an Hand der **Stichworte** »Alltag und Verfolgung bis 1933« selbst entscheiden (S. 234), z.B. indem Sie zu dem dort vorgeschlagenen nächsten Ort der antifaschistischen Predigten des Jesuitenpaters Spieker nach St. Ursula weitergehen (Punkt 5).

Vorwort

Seit nunmehr zehn Jahren gibt es sie schon, die »Anderen Stadtführer« von Martin Stankowski. Zehn Jahre, in denen die Sichtweisen auf die Stadt sich sehr geändert haben, sicherlich auch ein Verdienst der »Stadtführer von unten«, wie sie in der Presse am Anfang bezeichnet worden sind.

Heute sind die »anderen« Führungen durch die Stadt in reichhaltiger Auswahl zu haben – sei es zu Fuß, per Bus oder Bahn, mit dem Fahrrad oder zuweilen auch schon mit dem Schiff auf dem Rhein. Aus den seinerzeit neuen Betrachtungen zur Stadt und seiner Geschichte ist sogar ein höchst erfolgreiches Kabarettprogramm entstanden: »Biotop für Bekloppte« mit Jürgen Becker.

Damit aber nicht genug: Der Einfluß der »neuen« Sichtweisen ist weithin sichtbar, die Betrachtungsweisen ergänzt durch die vielfältige Palette der Sozial- und Mentalitätengeschichte.

Die vorliegende Neuauflage im Verlag Kiepenheuer & Witsch ist die insgesamt sechste. Die Überarbeitung hat deutlich gemacht, in welcher Weise Großstädte wie Köln einem ständigen Wandel unterworfen sind. Zwar geschehen diese Veränderungen nicht in dem Maße wie in den europäischen Metropolen Paris, Barcelona, Berlin oder Lissabon, spürbar aber werden sie allemal.

Der »Andere Stadtführer« nimmt mehrere Perspektiven ein. Im Mittelpunkt steht aber immer die Stadt, wie wir sie erleben und erfahren, ihre Straßen und Plätze, ihre Gebäude und die Menschen.

Die Wanderungen des ersten Bandes führen durch das Zentrum Kölns. Es beginnt in der Rathausgegend, auf den Hügeln, auf denen römische Soldaten vor 2000 Jahren ihr Zeltlager aufgeschlagen hatten. Weiter geht es mit dem modernen Köln der Kaufleute in der westlichen City von Nord nach Süd über den Neumarkt bis ins Griechenmarktviertel. Die dritte Wanderung dreht sich von innen und außen um das Kölner Wahrzeichen, den Dom, und die vierte versucht die übriggebliebenen Reste der Innenstadt zwischen Bischofspalais und Martinsviertel einzusammeln. Zu Beginn des ersten Bandes (Beschreibung siehe letzte Buchseite) bietet der Essay »Zweitausend Jahre Stadtgeschichte von den Römern bis zur Gegenwart« einen Gesamtüberblick, der unabhängig von Orten und Objekten größere Zusammenhänge herstellt.

Der vorliegende zweite Band schlägt um das Zentrum einen großen Kreis, der in sechs weitere Wanderungen aufgeteilt ist. Die erste Tour, also die *Wanderung 5*, führt vom Bayenturm aus am Rheinufer entlang zur Bastei und ist zugleich auch eine Art Einführungstour. *Wanderung 6* bewegt sich um den Eigelstein und den Ebertplatz herum, in die nördliche Alt- und Neustadt. *Wanderung 7 und 8* führen die Ringe herab, erst im Norden, dann im Süden. Beide Touren erzählen vor allem vom 19. und 20. Jahrhundert und von aktuellen Auseinandersetzungen um Hausabriß und Hausbesetzung, thematisieren Politik und Sozialgeschichte. *Wanderung 9* schlägt analog zur nördlichen Tour einen großen Bogen rund um den Chlodwigplatz, immer durch die

Südstadt. *Wanderung 10* schließlich geht hinüber auf die »Schäl Sick« nach Deutz und versucht, eine »andere« Sichtweise auf die Geschichte der oft vernachlässigten rechten Rheinseite zu vermitteln.

Bei allem Potpourri der Wissensgebiete und Interessen taucht doch oft der Wunsch nach systematischen Zugängen, nach horizontalen Schnitten durch die historischen Epochen auf. Um dem entgegenzukommen, wurden aus allen Wanderungen zu den zentralen Themen – »Kirchen«, »Heidentümer«, »Legenden«, »Frauen«, »Juden«, »Köln im Nationalsozialismus« – alle Hinweise herausgezogen und zu detaillierten Themenkapiteln im Anhang dieses Bandes zusammengefaßt. Wo immer möglich, sind sie in neuer Reihenfolge angeordnet, aus der sich spezielle, themenorientierte Wanderungen ergeben. Die Stadterforschung ließe sich also beispielsweise fortsetzen mit Tour 11 »Geschichte der Juden im alten Köln« oder mit Tour 12 »Frauenbewegung im 20. Jahrhundert«. Diese Wege kann sich jede Leserin und jeder Leser an Hand der Stichworte selbst erschließen. Das Angebot zur Erkundung der Stadt ist gemacht – getreu dem von Alexander Kluge formulierten Motto, daß man nur sieht, wenn man mehr weiß als man sieht.

Ohne das Wissen und die Kenntnis zahlreicher Freundinnen und Freunde aus dem Umkreis der neuen Geschichtsbewegung hätte der »Andere Stadtführer« nicht geschrieben werden können, wobei namentlich Irene Franken vom »Frauengeschichtsverein« und Petra Metzger von »Stattreisen« für die Recherchen zu danken ist. Eine wichtige Hilfe bei der Neubearbeitung waren überdies die zahlreichen Hinweise und Korrekturen von Dietmar Brinkmann.

Köln, im Mai 1997 *Rainer Osnowski*

1. **Bayenturm**
   Stadtpatron / Erzbischof und Bürgeraufstand / Alice oder EMMA
2. **Rheinauhafen**
   Yachthafen und Zeitgeistinsel / Künstlerhaus und Hafenkrähne / Schokoladenmuseum
3. **Maria Lyskirchen**
   Schifferkirche / Nikolauswunder und Katharinenlegende
4. **Am Leystapel**
   Hochwasser anno 1784
5. **Irene-Ludwig-Tunnel**
   Altstadtsanierung und süßes Imperium / Peter, der Mäzen
6. **Kölner Pegel**
   Petrarca 1333 und die Kölner Frauen / Die Schmutzfrachten des Rheins
7. **Fischmarkt**
   Robert Blum / Revolution 1848
8. **Stapelhaus**
   Lager und Handel im mittelalterlichen Köln / Stapelrecht und Stadtökonomie / Kommunale Wegelagerer
9. **Groß St. Martin**
   Römischer Swimming-Pool und Benediktinerkloster / Teures Wohnen in der City
10. **Hohenzollernbrücke**
    Denkmal für Lesben und Schwule / Köln-Fan Friedrich Wilhelm IV. / Die Achse von Preußen zum Papst
11. **Schiffahrt**
    Die letzten Linien auf dem Rhein
12. **Am Alten Ufer**
    Franziska Mathilde Anneke und Ehemann Fritz / Kommunisten 1848 / Bakunin als Gast
13. **Konrad-Adenauer-Ufer**
    Heldengedenken in der Bahndirektion / Das Blut der Kameraden
14. **St. Kunibert**
    Romanische Kirche / Die Sachsenmissionare Ewaldi / Kunibertspütz und Fruchtbarkeitsmythos / Marienhospital
15. **Weckschnapp**
    Knast im alten Köln / Legende vom Brötchen / Bastei und Stadtetat

Vom Bayenturm zur Bastei

Die Stadt vom Fluß und Ufer aus

Wanderung am linken Rheinufer von der südlichen Stadtbefestigung, dem »Bayenturm«, zur nördlichen, der »Bastei« – ca. 4 km – 2 bis 3 Stunden – am schönsten frühmorgens mit der Sonne von Osten

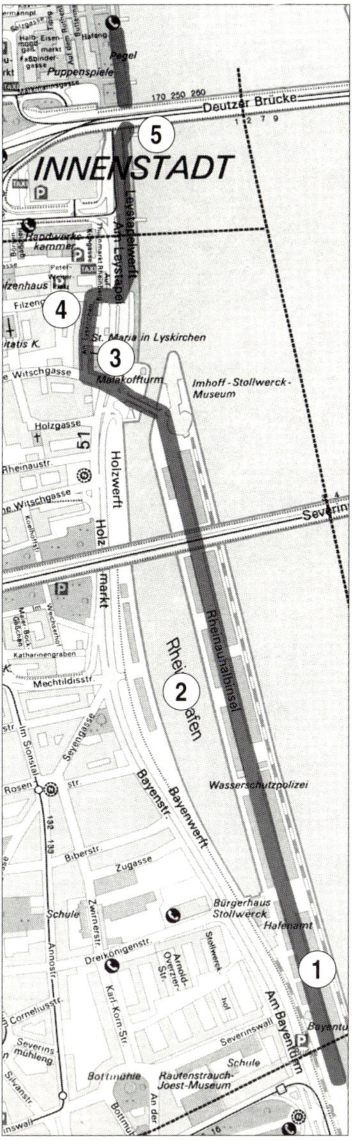

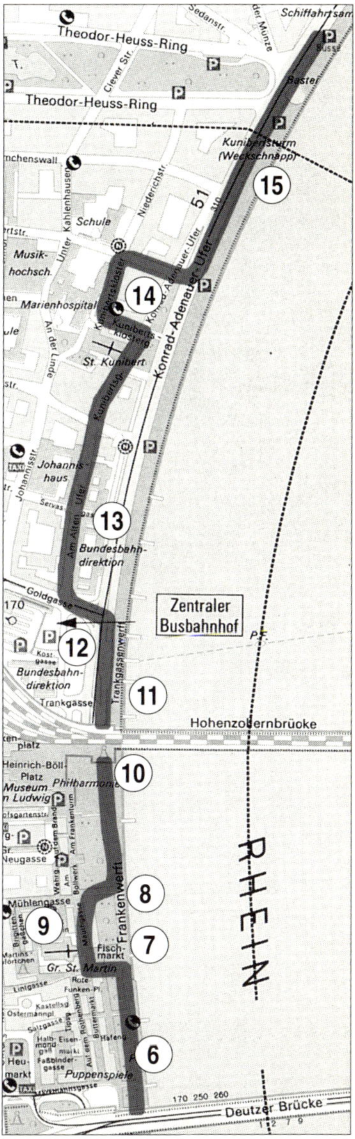

Der Weg am Rheinufer entlang ist nicht nur in Köln die einfachste Art, sich an der Stadt zu orientieren. Das Bild bleibt durch den fließenden Strom lebendig – wie dreckig er auch immer noch ist –, und man hat immer wieder einen Fernblick über den Rhein zur einen und Einblicke in die Stadt zur anderen Seite, bei denen sich die Einzelelemente zu einem Bild zusammenfügen. Gleichzeitig wird man am Ufer auch nicht von Autos gestört, kann sich hinsetzen, manchmal sogar hinlegen oder auch einkehren.

Die Rheinseite Kölns war schon immer ihre Show-Seite. Die repräsentativen und teuren Bauten, Dom oder Ludwigmuseum, sind zum Rhein hin errichtet; das kirchliche und bischöfliche Zentrum der alten Stadt lag auf dem Domhügel; der römische Stadthalter residierte über dem Ufer, an dieselbe Stelle setzten später die Bürger ihr Rathaus; zum Rhein hin siedelten die Kaufleute und Handelsherren. Diese Seite der Stadt galt es zu bewundern und zu beschützen.

Bayenturm

(1)

Im Kölnischen Stadtmuseum hängt ein Ölgemälde des Unternehmers Peter Heinrich Merkens, Gründer einer rheinischen Dampfschiffahrtsgesellschaft im frühen 19. Jahrhundert und Präsident der Handelskammer zu Köln. Im Vordergrund des Bildes posiert der prächtig gekleidete Herr Merkens, markant und reich, den Arm auf eine Brüstung gestützt, an der Seite ein Dampfschiff und dahinter, fast schon am Horizont, ein mächtiges Festungswerk: der Bayenturm. Neben den Symbolen für Industrie und Macht steht der Turm im Hintergrund für den bürgerlichen Stolz des Kölner Kaufmanns. Der Herr Merkens wußte noch, welche Rolle dieser Turm einmal in den Kämpfen der Kölner Bürger gegen die Erzbischöfe im 12. und 13. Jahrhundert gespielt hatte. Fast wie eine Burganlage ausgebaut, war es militärisch entscheidend, wer das Festungsbauwerk beherrschte. 1262 stürmten die Kölner Bürger ihren »eigenen« Bayenturm, auf dem sich die Truppen des Erzbischofs verschanzt hielten. Wer den Bayenturm hatte, besaß die Stadtmacht, und als nach der Schlacht von Worringen 1288 die Erzbischöfe endgültig die Stadt verlassen mußten, wurde der Turm zu einem der Symbole des kölnisch-selbständigen Bürgertums. Zahllo-

Im Hintergrund der Bayenturm, Symbol städtischer Potenz. Vorne posiert der Reeder Peter Heinrich Merkens, Chef der Kölner Handelskammer.

se Gemälde mit dem Stadtpanorama zeigen den dreistöckigen Bayenturm am Fluß, meist ganz links am Bildrand, oft größer als der Wirklichkeit entsprechend und nicht immer topographisch exakt. Man kann ihn im Wallraf-Richartz-Museum auf den Ursula-Zyklen und anderen Heiligen-Darstellungen immer wieder entdecken.

Der Bayenturm stand Jahrzehnte, nachdem er durch Bomben im Zweiten Weltkrieg zerstört wurde, wie ein fauler Zahnstummel am Rheinufer. Erst Anfang der 90er Jahre wurde er als letztes der mittelalterlichen Bauwerke Kölns mit einem Millionenaufwand öffentlicher Mittel restauriert. Ein Blick vom anderen Ufer auf den Bayenturm gibt im Ensemble des Rheinauhafens einen Eindruck, wie das mächtige Bollwerk am Rhein früher gewirkt haben mag.

Rheinauhafen
(siehe Detailskizze)

2

Zugang zum Hafen im Süden durch ein Fußgängertörchen gegenüber dem Ubierring, in der Mitte am Hafenamt (F) vorbei oder im Norden über die Drehbrücke (K).

An der Stelle des Rheinauhafens lag früher eine beliebte Ausflugsinsel, das »Werthchen«. Hier errichtete man Ende des 19. Jahrhunderts mit der zweiten Industrialisierungswelle einen Hafen. Als Ersatz für die Insel wurde in der Nähe der heute noch vorhandene »Römerpark« angelegt. Heute fristet die ganze Hafenanlage nur noch ein kümmerliches Dasein, das Becken (A) ist zum Yachthafen geworden, die äußeren Kais am Rheinufer werden nur noch wenig genutzt, kaum noch 100 Schiffe legen hier jährlich an, und zwischen den Schienen wächst längst das Gras. Die alten Lager und das Speicherhaus im Süden (B) mit seinen dekorativen Giebeln, Rundtürmen und Loggien – wegen seiner sieben spitzen Türme auch »Siebengebirge« genannt – werden meist von Speditionen genutzt. Der Fluß und die Schiffe spielen kaum noch eine Rolle. Seit den 80er Jahren gibt es Diskussionen, was aus dem Rheinauhafen werden soll, ob Kultur-, Wohn-, Einkaufs- oder Museumsinsel. Anfang des nächsten Jahrtausends laufen die letzten Mietverträge aus. Zu Beginn der 90er Jahre veranstaltete die Stadt einen städtebaulichen Ideenwettbewerb, dessen preisgekrönter Entwurf den weitgehenden Abriß und drei monumentale Neubaublöcke vorsieht. Ende 1996 wurde ein Erschließungsplan verabschiedet, aber sicher ist vorerst nur ein geplantes »Sportmuseum« in der Halle 10, dessen Kosten von rund 20 Millionen Mark sich Stadt, Land und Bund teilen. Andere Ideen, etwa der Bau eines Auto-, eines Zoll- oder eines Theatermuseums, sind in der Versenkung verschwunden.

»Siebengebirge« nennt man in Köln die Lagerhäuser am Rhein. Anfang des Jahrhunderts erbaut, stehen sie heute fast leer. (Foto um 1910)

Allerdings, zwei Entscheidungen wurden getroffen. Zum einen haben CDU und Grüne gegen die

Im Krafthaus hinter dem Hafenamt wurde die Energie für die Hafenanlagen erzeugt.

SPD das »Rhenania-Haus« (E) unter Bestandschutz gestellt. Hier siedelten sich im Frühjahr 1987 die Künstler an, die mit dem Abriß des Annosaals und der Maschinenhalle aus dem Stollwerck-Gelände vertrieben wurden und hier neue Ateliers, Ausstellungshallen und Probenräume gefunden haben. Ein lebendiger Ort kreativer und experimenteller Kunst. Zum anderen wurde das alte Zollamt (G) an den Stollwerck-Besitzer Hans Imhoff verkauft, der sich hier zusammen mit einem Neubau seinen Lebenstraum erfüllte, ein eigenes Schokoladenmuseum zu errichten, das »Imhoff-Stollwerck-Museum«. Von manchen wird es als »Firmenmuseum« abgetan, aber es ist ein privater Kulturladen mit hohem Publikumszuspruch und manchen Details, von dem die städtischen Behörden, sprich Museen, noch manches lernen könnten.

Es ist eine Art Dornröschenschlaf, in dem sich der Rheinauhafen befindet, bevor das meiste abgerissen wird und die monumentalen Neubauten drohen. Und wie häufig in solchen Übergangsgebieten sind alternative bzw. Zeitgeist-Unternehmen eingezogen. Italienische Designermöbel, Surfbretter und Neonschmuck, Architektenbüros, Hanfhandel, Teile der jährlichen Möbelmesse, Filmproduktionen oder Journalistenbüros findet man hier. Seit Ende 1996 wird aus der Halle 11

A: Yachthafen, B: »Siebengebirge«, C: Lagerhallen, D: Stollwerckhäuser, E: Rhenania-Haus, F: Hafenamt, G: Schokomuseum, H: Drehkran, K: Malakoffturm und Drehbrücke

Zunächst mußten die Stollwerck-Künstler einige Tonnen Taubendreck und Müll beseitigen, bevor sie in das verrottete »Rhenania-Haus« umziehen konnten. Mehr als 30 Maler, Bildhauer und Aktions-Künstler arbeiten mittlerweile hier am Hafen.

die WDR-Live-Show »Privatfernsehen« mit Friedrich Küppersbusch gesendet.

Viele Bauten im Rheinauhafen sind typisch für das 19. Jahrhundert. Repräsentative Denkmäler wie das neogotische Hafenamt (F), dessen Turm den achteckigen Helm der benachbarten Severinskirche zitiert. Oder auch die Zeugen der Arbeits- und Industriegeschichte: Das »Krafthaus« hinter dem Hafenamt, in dem früher die Wasserhydraulik untergebracht war oder die denkmalgeschützten Hallen rechts und links der Severinsbrücke. Am wichtigsten aber sind oder waren die Portalkräne, deren Stellung zwischen Strom und

Lebenssignale in Eisen. Die unbekannten Künstler der Gruppe X 99 schweißten ohne Auftrag diese Plastiken zwischen Hafen und Bahn.

Hallen die Funktion als Bindeglied im Güterverkehr verdeutlicht, zwischen dem Transport auf dem Wasser und der Lagerung im Hafen. Die meisten indes wurden in den vergangenen Jahren abgerissen, nur fünf stehen noch, darunter der Drehkran »Hercules« aus dem Jahre 1898 (H) mit 30.000 kg Hebelast, eines der wenigen alten Dokumente der Industriegeschichte in Köln überhaupt.

Wer sind die Frauen oder Männer der X 99?

Für die Technikgeschichte wichtig ist schließlich die Drehbrücke über der Hafenzufahrt im Norden mit ihrem elektrohydraulischen Antrieb, der sich im Malakoffturm (K) befindet.

Die Hydraulik war eine entscheidende Übergangstechnik nach der Dampfmaschine und vor dem Elektromotor, um Kraft zu erzeugen und zu verteilen. In der zweiten Hälfte des 19. Jahrhunderts wurde sie in vielen großen Häfen genutzt, um schwere Lasten zu bewegen. Selten sind die hydraulischen Anlagen vollständig erhalten wie an dieser Drehbrücke. Ein Elektromotor treibt eine Pumpe, die Wasser mit 50 atü Überdruck auf eine hydraulische Presse gibt, welche die ganze Brücke um etwa 10 cm anhebt, damit ein Hydraulikkolben dann in kaum einer Minute die Brücke ans Ufer schwenken und den Schiffen freie Ein- oder Ausfahrt geben kann.

Allerdings wird die Brücke hydraulisch nur noch selten bewegt. Museumsbesitzer Hans Imhoff, der Turm und Brücke zusammen mit dem alten Zollamt von der Stadt übernahm, waren die Kosten für den Brückenwärter zu hoch. Ein Elektro-

Vor 90 Jahren bewegten sechs Arbeiter den Kran per Muskelkraft. Jetzt steht das älteste Stück der Industriegeschichte am Rhein unter Denkmalschutz.

motor wurde eingebaut, die Dame von der Kasse startet ihn per Fernbedienung, und der Stadtkonservator stimmte zu: schlanke Denkmalpflege!

Die mächtigen Portalkräne, die jahrzehntelang die Verbindung zwischen Strom und Straße darstellten, werden verschrottet. Später einmal wird man ihnen nachtrauern, so wie heute der alten Stadtmauer.

Auf der nördlichen Spitze der Rheinauhalbinsel grüßt der Hl. Nikolaus die Schiffer, der Patron der Seeleute, der Schüler und der Holländer. Früher stand diese Figur am Bayenturm. Er erblickt bei niedrigem Wasserstand auch den ansonsten un-

Malakoffturm, Drehbrücke und Zollamt um 1930.

sichtbaren Duffesbach, der in der gegenüberliegenden Ufermauer austritt, genau dort, wo die Angler gewöhnlich auf ihre Beute warten. Die Fische tummeln sich offenbar gern in der nahrhaften Drecksbrühe, die einst historische Dimension besaß: Am Ufer des Baches errichteten die Römer ihre südliche Stadtmauer; den Gerbern und Färbern des Mittelalters brachte er frisches Wasser; im Vorgebirge war er Gegenstand ewiger Streitereien um die Wasserrechte; schließlich gab er den Straßen ihren Namen, die seinen unterirdischen, heute kanalisierten Verlauf markieren: Duffesbach, Weidenbach, Rothgerberbach, Blaubach, Mühlenbach und Filzengraben.

Der Malakoffturm selber wurde ursprünglich als Teil eines preußischen Festungsbauwerks aus dem Jahre 1855 errichtet. Seinen Namen hat er, wie auch viele Fördertürme des Ruhrgebiets, von einem Fort der Festung Sewastopol am Schwarzen Meer. Im Krimkrieg 1853/56 wurde dieses Fort Malakoff von den russischen Verteidigern unter großen Verlusten und außerordentlich lange gegen eine englisch-französische Übermacht gehalten und galt fortan im nationalistisch gesonnenen Europa als Symbol für Kraft und Stärke. Als die Preußen in Köln ihre militärischen Anlagen aus der Stadt verlagerten, ging der Turm im Jahre 1893 in die neue Hafenanlage ein.

Ein weiteres Denkmal soll schließlich nicht unerwähnt bleiben: das Ratsschiff »MS Stadt Köln«.

Der Tip zur Rast:

Café im Schokoladenmuseum – täglich geöffnet von 11-18 Uhr, Sonn- und Feiertags bis 19 Uhr – man sitzt wunderbar dicht über dem Wasser, die Schiffe tuckern vorbei, die heiße Schokolade ist lecker – die Beletage des Museums ist für Feste zu mieten, ab 30 Personen, Buffet zwischen 64 und 68 Mark pro Nase – Info Tel. 93188817.

Bade- und Spaziervergnügen nach der Jahrhundertwende – hier nahe Rodenkirchen.

Es stammt aus dem Jahr 1938 und wurde von dem damaligen NS-Oberbürgermeister Karl Georg Schmidt in Auftrag gegeben, um illustre Gäste der Stadt auf dem Rhein herumschippern zu können. Aus dieser Zeit ist noch die komfortable Einrichtung mit Salons, Konferenzräumen, Wohnzimmern und Empfangsdeck erhalten; das Ganze fein vertäfelt, mit Plüsch und Samt. Einige alte Matrosen im Rheinauhafen erzählten indes, es sei das Luxusschiff von Hermann Göring gewesen und auf ungeklärte Weise erst nach 1945 hier als »MS Stadt Köln« gelandet. Heute wird es als Repräsentationsschiff des Oberbürgermeisters genutzt, braucht jährlich über 100.000 Mark an Unterhalt, kann jedoch auch von der KVB-Touristik von jedermann gemietet werden: für 3.220 Mark die ersten drei Stunden, 345 Mark für jede weitere und noch mal 460 Mark für die Reinigung.
Also, Schiff ahoi!

MS »Stadt Köln« – Verlustierte sich einst Hermann Göring auf diesem schmucken Dampfer?

Maria Lyskirchen

3

Die Denkmalschützer debattieren schon seit längerem darüber, wie die mittelalterlichen Kirchen mit Gemälden, Teppichen, Bildern, Figuren oder farbigen Fenstern im Innern ausgesehen und gewirkt haben mögen. Sie waren wahrscheinlich sehr viel bunter, als wir die monumentalen Bauten im Hell-Dunkel-Kontrast heute kennen. Maria Lyskirchen, benannt nach ihrem Stifter, einem reichen Bürger Lysolfus, kann heute noch einen ungefähren Eindruck des früheren Zustands vermitteln. Als einzige der romanischen Kirchen in Köln besitzt Maria Lyskirchen die originalen Deckenmalereien, die auch den Krieg überdauerten.

Um das Jahr 1220 wurde die Kirche als dreischiffige Basilika erbaut und nicht als Stifts-, sondern als Eigen- und später als kleine Pfarrkirche genutzt. Eine alte Legende über den Kölner Bischof Maternus, dessen Sarg hier am Rheinufer angeschwemmt worden sein soll, bringt sie in Verbindung mit dem nahen Fluß. Maria Lyskirchen ist eine Schifferkirche, und entsprechende Utensilien zeugen davon, wie z.B. ein mächtiger Anker vor der Nikolausfigur und die große Madonna im nördlichen Seitenschiff, die früher draußen zum Rhein hin stand.

Das große Mittelgewölbe ist mit zwei parallelen Bildlegenden ausgemalt, die vom Altar aus zu

Der Kaufmann schlief, und die drei Diebe räumten die Truhen leer.

Das Nikolausbild bekam Dresche, der Heilige hatte nicht geholfen.

Am Ende geben die Diebe ihre Beute bei Nikolaus ab.

»lesen« sind: Rechts finden sich Darstellungen des Alten und links analog dazu des Neuen Testaments. Spannender als dieses biblische Programm sind die Legenden an den Decken der Seitenkapellen. Diese Bildergeschichten haben die Menschen, die meistens Analphabeten waren, belehrt und unterrichtet. In der linken (südlichen) Kapelle ist die Nikolaus- und in der rechten die Katharinenlegende zu sehen.

Die Philosophen im Ofen – So drastisch ging Maxentius mit den christlichen Professoren um. Ein Detail aus der »Katharinen-Legende« in Maria Lyskirchen.

In der Nikolausgeschichte geht es u.a. um einen jüdischen Kaufmann (zu erkennen an seinem spitzen Hut), der bestohlen wird und dafür das Schutzbild des Heiligen verdrischt. Daraufhin besorgt Nikolaus die Beute wieder, befreit nachher aber auch die drei Diebe aus dem Schraubstock. Die Katharinenlegende handelt von der

Katharina wurde gefoltert, die Brüste durchstochen und anschließend wurde sie enthauptet.

frühchristlichen Märtyrerinnenverfolgung. Dieser Bildzyklus des späten Mittelalters spiegelt zugleich den aktuellen Zeithintergrund mit Frauenverfolgung und Männerphantasien: Katharina, eine Christin (Bild 1), kann heidnische Philosophen zum Christentum »bekehren« (2), woraufhin diese von dem wütenden Kaiser Maxentius in einem Ofen verbrannt werden (3) und Katharina ins Gefängnis gesteckt wird. Dort jedoch kann sie die Kaiserin und sogar den Gefängnisdirektor vom Christentum überzeugen (4). Maxentius will Katharina deswegen rädern lassen, doch das Rad wird von Engeln zerschlagen (5), und so werden die Kaiserin (6) und Katharina (7) schließlich gefoltert und enthauptet. Engel beerdigen am Ende die Heilige auf dem Berge Sinai (8).

Am Leystapel / Wassernöte

4

Die Geschichte des Rheins ist immer wieder mit Hochwasserkatastrophen verbunden, die Liste der Überflutungen ist lang. Keine Katastrophe jedoch hat so schreckliche Erinnerungen hinterlassen wie der Eisgang vom Februar 1784. An dem länglichen Haus an der Ecke Filzengraben/Am Leystapel ist eine der eisernen Hochwassermarken zu sehen, die an das Unglück erinnern: »28.2.1784 – 28 Fuß«. Ähnliche Marken gibt es am äußeren Chor der Elendskirche und hoch oben am alten Portal von Maria Lyskirchen. Eine neue Plakette zum selben Ereignis taucht auch an der sogenannten »Schmitz-Säule« auf dem Platz vor Groß St. Martin auf.

28 Fuß Hochwasser, das sagt wenig, auch wenn man es nach dem heutigen Pegel auf 13,60 m umrechnet. »Um 7 Uhr morgens«, heißt

Die Hilfsmittel sind geblieben: Boote und Sandsäcke.

Überschwemmungen hat es immer am Rhein gegeben. Allerdings kommen sie heutzutage dank Flußregulierung und Landschaftsbetonierung immer häufiger vor.

es in einem zeitgenössischen Bericht, »brach, während aus allen Stadtteilen Jung und Alt dem Rheine zueilten, das Eis zum zweiten Mal los. – Entsetzliches Bild! Die Fluthen, die bereits eine ganz außerordentliche Höhe erreicht hatten, stürzten Eis auf Eis. Die Schiffe wurden reihenweise entweder an den Mauern zerschmettert oder von den Tauen abgerissen und mitgeschleppt, daß den Schiffern kaum einige Augenblicke übrig blieben, ihr nacktes Leben zu retten. Sie wollten fliehen. Das beispiellos schnell aufschwellende Wasser, das nach genauer Beobachtung binnen einer Viertelstunde um 5 Fuß stieg, hatte jedem den Weg zur Flucht verlegt. Nun hörte man von allen Seiten ein Mark und Bein durchdringendes Angst- und Hülfe-Geschrei. In den Speicherfenstern, auf den Dächern sah man Tausende von Menschen in Todesnoth die Hände ringen und nach allen Richtungen um Hülfe flehen.«

Wenngleich es heute nicht mehr so dramatisch zugeht, gibt es immer noch Hochwasser am Rhein. Die raschen Schwankungen des Wasserspiegels haben sich sogar noch verstärkt, seitdem der Rhein und die Nebenflüsse begradigt, kanalisiert, ausgebaggert und viele Freiflächen zubetoniert worden sind. Mehrfach in den letzten Jahren ist der Rhein über die Uferbefestigungen getreten und hat die Altstadt und die Straßen unterhalb der Severinsbrücke weit überschwemmt.

»Ich war noch zu klein damals, ich durfte nicht, aber mein älterer Bruder, erinnere ich mich, ist noch jeden Sommer in den Rhein schwimmen gegangen. Manchmal haben sie sich dann von Kähnen stromaufwärts ziehen lassen – so schwer beladene, die tief lagen und langsam waren, aber man mußte aufpassen, man mußte schnell und fest zupacken, sonst riß es einem die Hand auf. Und dann haben sie sich treiben lassen, den Rhein runter. Wenn man den Kopf unter Wasser hat, kann man den Rhein hören, sagte er immer. So ein Schmurgeln, von den Rheinkieseln – das ist Rheingold, sagte meine Mutter dann, obwohl wir ja in Karlsruhe lebten. Und dann die Strudel, die – ja eigentlich waren die gar nicht gefährlich, man mußte nur wissen wie: entweder sich ganz flach auf dem Wasser halten, daß man dem Strudel keine Angriffsfläche bietet, und einfach drüber weggleiten oder, für die Mutigen, sich runterziehen lassen, gestreckt, Arme übern Kopf und abwärts – sind zwei, drei Meter vielleicht, dann läßt er einen wieder raus. Gefährlich wird's eigentlich nur, wenn man gegen ihn ankämpft.«

Aus der Revue »Warum ist es am Rhein so schön?«

Auf Stegen durch die Altstadt – Hochwasser während der 90er Jahre.

Irene-Ludwig-Tunnel

5

Unterhalb der Deutzer Brücke verschwinden die Autos von der Rheinuferstraße in einem tiefen Tunnel, um erst jenseits der Hohenzollernbrücke wieder aufzutauchen. Die Promenade über dem Tunnel heißt neukölnisch »Rheingarten«, und seit den 80er Jahren ist die Stadt an dieser Stelle wieder mit dem Ufer verbunden. Ein Club von Straßenbauingenieuren hat dafür sogar einen Preis mit dem Titel »Straßen für den Bürger« gestiftet, dessen überdimensionale Plakette im Pflaster des Rheingartens eingemauert wurde. Tunnel und Promenade haben fast 200 Millionen Mark gekostet, und wir haben sie einem Ehepaar aus Aachen zu verdanken: Irene und Peter Ludwig. Peter Ludwig war Schokoladenfabrikant, Kunstprofessor und internationaler Sammler, hat einen großen Teil seiner Kunstwerke der Stadt Köln vermacht und dafür ein eigenes Museum sowie die Ehrenbürgerschaft erhalten. Mit dem Bau des neuen Museums Anfang der 80er Jahre war auch dieser Straßentunnel, der Rheingarten sowie die Sanierung der Altstadt verbunden. Das ganze Viertel sollte attraktiver, d.h. lukrativer werden. Insgesamt ein Projekt, das den Steuerzahler etwa eine Milliarde Mark gekostet hat. Während aber nun alle Welt von Peter redet, schweigt man(n) über Irene, obwohl sie doch die Schokoladenseite in die Beziehung eingebracht hat. Irene stammt nämlich aus der Schoko-Dynastie »Monheim« (u.a. Trumpf, Mauxion, van Houten und Novesia), während Peter in die Familie le-

Irene Ludwig, die Frau mit dem Geld aus der Monheim-Dynastie.

diglich einheiraten durfte. Um die Ungerechtigkeit wenigstens ein bißchen zu kompensieren, nennen deshalb manche KölnerInnen den Tunnel nach der wirklichen Mäzenatin »Irene-Ludwig-Tunnel«.

Inzwischen hat aber auch Irene die Ehrenbürgerwürde erhalten und Peter Ludwig, kurz vor seinem Tode im Jahre 1996, noch einen weiteren museumsstrategischen Coup gelandet. Er vermachte der Stadt Köln seine umfangreiche Picasso-Sammlung mit der Auflage, auch die in »seinem« Museum öffentlich zu präsentieren. Das bisher dort untergebrachte Wallraf-Richartz-Museum mußte weichen und erhält nun in einem neuen Bau zwischen Gürzenich und Rathaus, den der weltbekannte Architekt O.M. Unger entwarf, sein Domizil.

Im Rheingarten kann man den Verlauf der früheren Stadtmauer entlang des Rheinufers verfolgen. (Ein kleines Törchen, genannt die »Schlupfpforte«, war kurz vor der Tunneleinfahrt auf dem jenseitigen Bürgersteig zu sehen. Das ist der einzige originale Mauerrest am Rhein.) Ein Plattenweg im Rheingarten folgt dem Verlauf der ehemaligen Stadtmauer, und man findet dort die früheren Mauertürme markiert, die beim Aus-

Peter Ludwig handelte sich manchen Spott ein, bevor er die Kölner Ehrenbürgerschaft in der Tasche und sein Museum unter Dach und Fach hatte. Hier 1980 als Objekt einer Aktion der Initiative »Nein zu Ludwix Museum«.

schachten des Rheinufertunnels sichtbar wurden. Weiter nördlich sind Basaltblöcke im spitzen Winkel in der Wiese aufgeschichtet. Sie entsprechen dem Grundriß eines früheren Bollwerks, das an dieser Stelle im Jahre 1604, kurz vor dem Dreißigjährigen Krieg, von dem italienischen Festungsbaumeister Johannes Pasqualini vor der Stadtmauer angelegt wurde.

Kölner Pegel

6

»Von Aachen«, so schrieb im Jahre 1333 der berühmte italienische Schriftsteller und Vorläufer des Humanismus Petrarca, »kam ich nach Köln, das durch seine Lage, seine Bevölkerung und durch den Fluß sehr berühmt ist. Am Tag vor St. Johannes war's – die Sonne neigte sich bereits ihrem Untergang zu, und alsbald führten mich meine Freunde zum Ufer, wo ich ein prächtiges Schauspiel bewundern konnte.«

Vielleicht war es hier in der Nähe des Kölner Pegels, an dem heutzutage der Wasserstand gemessen wird, wo Petrarca am 24. Juni einem heidnischen Brauch im angeblich so heiligen Köln beiwohnte.

»Das ganze Ufer war mit einer unermeßlichen Menge Frauen bedeckt. Ich staunte. Gütiger Gott, was für schöne Gestalten, Gesichter, Kleider! Wer das Herz von anderen Leidenschaften frei gehabt hätte, konnte sich da verlieben. Ich hatte mich an

DAS ZIFFERBLATT *des Pegels. Bei ① wird der Stegbau vorbereitet, bei ② das Klärwerk abgestellt, bei ③ der Rheinufertunnel geschlossen, bei ④ steht der Heumarkt unter Wasser.*

Die Uhr des Rheins geht anders

Regenfälle und Tauwetter haben den Rhein in Köln gestern binnen zwölf Stunden um fast einen Meter steigen lassen. Am Morgen zeigte die „Uhr" am Pegelturm am Frankenwerft 5,55 Meter, am Abend waren es 6,41 Meter. Wer diese „Uhr" richtig lesen will, muß beachten, daß ihr Zifferblatt nur zehn Meßstufen enthält, anders das Zifferblatt einer Zeit-Uhr, das zwölf Werte angibt. Ab 6,20 Meter – dieser Wert wird am Pegel etwa so angezeigt, wie bei einer Zeit-Uhr „7.10 Uhr" – herrscht Hochwasser. Bei 7 Meter (Pfeil 1) werden Vorbereitungen zum Stegbau getroffen, bei 8,50 Meter (2) wird das Großklärwerk außer Betrieb gesetzt, Kölns Abwässer fließen dann ungeklärt in den Rhein. Bei 9.50 Meter (3) wird die Hochwasserschutzmauer überflutet. Bei 13.50 Meter (4) werden Heumarkt, Altermarkt und Waidmarkt überflutet. Das war zuletzt 1784 der Fall. fk

einem etwas erhöhten Ort aufgestellt, und ich sah sie nacheinander alle in ihren Festgewändern. Frauen in lebhafter Erregung, manche mit duftenden Kräutern bekränzt, die Ärmel hatten sie bis zu den Ellbogen aufgestreift. Sie badeten im Fluß die Hände und die weißen Arme und murmelten dabei in ihrer mir unbekannten Sprache, ich weiß nicht was für Worte. Man sagte mir, das sei ein uralter Brauch und das Volk sei fest davon überzeugt, alles drohende Unheil des ganzen Jahres spüle die Waschung am Fluß an diesem Tag hinweg.«

Der Johannistag ist der Tag vor der Sommersonnenwende, kölsch »de Sonnkipp«, der längste Tag des Jahres. Ein Fest erinnerte an die wieder kürzer werdenden Tage und die Zunahme der Dunkelheit. Damals glaubte man an die »Mächte der Finsternis«, die Dämonen, und war von der reinigenden Kraft von Wasser und Feuer überzeugt. Die rituelle Reinigung am Vorabend war der eine Brauch, ein Feuer am Johannistag ein anderer, der sich noch bis ins 19. Jahrhundert in Köln gehalten hat. Petrarcas Überlieferung weist

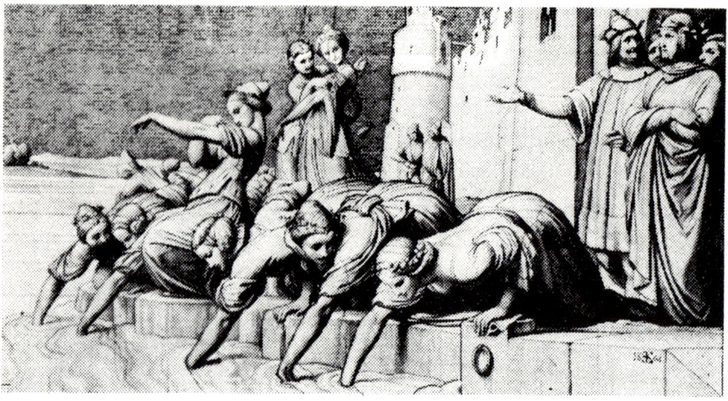

Ein alter Mythos, der sich lange in Köln hielt: Rituelle Waschungen im Rhein verweisen auf die Kraft der Elemente. Ein Fresco des Malers Eduard von Steinle (1810-1879) stellt den Besuch Petrarcas in Köln dar.

auch auf einen anderen Aspekt der Geschichte hin: Frauen glaubten wohl länger als Männer an die Kraft der Elemente. Sie praktizierten und überlieferten die alten vorchristlichen Bräuche und tradierten bis in die Neuzeit auch die entsprechenden Segenssprüche und Weiheformeln. Sie feierten die Rituale in der Erwartung, damit den Lauf der Erde und der Gestirne günstig zu beeinflussen, und setzten sich dadurch später dem Verdacht der Hexerei aus.

Fischmarkt / Robert Blum

7

An der hohen Böschungsmauer von Groß St. Martin entdeckt man eine alte Steintafel, die an das Geburtshaus eines deutschen Revolutionärs erinnert: Robert Blum, einer der führenden Köpfe des ersten deutschen Parlaments, der Frankfurter Paulskirche, wurde hier am 10. November 1807 geboren.

Der Vater, von Beruf Faßbinder, stirbt früh an der Schwindsucht; die Mutter arbeitet als Dienstmädchen. In seiner Kindheit lernt Robert bereits alle Stationen eines Arme-Leute-Lebens kennen: Hunger, Betteln, Armut. Den Schulbesuch in der nahen Lintgasse kann er sich als Meßdiener und Kirchenwärter verdienen. Zwei Jahre geht er aufs berühmte Dreikönigsgymnasium der Jesuiten, muß dann aber trotz bester Zeugnisse die Schule verlassen: Er hat kein Geld. So jobbt er bei verschiedenen Handwerkern, die ihm aber wenig beibringen, und kommt dann zu einem Kaufmann für Rüböl-Laternen. Seine erste lokalpatriotische Leistung vollbringt er hier; er verfaßt eine zustimmende »Abhandlung über die Straßenbeleuchtung« (1830). Immerhin ist Köln die erste deutsche Stadt, die die sogenannte »Maastrichter Laterne«, ein Zwischenglied vom Wachs- zum Gas-

licht, einführt. Damals gab es noch Stimmen in der katholischen Domstadt, die gegen den Frevel wetterten, daß der Mensch in Gottes natürlichen Ablauf von Tag und Nacht künstlich eingreife.

Doch damit ist auch Blums kölnische Rolle zu Ende. Er geht als Theaterdiener nach Leipzig, schreibt selbst Stücke, engagiert sich kirchlich, kulturell und später auch politisch, gerät mit der Zensur in Konflikt, landet zweimal dafür im Gefängnis und kommt schließlich 1846 in den Leipziger Stadtrat und 1848 als Abgeordneter ins deutsche Vorparlament nach Frankfurt. Blum wird

Die Geschichte klingt immer gleich: hier das berühmte, aber geldgierige Jesuitengymnasium, dort das kluge, aber arme Proletenkind.

Die Volksschule neben Groß St.Martin existierte noch bis in unser Jahrhundert. Der kleine Robert Blum mußte sich seinen Schulbesuch als Kirchenwärter verdienen.

»Dieses begehrte Land am Rhein, von Begehrlichen bewohnt, hat zahlreiche Herrscher gehabt, entsprechend viele Kriege gesehn, koloniale, nationale, regionale, lokale, konfessionelle, es hat Weltkriege gesehen, Pogrome hat es gesehen, Vertreibungen, und immer wieder kamen Vertriebene anderswoher und wurden anderswohin vertrieben, und es schufen Scherben, Geröll und Trümmer, es schufen Ost- und Westverschiebungen nicht, was zu erwarten gewesen wäre: Gelassenheit. Wohl weil man uns dort, wo wir wohnen, nie ließ. Den einen waren wir zu westlich, den andern nicht westlich genug, und immer noch herrscht Mißtrauen unter den demonstrativ Deutschen, als wäre die Kombination westlich und deutsch doch nur eine Täuschung der inzwischen unheilig gewordenen Nation, wo doch gewiß sein müßte, wenn dieses merkwürdige Land je so etwas wie ein Herz gehabt hat, lag's da, wo der Rhein fließt.«

Heinrich Böll

bald zu einem der Sprecher der links sitzenden, der demokratischen Fraktion – daher auch der spätere Begriff der »Linken« –, was allgemein auf seine rhetorischen Fähigkeiten zurückgeführt wird und auf die widersprüchliche, aber faszinierende Ausstrahlung seiner körperlichen Erscheinung. Sein Biograph schildert ihn als eine »enigmatische, schwerfällige, eigensinnige, minotaurushafte Erscheinung, hervorgebracht durch die ziemlich kleine, untersetzte Figur, die breite Stirn, den starken Haarwuchs, die matten Augen, die sinnlichen Lippen und die vorgestreckte, schräge Kopfhaltung«.

Es gibt manche Historiker, die Blums Rolle in der deutschen Revolution von 1848 mit der von Rosa Luxemburg 1917/18 vergleichen. Schon 70 Jahre vor ihrem klassischen Ausspruch, Freiheit sei immer auch die Freiheit der Andersdenkenden, wird von Blum überliefert: »Was wäre auch die Freiheit, wenn sie nicht jedem Menschen und jeder Meinung vergönnt sei.«

Im Oktober 1848 reist Blum als Delegierter der deutschen Nationalversammlung nach Wien, um den aufständischen Bürgern eine Dankadresse zu übermitteln. Und obschon als Volksvertreter »immun«, wird er von den kaiserlichen Truppen gefangengenommen und von dem kommandierenden General Windischgrätz kurzerhand standrechtlich erschossen. Seine Leiche landet in der Anatomie.

In Deutschland ist man landauf, landab empört, in Köln kommt es zu Trauerkundgebungen und in der Minoritenkirche zu einem großen Totengottesdienst. Anfang unseres Jahrhunderts wird dann die Gedenktafel an seinem Geburtshaus angebracht, das 1939 bei der Altstadtsanierung unter zynischen Kommentaren der Nazipresse abgerissen wird. In Lindenthal ist südlich des Stadtwalds eine kleine Straße nach Robert Blum benannt.

Auf der anderen Seite des Fischmarktes sei noch auf das typische Touristen- und Altstadtlokal »Im St. Martinchen« in der Frankenwerft 31-33 hingewiesen. Hier treffen sich bisweilen mittwochs abends nach ihrer Fraktionssitzung die regierenden Sozialdemokraten. Im »Martinchen« werden nicht nur die großen Familienfeste der Partei gefeiert, sondern auch die kleinen Klüngelrunden abgehalten, die das wichtigste sind im kölschen politischen Leben und vor allem Überleben.

Fischmarkt / Stapelhaus

8

Die Kölner Stadtgeschichtsschreiber weisen in aller Regel darauf hin, welche bedeutende wirtschaftliche Rolle für die mittelalterliche Ökonomie Kölns das »Stapelrecht« gespielt hat. Von einem »Recht« zu sprechen ist aber nur zur Hälfte richtig, denn tatsächlich handelte es sich hierbei eher um einen Zwang, und man kann es getrost als eine Art legalisierten Wegelagerertums bezeichnen. Technisch gesehen hängt das Stapelrecht mit dem Tiefgang der Schiffe und der Tiefe des Rheins zusammen, der damals noch nicht ausgebaggert wurde. Bei Köln mußten die von Holland kommenden Waren auf flachere Kähne umgeladen werden. Bei Mainz passierte dasselbe noch einmal für die niedrigste Strecke am Oberrhein. Dazu lud man die Produkte aus, man »stapelte« sie. Aus dieser Notwendigkeit entwickelte sich eine besondere Art des Handels. Die gestapelten Waren wurden drei Tage lang ausgestellt und angeboten und durften nur an Kölner Händler verkauft werden. Die ließen sich eine Fülle von Vorschriften einfallen, um sich alle Vorteile des Geschäfts zu sichern. Zunächst wurden die Waren einer strengen Prüfung unterzogen: Sie wurden gemessen, gewogen, geteilt, dann neu verpackt und bekamen schließlich einen Wappenstempel »Made in Cologne«. Nicht zuletzt dadurch ist der Ruf zahlreicher »Kölner« Waren in aller Welt begründet.

Die auswärtigen Händler unterlagen einer strengen Reglementierung. Da ihnen der Erwerb eigener Häuser in Köln untersagt war, mußten sie

Das Stapelrecht, eine Art lizensierten Raubrittertums. Die Kölner Händler kauften in großen Mengen, teilten die Produkte, ließen sie neu verpacken und am Schluß abstempeln: »Made in Cologne«.

Weinverkäufer

Kohlverkäuferin

Gemüseverkäuferin

Scherenschleifer

in Hotels und Gasthäusern absteigen. Die private Lagerung der eigenen Waren war ihnen verwehrt, dafür gab es spezielle Häuser. Auch der Verkauf hochwertiger Waren, wie Pelze, Weihrauch oder Alaun, war verboten. Textilien z.B. durften nur in ganzen Ballen, Pfeffer, Zimt und Genever sackweise, Zucker nicht unter 4 »Broten«, Safran nicht unter 8 Pfund und rohe Seide nicht unter 12 Pfund abgegeben werden. Damit war die lästige Marktkonkurrenz ausgeschaltet, denn die Kölner Großhändler werden sich schon auf ihre Einkaufspreise verständigt haben.

Handel, Prüfung und Kennzeichnung der Waren führten zu einem großen Verwaltungsapparat, und es gab zahlreiche Berufe in der Domstadt, die nur damit beschäftigt waren, zu wiegen, zu messen, zu kontrollieren, aus- und einzupacken, zu verschicken usw. Man kannte Ober- und Untermarktmeister, Kürmeister, Marktherren, Schreiber, Diener, Marktpolizisten. Köln wurde so im Laufe der Jahrhunderte ein international bedeutender Handelsknotenpunkt mit eigenen Kontoren im Fernhandel, ohne jemals in entsprechendem Umfang auch Produktionsort der Waren gewesen zu sein. Das war nicht nur für den fast risikolosen Geldzuwachs in der Stadt, sondern ist bis heute für die Ideologie und Händlermentalität Kölns von nicht geringer Bedeutung.

Der Handel spielte sich an speziell dafür vorgesehenen Plätzen ab, an die Namen wie Buttermarkt, Eisenmarkt, Heumarkt oder Fischmarkt erinnern sollen. Für die Produkte gab es nicht nur Märkte, sondern auch Warenhäuser, in denen gestapelt und gehandelt wurde. Neben dem Gürzenich ist das einzig erhaltene das »Fischkaufhaus« vor Groß St. Martin am Rhein. Im katholischen Köln spielte der Fischhandel schon wegen der vielen Fastentage eine bedeutende Rolle. Außerdem waren Hering oder Stockfisch auch Lebensmittel der armen Leute. Nicht nur auf dem Fischmarkt wurde verkauft, auch auf dem Alter Markt saßen die »Feschwiever« in der Platzmitte um den »Kax« (Pranger) herum. In die Nähe der Häuser durften sie nicht, weil sich die feinen Bürger nicht nur an dem Gestank ihrer Fische, sondern auch an ihrem losen Mundwerk und deftigen Benehmen störten. An die Fischweiber erinnert der Brunnen auf dem Fischmarkt, übrigens eine der seltenen Frauendarstellungen auf öffentlichen Plastiken. Das Haus diente in der französi-

Die »Fischwiever« durften nicht zu nah an die Häuser – der Fischgestank und ihr loses Mundwerk störten die feinen Bürger.

schen Zeit als Zollbehörde, kurze Zeit auch als Handelskammer, wurde einige Male umgebaut und erhielt im 19. Jahrhundert den schlanken Turm an der Rheinuferseite. Zuletzt wurde es Ende der 30er Jahre im Zuge der Altstadtsanierung restauriert und im selben Stil nach dem Krieg wiederaufgebaut.

Groß St. Martin

9

Die mächtige Basilika hinter dem Stapelhaus ist »St. Martin«. Der große Vierungsturm bildet einen markanten Punkt im Rheinpanorama, und man hat dem Kirchennamen das Präfix »Groß« hinzugefügt, weil es früher noch eine kleinere Kirche für den Heiligen Martin gab. Von der existiert heute nur noch der Turm, rechts und links eingeschachtelt von Autostraßen kurz vor der Auffahrt zur Deutzer Brücke.

Die Kathedrale und das umliegende Martinsviertel erstrecken sich auf dem Gebiet einer ehemaligen Insel, deren erste Bebauung aus einem Sportcenter für die römischen Soldaten bestand. Später, als der Rheinhandel zunahm, wurde daraus ein Quadrat von mächtigen Lagerhallen. Auf den Fundamenten einer dieser Hallen ent-

Nicht einmal die übelbeleumdeten Normannen haben Köln so heimgesucht wie die Bomben des Zweiten Weltkriegs. Zwischen Dom, Groß St. Martin (links) und dem Turm des Stapelhauses (rechts) stand kaum noch ein Gebäude.

stand im 10. Jahrhundert eine Kirche, und die späteren Neu- und Umbauten haben den römischen Grundriß und zum Teil die alten Fundamente übernommen. Um die Jahrtausendwende siedelte der Kölner Erzbischof Everger schottische Mönche für cin Benediktinerkloster hier an, die in ihrem Kreuzgang das alte Karree der Lagerhallen übernahmen. Und zuletzt folgt auch die in den 70er Jahren unseres Jahrhunderts errichtete Wohnanlage von dem Architkten Joachim Schürmann diesem Muster mit dem großen Innenhof und der quadratischen Randbebauung.

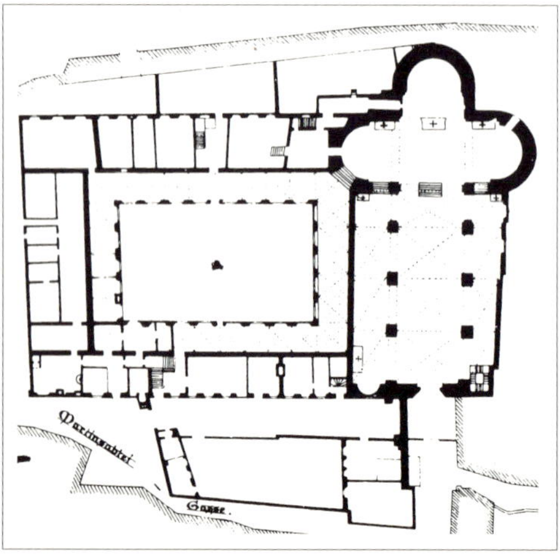

Das Viereck neben der Kirche scheint der ideale Grundriß zu sein. Von den römischen Lagerhäusern über den benediktinischen Kreuzgang bis zur modernen Wohnbebauung wird die Form beibehalten. Hier der Plan der Klosteranlage um 1707.

Hohenzollernbrücke

(10)

Fast unter der Hohenzollernbrücke findet man am südlichen Durchgang auf der Fußgänger-Promenade eine aus mehreren Dreiecken zusammengesetzte Betonplastik. Die Form erinnert an den dreieckigen Winkel der KZ-Häftlinge und die Inschrift lautet: »Totgeschlagen–Totgeschwiegen. Den schwulen und lesbischen Opfern des Nationalsozialismus«. Hiermit wird nicht nur der Verfolgung der Homosexuellen im »3. Reich« gedacht, sondern zum ersten Mal auch öffentlich der lesbischen Frauen. Es wird zugleich ausgedrückt, daß diese Verbrechen noch lange in der Zeit der Bundesrepublik »verschwiegen« wurden. Der Ort des Denkmals bezieht sich auf frühere Toiletten in der Nähe, Treffpunkte der Homosexuellen, die »Klappen«, die häufig Ziel von Überwachung, Razzien oder Überfällen durch SA und Polizei waren.

Ein beliebtes Fotomotiv für die Köln-Touristen wird von der rechten Rheinseite aus über die Eisenbahnbrücke hinweg auf den Dom »geschossen«: die Domachse in Verlängerung der Brückenbögen. Wir haben es dem preußischen König Friedrich Wilhelm IV. zu verdanken. Dieser Friedrich war ein bedeutender »Kölner«, obschon von

Würde ein Zug über die Eisenbahnbrücke geradeaus weiterrollen, dann müßte er genau vor dem Sarg der Heiligen Drei Könige landen. Der Preußenkönig Friedrich Wilhelm IV. wünschte eine symbolische Achse vom alten Dom zur technischen Neuzeit.

Symbole und Mythen wurden von den Nazis okkupiert. Der 1. Mai, internationaler Kampftag der Arbeiterklasse, wurde zum »Tag der nationalen Arbeit«. Hier eine geschmückte Lok auf der Hohenzollernbrücke, hinten der Dom.

Geburt Berliner, Preuße und Protestant. Schon als Prinz förderte er finanziell und ideologisch den Kölner Dombauverein, der den Weiterbau und die Vollendung des Doms im 19. Jahrhundert betrieb. Er kam zu jeder Grundsteinlegung in die Domstadt und bestimmte auch höchstselbst die Streckenführung dieser ersten Eisenbahnbrücke.

Der Wunsch nach einer solchen Brücke reicht schon länger zurück, denn rechts und links des Rheins gab es Mitte des letzten Jahrhunderts vier verschiedene Eisenbahnstrecken mit vier Kopfbahnhöfen, die von zwei verschiedenen Gesellschaften betrieben wurden. Die Kölner Unternehmer hatten früh erkannt, welche Rolle der Schienenweg an Stelle der Rheinschiffahrt einmal spielen könnte. Ludolf Camphausen, rheinischer Unternehmer und einer der Förderer des jungen Karl Marx und dessen »Rheinischer Zeitung«, sprach gar vom »eisernen Rhein«, und er war es auch, der die erste internationale Eisenbahnlinie von Köln nach Antwerpen (1843) vorantrieb. Nach Osten gab es bald eine zweite Linie von Köln über Düsseldorf bis zur preußischen Grenzstation Minden (1847). Der Rhein war dabei für den Perso-

Der Tip zur Rast:

Café im Museum Ludwig – innen und außen am Heinrich-Böll-Platz (endlich wieder ein Berg am Rhein) – durchschnittliche Preise, Selbstbedienung – geöffnet täglich bis 20 Uhr.

nen- und mehr noch für den Güterverkehr eine lästige Barriere. Wollte man den Fluß queren, mußte umgeladen bzw. umgestiegen werden. Für einen möglichen Rheinübergang und einen zukünftigen zentralen Bahnhof gab es mehrere potentielle Standorte. Die Ingenieure favorisierten den Gereons-Bahnhof im Norden, wo sie auf dem freien Feld vor der Stadtmauer ungehindert bauen konnten, aber Friedrich Wilhelm IV. legte schließlich selbst die Position fest, die noch heute Bestand hat.

Die Brücke sollte für ihn in der verlängerten Domachse stehen. Ein Symbol des Industriezeitalters und grandiose Fortsetzung des abendländisch-katholischen Köln im industriezeitlich-protestantisch-preußischen Brückenbauwerk. Dem geplanten Hauptbahnhof mußte die erste öffentliche Gartenanlage, die Flora, weichen. Nach der Zerstörung im Zweiten Weltkrieg hätte noch einmal die Chance bestanden, Brücke und Bahnhof nach Norden zu verschieben. Aber als im Winter 1945/46 nach wenigen Monaten wieder Züge rollten, da hatte sich der Sachzwang durchgesetzt.

Wir kamen von Frankreich
Über den Bahnhof hinaus
fuhr unser Zug in den Kölner Dom
Die Lokomotive hielt vor dem Allerheiligsten
Und kniete sanft
Zehn Tote kamen direkt ins Paradies
Petrus »English spoken« auf dem Ärmel, bekam ein gutes Trinkgeld
Die glasgemalten Engel telephonierten
Und flogen hinüber zur Cox-Bank
Rosa Dollarschecks einzulösen

Yvan Goll, Kölner Dom (1924)

Schiffahrt

11

Obwohl sich Köln kilometerweit rechts und links des Rheins erstreckt, haben Schiffe als öffentliche Personentransportmittel nur kurz eine Rolle gespielt. Es gibt zwar immer wieder die Forderung an die Verkehrsbetriebe, neben Bus und Bahn auch Schiffslinien – wie z.B. in Hamburg – von Norden und Süden Richtung Innenstadt einzurichten, aber die Chancen der Durchsetzung sind gering. Selbst der Fährverkehr von der einen auf die andere Rheinseite ist in Köln fast zum Er-

Der Tip:

Für 2,- Mark die billigste und kürzeste Rheinfahrt von der Hohenzollernbrücke mit der Fähre zur Messe!

Rheinische Dampfschiffahrt.
Kölnische Gesellschaft.
№ 141. CONTREBILLET. Vor-Kajüte. IIIe Platz.
Inhaber
zahlte für die Reise
von
nach
für 1 Person
Summa
184
Der Kondukteur Der Agent

Ein Mann, ein Pferd – 1 Taler 70.

liegen gekommen. Die wenigen Ausnahmen: Langel im hohen Norden, Porz im Süden, und von der Hohenzollernbrücke aus über den Rhein zur Messe. Unmittelbar hinter der Hohenzollernbrücke findet man auch die Anleger der letzten Schiffslinien Kölns, die allerdings nur auf den Tourismus ausgerichtet sind. Eine Linie fährt nach Rodenkirchen, eine zweite, am Zoo vorbei, nach Mülheim. Das ist alles.

Am Alten Ufer / Franziska Mathilde Anneke

(12)

Hinter der Bahndirektion führt eine schmale Straße parallel zum Rhein. Der Name: Am Alten Ufer. Irgendwo hier haben im 19. Jahrhundert zwei bedeutende Kölner Revolutionäre gewohnt: Franziska Mathilde Anneke und ihr Gatte Fritz. Franziska Anneke wurde 1817 als Tochter eines westfälischen Gutsverwalters geboren und schon als 19jährige mit einem Weinhändler verheiratet, von dem sie sich kaum ein Jahr später und trotz eines Kindes scheiden ließ. Jahrelang prozessierte sie um den Unterhalt – schon das war ungewöhnlich für eine Frau im preußischen Staat – und wurde dann mit lächerlichen 80 Talern im Monat abgespeist. 1847 zog sie nach Köln, nachdem sie den Sozialisten und ehemaligen preußischen Offizier Fritz Anneke geheiratet hatte.

Annekes Haus Am Alten Ufer wurde in den Monaten vor der Revolution zum Mittelpunkt des demokratischen Köln. Hier verkehrten der bei den Arbeitern beliebte Armenarzt Dr. Andreas Gottschalk und die Dichter Ferdinand Freiligrath und

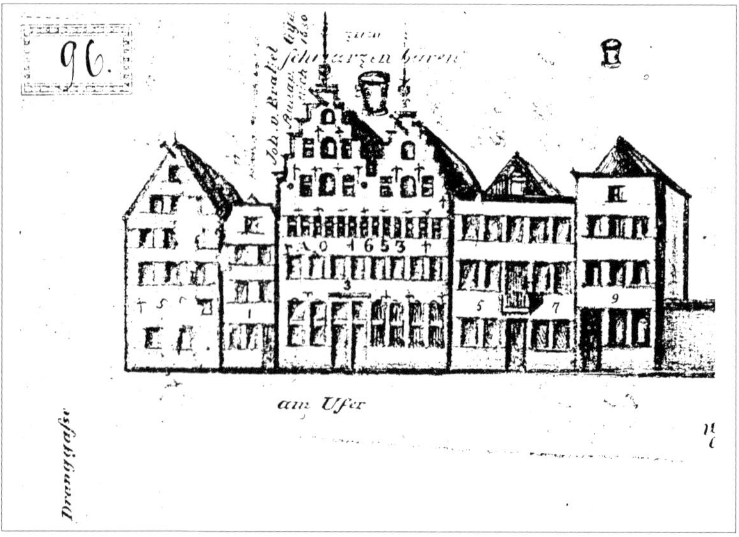

Die Wohnung der Annekes »Am Alten Ufer« war eine der Zellen der kommunistischen Bewegung in Köln.

Frauen - Zeitung.

Herausgegeben von Mathilde Franziska Anneke.

№ 2. Donnerstag den 28. September. 1848.

Erscheint **täglich** mit Ausnahme der Sonn- und Feiertage. — Preis hier in Köln 7½ Sgr. monatlich; auswärts mit Einschluß des Portos: 22½ Sgr. pro Vierteljahr. — Das Abonnement pro September kostet hier in Köln 5 Sgr; einzelne Nummern 6 Pf. — Man abonnirt hier in Köln am alten Ufer Nro. 5—7; auswärts bei dem nächsten Postamt. — Einrückungsgebühren 6 Pfg. die kleine Zeile. — Einzelne Nummern sind für 6 Pfg. zu haben: unter der Hacht am Dom, bei Geyr, Ursulastraße 30, und bei Hamm, Alte-Grabengäßchen 15.

Georg Herwegh. Hier traf sich auch zweimal wöchentlich ein konspirativer Kreis, den Franziska selber ironisch als »unser kommunistisch-ästhetisch Klübchen« verniedlichte. Dieser Zirkel wurde später zum Zentrum und Fokus des »Kölner Arbeitervereins«, der mit fast zehntausend Mitgliedern der größte Zusammenschluß von Sozialisten in ganz Preußen war. Die Annekes gehörten zu den eher undogmatischen und spontanen Revolutionären und gerieten darüber manches Mal mit der politischen Strategie Karl Marx' aneinander, der sich bekanntlich den Weg zum Kommunismus nur über die Vollendung des bürgerlich-kapitalistischen Staates vorstellen konnte.

Seit der Scheidung von ihrem ersten Mann hatte sich Franziska Anneke mit journalistischen Arbeiten durchgeschlagen. 1847 erschien ihre erste frauenspezifische Schrift: »Das Weib im Conflict mit den socialen Verhältnissen«. Ein Zitat über die Religion daraus: »... Die Wahrheit befreit uns von dem trüglichen Wahn, daß wir dort oben belohnt werden für unser Lieben und Leiden, für unser Dulden und Dienen; weil sie uns zur Erkenntnis

Der Postminister der BRD ist immer noch ein Mann, aber die Frauen hat auch er als Werbemittel entdeckt: für 2,40 DM Mathilde Franziska Anneke.

bringt, daß wir gleichberechtigt sind zum Lebensgenusse wie unsere Unterdrücker; daß diese es nur waren, die die Gesetze machten und sie uns gaben, nicht zu unserem, nein zu ihrem Nutzen.«

Während der Haft ihres Mannes übernahm Franziska Redaktion und Verlag der »Neuen Kölnischen Zeitung«, die sie gemeinsam ins Leben gerufen hatten. Das Blatt, dessen Untertitel »Bürger, Bauern und Soldaten« als Adressaten nannte, war das eher praktische Pendant zum theoretischen Organ der 48er Revolution, der »Neuen Rheinischen Zeitung« von Karl Marx, die ebenfalls in Köln erschien. Später führte Franziska Anneke das Blatt als »Frauenzeitung« weiter, der ersten übrigens in deutscher Sprache, von der jedoch nur wenige Ausgaben erschienen.

Den Revolutionären ging es in Köln nicht anders als in den übrigen Städten: Im Mai 1849 mußte Fritz Anneke vor der erneuten Verhaftung in die Pfalz fliehen und beteiligte sich dort an den Kämpfen gegen die einfallenden Preußen. Franziska Anneke zögerte nicht lange, folgte ihrem Mann, schloß sich der badisch-pfälzischen Revolutionsarmee an, machte den letzten Feldzug mit, erlebte die Niederlagen und emigrierte am Ende in die Schweiz. Sie wanderte, wie viele Demokraten, in die USA aus, engagierte sich dort bald in der amerikanischen Frauenbewegung, verlegte eine »deutsche Frauenzeitung«, kämpfte für Gleichberechtigung, Frauenstimmrecht, Emanzipation und gründete das »Milwaukee Töchter Institut«, das sie bis zu ihrem Tod 1884 leitete.

Bei den Annekes Am Alten Ufer, hier irgendwo, wo heute das blaue Musicalzelt »Gaudi« steht und kein Gebäude mehr an das Köln des 19. Jahrhunderts erinnert und auch keine Tafel an die Zelle der kommunistischen Bewegung, war in den heißen Monaten des Jahres 1848 für einige Zeit auch der russische Anarchist Michael Bakunin zu Gast, der mit Fritz Anneke befreundet war. In Franziskas Gästebuch schrieb er einen Satz, der seine ganze Philosophie prägnant zusammenfaßt: »Die Lust der Zerstörung ist zugleich eine schaffende Lust.«

Bahndirektion

Im heutigen Straßenbild fallen nur ganz wenige Beispiele von Nazi-Architektur ins Auge. Während der 30er Jahre gab es auch wohl mehr Planungen als Ausführung. Es existieren allerdings noch

13

einige Bauten, die die Ästethik der Epoche teilweise schon lange vorher vorwegnehmen, wie z.B. die Bahndirektion Köln, die 1911, kurz vor dem Ersten Weltkrieg gebaut, in ihrer bombastischen Formensprache und Größe alles in der Nähe Stehende überwältigt. Ein noch deutlicheres Denkmal nationalistischen Denkens ist im Innern des Hauses zu finden. Gleich in der Eingangshalle rechts steht ein eckiger Gedenkstein aus Marmor; obendrauf ein streng stilisierter Raubvogel und die Inschrift »Bruder wir sanken hinab als Saat...«. Der Bau des Denkmals wurde 1930 von Kölner Eisenbahnern angeregt und finanziert, wie die Bundes-

Der Heldentod – »ein echtes Anliegen«?

»Bruder wir sanken hinab als Saat in die blutende Erde Aus dem Opfer empor wachse ein einiges Volk.«

bahn erklärte: »Typisch ist die große Zahl der Spender, die geringe Höhe der Einzelbeträge (oft unter 1 RM)«. Mit diesem Hinweis wehrte sie sich gegen den Begriff »faschistisches Kriegerdenkmal«. Außerdem sei es schon vor 1933 errichtet worden: »Über die Frage, ob dieses Mahnmal eine Verschönerung unserer Eingangshalle darstellt, kann man wohl verschiedener Meinung sein. Trotzdem sehen wir keinen Anlaß, es zu entfernen. Warum sollen wir das, was den vor uns hier arbeitenden Menschen offenbar ein echtes Anliegen war, den Ausdruck ihrer Trauer, ihrer Betroffenheit und ihrer Hoffnung nicht tolerieren?«

Soweit die Bahndirektion im Jahre 1984. Aber es geht nicht um den Abriß des Denkmals, das gepflegt in der Eingangshalle steht und an dem täglich Hunderte vorbeigehen. Es käme darauf an, die präfaschistische Botschaft einzuordnen und zurückzuweisen, etwa durch eine neue und ergänzende Tafel. Vielleicht findet sich dafür wieder eine Initiative von Kölner Eisenbahnern, die bereit sind, über den »Bruder«, den »Acker« und das »Blut« nachzudenken.

Der Blick in die Bahnverwaltung lohnt noch aus einem weiteren Grund: Die sehr schön proportionierte, ovale, dem Jugendstil nachempfundene Eingangshalle im Innern des Gebäudes ist nämlich auch einen Besuch wert.

St. Kunibert

(14)

Die ehemalige Stiftskirche im Norden ist die jüngste der romanischen Kirchenbauten Kölns. Sie ist auch die letzte, die nach den Kriegszerstörungen restauriert und erst 1993 vollständig wiedereröffnet wurde. St. Kunibert wurde zwischen 1200 und 1247 gebaut und ein Jahr vor der Grundsteinlegung des Doms eingeweiht. In seiner lichten Weite, mit den hohen Gewölben und den bisweilen vorkommenden Spitzbögen verrät der Bau schon den neuen Stil und Geist der Gotik. Am Standort St. Kuniberts gab es wahrscheinlich schon vorher eine Kirche, die der Kölner Bischof Kunibert, der später selbst hier beerdigt wurde, im 7. Jahrhundert zur Verehrung des alten Wasserpatrons Clemens errichten ließ. Neben Kunibert und Clemens spielten die beiden Brüder und Sachsenmissionare Ewaldi eine wichtige Rolle, die beim Heidenbekehren in Dortmund-Aplerbeck erschlagen wurden. Ihre Überreste lagern als Reliquien hier in einem Schrein. Nach einer Legende sollen die beiden – wegen ihrer unterschiedlichen Haar-

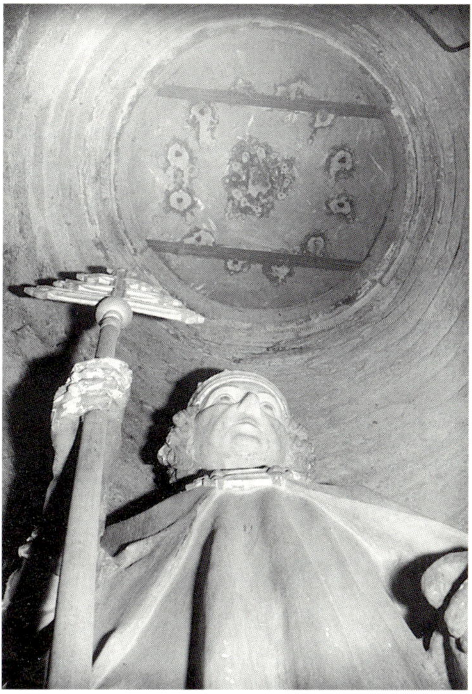

Der Heilige Clemens schützt den tiefen Brunnen in der Krypta. Der alte Pütz ragt 7 Meter in die Tiefe ...

... und ist durch einen Schacht mit dem Altarraum nach oben verbunden.

Kunnebäätspözleed (Auszug)

*En Kölle ess et anders,
dofür hammer ne Pöz
Dä ess wie mer all wesse
bei uns en Kunebäät
Doren sind nur klein Kinder ov Mädchen un ov
Jung
Do kann mer sich bestelle
e richtig kölsch Fassung.*

*Us däm schöne
Kunebääts Pözge
Kohmen all mer ohne
Hemb un Bözge
Jo dä Storch dä hät uns
heimgebraht
Un hät uns bei die
Mamma en et Bett
gelaht.*

*Dä Storch dä deit se
bränge ov ein vielleich
och zwei
Et kann jo och passere,
dat hä sugar brängk drei
Em Pöz do ess e Wasser,
dat gitt de Fraue Trus
Un Freud un och vill
Levven dann e Kind
brängk en et Hus.*

Us däm schöne ...

farbe wurde der eine der schwarze, der andere der weiße Ewald genannt – durch einen Brunnen unter der Kirche angeschwemmt worden sein. Nun existiert tatsächlich ein Brunnen. Er lag bei dem älteren Bau wohl vor der Kirche und wurde im 13. Jahrhundert in den Neubau einbezogen. Der Brunnen mit einem bis in 17 m Tiefe gemauerten Schacht existiert heute noch in der Krypta. Nach oben zum Chorraum hin ist er durch einen Deckendurchbruch fortgeführt, der vor dem Altar auskommt und mit einer modernen Abdeckplatte des Kölner Bildhauers Elmar Hillebrand (1955) verschlossen wurde. Die Kölner nennen diesen Brunnen Kunibertspütz, und nach alten Legenden gilt er als Quelle für die weibliche Fruchtbarkeit. Früher war es Brauch unter den jungen Kölnerinnen, vom Kunibertspütz zu trinken, um die Fruchtbarkeit zu fördern. Es soll bis in unsere Tage junge Frauen oder Paare mit dem Wunsch nach Kindern geben, die in die Kirche gehen, um »in d'r Pütz ze loore«.

Wahrscheinlich gehen Legenden, Brauch und sogar Kirchenbau in diesem Punkt auf ein älteres Fruchtbarkeitsheiligtum der vorchristlichen Einwohner zurück. Das neue Christentum hat ja häufig seine Kirchen genau auf die Kultstätten anderer Religionen gesetzt, um deren Verehrung zu unterbinden, aber auch um die ältere Religiösität zu übernehmen bzw. in neuem Gewand fortzuführen. Und vielleicht ist die Legende der beiden Ewaldi die christianisierte Fassung des uralten Fruchtbarkeitsglaubens, wobei diesmal die Quelle keine jungen Heiden, sondern alte Heilige gebar!

Über dem Eingang des benachbarten Marienhospitals findet man als Gründungsdatum den 8. Dezember 1854. Das war der Tag, an dem in Rom Papst Pius IX. das Dogma der »Unbefleckten Empfängnis Mariens« verkündete, in Köln Anlaß zur Errichtung einer neogotischen Mariensäule (heute neben St. Gereon). In einer Bürgerversammlung kam dagegen die Konkurrenzidee auf, statt dessen ein Hospital für Arme und unheilbar Kranke zu gründen. Denn die wurden damals im städtischen Bürgerhospital am Neumarkt nicht aufgenommen.

Konrad-Adenauer-Ufer / Weckschnapp

Es ging um ein Brötchen, ein Brötchen, das Leben oder Tod bedeuten konnte, und weil die Geschichte so grausig-schön ist, haben die Kölner eine Legende darum gesponnen:

15

Früher wurden die Todeskandidaten in einen Turm der Stadtmauer nah am Rheinufer eingesperrt und ihrem Schicksal überlassen. So konnten sie verhungern oder verdursten, niemand kümmerte sich um sie. Allerdings gab es einen winzigen Hoffnungsschimmer: ein Brötchen oder »Wecken«, der hoch über dem Boden von der Decke baumelte und nach dem der Gefangene springen und schnappen konnte. Aber das blutige Risiko lag unter einer Falltür in der Mitte des Verlieses verborgen: Berührte der Todeskandidat die Falltür, sprang diese auf und gab ein Dutzend scharf aufgerichteter Messer frei, die den armen Häftling in unzählige Fetzen zersäbelten, wenn er hinabstürzte. Die blutigen Reste fielen dann in den Strom und wurden von den Fluten hinweggespült. Ein einziger Gefangener, ein Jüngling, der von seiner verwitweten Mutter am Gängelband geführt wurde und aus Leichtsinn zum Verbrecher geworden war, dies aber oft und tränenreich bereut hatte, soll – wie durch ein Wunder – unverletzt durch den Schacht gefallen und gesund nach Holland entkommen sein. (Wohl schon damals das Eldorado der unangepaßten Jugend!)

Hintergrund für diese Legende von der »Weckschnapp« ist das mittelalterliche Gefängnis und die ehedem hier gelegene »Kunibertstorburg« gewesen. Drei Gefängnisse hatte die Torburg, und überliefert ist auch ein martialischer Folterstuhl, der hier stand. Das Wohngebäude in dem Turm an der Rheinuferstraße, das heute unter der Bezeichnung »Weckschnapp« firmiert, war ein Seitenturm des alten Festungsbauwerks, während die historische Weckschnapp weiter vorn am Ufer stand. Sie wurde 1784 durch Eisgang zerstört. Das Kunibertstor wurde später zu-

Die »Weckschnapp« ragte in den Strom, und die blutigen Fetzen der abgestürzten Häftlinge wurden von den Fluten davongespült.

sammen mit der ganzen Verteidigungsanlage von den Preußen übernommen und Ende des 19. Jahrhunderts niedergelegt.

Ein Rest der preußischen Festung ist auch das Edellokal »Bastei« schräg gegenüber unmittelbar am Wasser. Die Petrusfigur am Sockel ist das einzige Überbleibsel der mittelalterlichen Kunibertsfestung; auf das preußische Fundament hat der exzellente Architekt Wilhelm Riphan in den 20er Jahren ein Restaurant gebaut. Seine expressionistische Architektur folgt sternförmig den Eisenträgern, die auf dem Rund des alten Turms aufliegen. Die Bastei gehört der Stadt Köln und damit theoretisch allen Bürgern. Aber gleichwohl werden die wenigsten Kölnerinnen oder Kölner

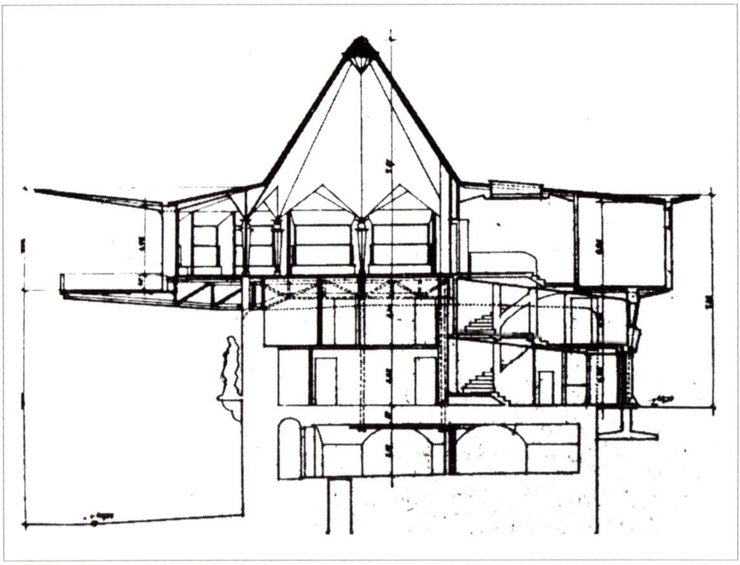

Ein preußischer Festungsturm ist das Fundament der Bastei aus dem Jahre 1924.

die Chance haben, hier oberhalb des Stroms bei herrlichem Ausblick zu dinieren. Dieses kleine Vergnügen haben sich die Spitzen der Stadt und der heimischen Oberklasse vorbehalten, die zahlreiche Anlässe für entsprechende Festessen in der Bastei entwickelt haben. Allerdings: zahlen dürfen die Normalbürger, denn das Restaurant ist an den Gastronomen Blatzheim verpachtet, der auch den »Messeturm« auf der anderen Rheinseite sowie den »Gürzenich« bewirtschaftet. Da die Stadt Besitzer ist, muß sie auch für Renovierung, Umbauten etc. aufkommen. 1977 beispielsweise wurde gegen den Einspruch von über 300 Kölner Bürgern die Heizung für 600.000 DM aus dem Stadtetat finanziert. Einige Jahre später stand eine Grundrenovierung an, nach einem Brand mußte auch das Dach erneuert werden: Das machte nochmals 1,5 Millionen aus dem Stadtsäckel. Was der Pächter Blatzheim an Miete bezahlt, ist öffentlich nicht bekannt, aber sicher käme es den Steuerzahler billiger, die Stadt würde die ganze Bastei dem Herrn Blatzheim schenken. Doch der wird sich bedanken.

Die Grünanlage in der Mitte des Theodor-Heuss-Ringes, die von der Bastei stadteinwärts bis zum Ebertplatz reicht, haben wir auch den Preußen zu verdanken. Gegen Hochwasser und den jährlichen Eisgang des Rheins bauten sie hier einen Sicherheitshafen, in dem die Schiffe Schutz finden konnten. Mit der Stadterweiterung wurde das Becken zugeschüttet und als Parkanlage mit einem großen Ententeich neu gestaltet.

1. **Weidengasse**
   Kölsch-Istanbul am Eigelstein / Prostitution und Sanierung
2. **Agnesviertel / Alte Feuerwache**
   Kappesfelder / Spekulanten und Soldaten / Frau-Agnes-Kirche / Alte Feuerwache: Erstes freies Bürgerzentrum
3. **Aquinostraße**
   KPD-Zentrale / Sozialistische Republik / Franz Dahlem
4. **Exkurs zur Inneren Kanalstraße**
   Bürgerinitiativen gegen die Stadtautobahn
5. **Neusser Wall**
   Preußisches Fort X / Ein heimlicher Lust- und Rosengarten
6. **Hülchrather Straße**
   Justiz und Gerichte / Heinrich Böll und Köln / Terroristenhysterie
7. **Zwischen Gericht und Rhein**
   Villen der Gründerzeit / Abschreibungskönige / SPD und Lottochef
8. **Unter Krahnenbäumen (UKB)**
   Der Gott Verkehr / Musikhochschule und Hausbesetzer
9. **Machabäerstraße**
   Ursulinen / Erste Höhere Mädchenschule / Studentenaufstand Anno 1744
10. **Kunibertsviertel**
    Alte Kirchen und neue Fabriken / Otto-Motor / Wolf Vostells »Ruhender Verkehr«
11. **St. Ursula**
    Legende von den elftausend Frauen / Römischer Friedhof / Heidnische Vorläufer
12. **Eigelstein**
    Preußische Befestigung / Ein Kriegsschiff namens »Cöln« / Offene Jazzhaus-Schule

Rund um den Ebertplatz

Von Istanbul zur Feuerwache

Rundwanderung um den Ebertplatz durch das Agnesviertel bis zur Inneren Kanalstraße, durch das Kunibertsviertel und über den Eigelstein – ca. 2 bis 3 Stunden – Start und Ziel am Eigelsteintor

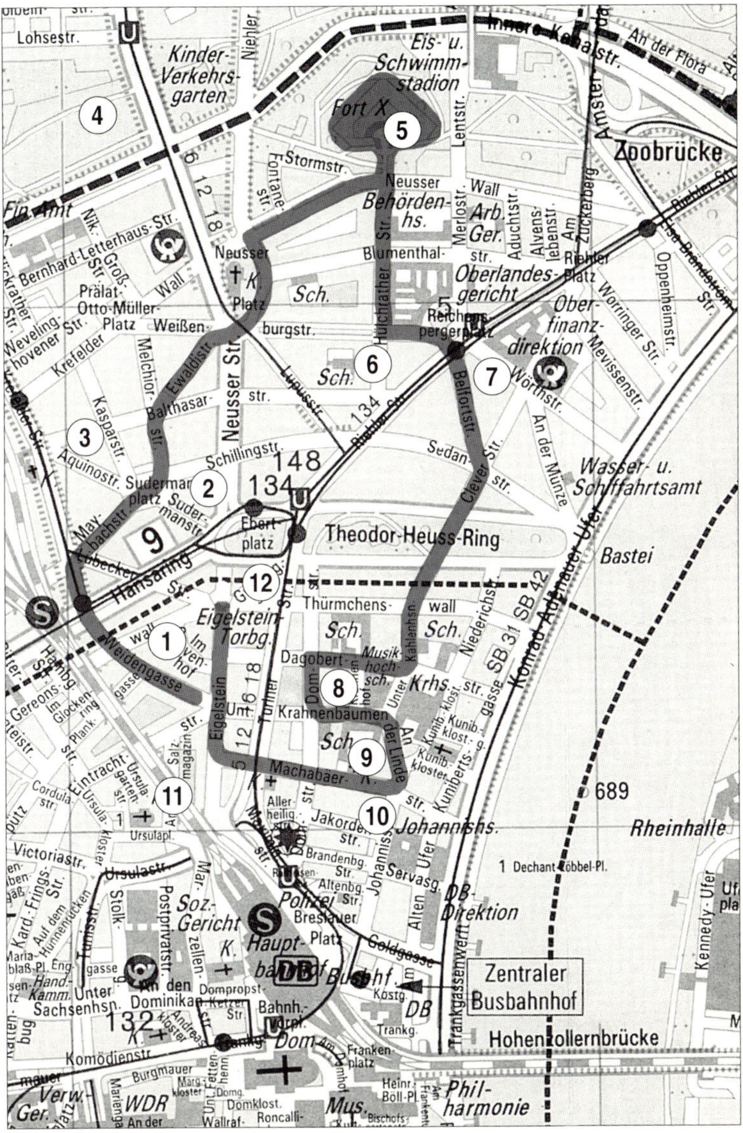

Eine beliebte Frage unter Kölnern ist, welches denn wohl der typischste Stadtteil, also das kölscheste Veedel sei. Abwechselnd werden die touristische Altstadt mit dem Martinsviertel oder die »alternative« Südstadt genannt. Beide Viertel sind alt, haben ihr individuelles Flair, sind aber auch teuer und hektisch. Manche halten das Eigelsteinviertel für den Teil des alten Köln, in dem das heutige Leben am ehesten einen Eindruck von der früheren Lebendigkeit der Stadt wie von ihrer anhaltenden Vitalität in dem Neben- oder Durcheinander verschiedener Menschen und Nationen geben kann.
Ursprünglich war der »Eigelstein« eine römische Ausfallstraße über die Militärstützpunkte Neuss und Xanten bis in die südlichen Niederlande. Sie führte als Verlängerung der Hohe Straße durch das römische Nordtor aus der Stadt heraus. Aber schon damals siedelte man aus Gründen des »Umweltschutzes« störende Betriebe vor der Stadtmauer an: Gerbereien und Leimsieder wegen der Geruchsbelästigung, Schmiede, Glasbläser und Töpfereien wegen der Brandgefahr. Die Handwerker arbeiteten und wohnten hier.

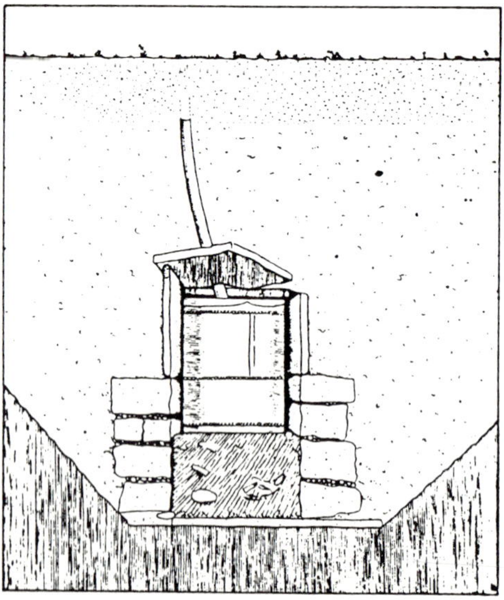

Ein Brandgrab auf dem Eigelstein (1934) mit »Spenderöhre«.

Entlang der Straße wurden auch die römischen Friedhöfe angelegt, deren Grabsteine die Reisenden an die Toten erinnern sollten. Diese zwei Funktionen – Gewerbegebiet und Gräberfeld – führten zu einem Siedlungsschwerpunkt an der Landstraße vor der Stadt. Und sie prägten den

Charakter des Stadtteils, den man auch heute in der Vermischung von Arbeit und Wohnen und den wilden Grundstücksschnitten zu sehen, zu hören und auch zu riechen bekommt.

Weidengasse

1

Auf der Weidengasse, die vom Eigelstein in einem Bogen zum Hansaring führt, prägen Gemüseläden, Kebabstuben, türkische Schlemmerrestaurants, Trödelläden und Reiseunternehmen den Straßencharakter. Manche sprechen von »Kölsch-Istanbul«, vergessen aber leicht, daß nur ein kleiner Teil der rund 80.000 türkischen Kölner hier den sichtbaren Aufstieg zum Status des Kaufmanns oder Gastwirts geschafft hat. In der Weidengasse ißt man gut in allen Preislagen, und viele der Restaurants sind empfehlenswert. Neben den türkischen Geschäftsleuten haben eigentlich nur noch ein paar deutsche Kneipen zum Ring hin und die kölschen »Altrüscher«, die Second-Hand-Läden, hier einen festen Platz. In ihnen finden sich oft noch Schnäppchen und immer wieder günstige Sonderangebote bei technischen Kleinartikeln, Hi-Fi-Geräten und Kleidung.

Von der Weidengasse 30 führt ein Durchgang zum benachbarten Stavenhof. Die Stadtplaner wollen mehr Licht und Sicht in dieses ehemals anrüchige Gäßchen bringen. Es gibt Heimatforscher, die behaupten, daß am Stavenhof bereits im 19. Jahrhundert der Straßenstrich angesiedelt war. Gehalten hat sich diese Tradition bis heute. Vor allem ältere Prostituierte, die in den Bordellen der Innenstadt (Kleine Brinkgasse) nicht mehr gefragt waren, hatten hier ihren Stammplatz. Sie

Die Schwestern »Modernisierung« und »Sanierung« werden auch vor dem Stavenhof nicht haltmachen.

Weidengasse und Eigelstein – eine Domäne der türkischen Kölner.

kamen, als in den 60er Jahren mit der Aufwertung der City für Tourismus und Konsum die Brinkgasse geschlossen und ein zentrales Bordell – zugleich ein steuerliches Abschreibungsobjekt – am Rande von Ehrenfeld in der Hornstraße eingerichtet wurde. Den Straßenstrich gibt es immer noch in diesem Quartier rund um den Eigelstein, trotz zwanzigjähriger Sperrbezirksverordnung. In der jüngsten Zeit nimmt jedoch die Prostitution drogenabhängiger Frauen und Mädchen zu, die ihre Sucht auf dem Strich finanzieren. Und manche Anwohner fühlen sich dadurch und durch die

Anmache und den Lärm motorisierter Freier gestört und verlangen ein härteres Vorgehen der Polizei. Andere dagegen, wie der Sozialdienst katholischer Frauen, ergreifen Partei für die Betroffenen und fordern verbesserte soziale Hilfsangebote für die drogenabhängigen Huren.

Der Stavenhof war früher auch eine der Hochburgen der Kommunisten. In der Kneipe »Ohm-Paul« am Gereonswall – heute eine Wäscherei gegenüber dem Stavenhof – traf sich der Rotfrontkämpfer-Bund, während am Eigelstein das Weinhaus Vogel als SA-Treff galt. Von diesen Orten aus starteten die Trupps, die in der Nacht des 24. Februar 1933 aufeinanderprallten, nachdem die Nazis kurz nach der Machtergreifung einen »braunen Sonntag« verkündet hatten. Am Eigelstein 97 wurde der SA-Mann Winterberg und nicht weit entfernt am Hansaplatz der SA-Mann Spangenberg erschossen. In der politischen Auseinandersetzung spielten besondere Motive eine Rolle: Die beiden Nazis waren früher selbst Kommunisten gewesen, also »Genossen«. Die an der Erschießung Beteiligten wurden später durch Verrat bekannt, verhaftet und sechs von ihnen im Klingelpütz hingerichtet (siehe S. 92f).

Das ganze Viertel um den Eigelstein herum ist im Umbruch, nachdem es 1989 zum Sanierungsgebiet erklärt wurde. Der benachbarte MediaPark übt Druck aus auf Verkehr, Mieten oder Büroplanung, und die alte Bausubstanz verlangt nach Modernisierung. Aber es gibt gegensätzliche Interessen: Die Händler und Kaufleute, zusammengeschlossen in einer »Interessengemeinschaft«, wollen Durchgangsverkehr, Anbindung, Parkplätze und ihre Straßenfeste. Die Anwohner und die Stadtplaner verlangen eher Ruhe, mehr Grün und Radwege, öffentliche Einrichtungen wie die neue Kindertagesstätte oder die Eigelsteintorburg. Eine Gruppe, die türkischen Einwohner, äußern sich am wenigsten, obwohl sie als eine der größten Gruppen und mit der Mehrheit aller Kinder im Kerngebiet sicherlich die meisten Interessen anzumelden hätten. Inzwischen ist die Veränderung auch schon zu sehen. Viele Altbauten sind saniert, manches neu gebaut, und selbst die kleinste Baulücke Kölns am Eigelstein Nr. 115 mit 2,56 m Breite ist mit drei neuen Wohnungen und einem Gewerberaum wieder gefüllt.

Agnesviertel / Alte Feuerwache

2

Über den Ring, die Grenze zwischen Alt- und Neustadt, führt der Weg ins Agnesviertel. Bis ins 19. Jahrhundert lagen hier vor den Stadtmauern die Kappesfelder und Viehweiden der Kölner Bauern, die zunächst vom preußischen Militär und dann vom Bauboom des beginnenden Industriezeitalters verdrängt wurden. Der Wohnungsbau begann in den späten 80er Jahren des vergangenen Jahrhunderts; das wohl älteste Datum 1889 ist an einem Eckhaus Neusser Straße/ Balthasarstraße, dem »Haus Stüsser«, noch am Giebel erhalten. Kaum eine Generation später lebten hier über 20.000 Menschen in über 1.000 Häusern. Wie immer beim Boom wurde kräftig spekuliert und profitiert, und das nicht nur von privaten Unternehmern, sondern auch von der öffentlichen Hand. Nach einem dieser Spekulanten hat das neue Viertel auch seinen Namen bekommen. Peter Josef Roeckerath, vormals Religionslehrer, besaß durch die Mitgift seiner Gattin, geborene Bauerntochter Agnes Schmitz, so große Ackerflächen, daß er zum Grundstücksmakler umsattelte und diese und andere Flächen als Bauland mit großem Gewinn veräußerte. Aus Dankbarkeit legte er einen Teil seiner Beute im Bau der neuen Kirche an, übrigens die größte in Köln nach dem Dom, und nannte sie nach seiner Gattin Agnes-Kirche (siehe S. 90).

Im sogenannten »Dreikönigsviertel« liegt das älteste selbstverwaltete Kultur- und Bürgerzentrum Kölns. 1890 als Hauptfeuerwache erbaut, sind heute noch prächtige Teile des zweifarbigen Backsteinkomplexes mit Direktorenhaus, Steigeturm, Pferdeställen und der früheren Wagenhalle

Neusser Straße 1935: So sah es überall in Köln aus, wenn der »nationale Schmuck« angelegt wurde.

St. Agnes in the Kappesfields. Gestiftet aus Dank für erfolgreiche Spekulationen mit dem Acker vor der Stadt.

mit originalen Gußeisensäulen, heute das Café, erhalten. Als Ende der 70er Jahre die Feuerwehr umzog, plante die Stadt, den Komplex abreißen zu lassen, um ein Zentralbad zu errichten. Das Agnesviertel war aber in den 70er Jahren ein Zentrum der Bürgerinitiativenbewegung gewesen, die Heimat der »BINA« (Bürgerinitiative Nördliche Altstadt), die schon früh die Alte Feuerwache für ihre kulturelle und soziale Stadtteilarbeit von der Stadt verlangte. Als der letzte Feuerwehrmann am 4. April 1977 das Gebäude verließ, nutzte die BINA vom selben Tag an die Feuerwache ganz praktisch für ihre Feste, Veranstaltungen, Gruppentreffs und ähnliches – und ging nicht mehr hinaus! Zunächst ignoriert, dann geduldet, ging die Alte Feuerwache 1985 nach jahrelanger Arbeit und zähen Kämpfen in Form des Vereins »BAF e.V.« in die Selbstverwaltung ihrer Benutzerinnen und Benutzer über. Grundlage dafür war ein denkwürdiger Ratsbeschluß, der gemeinsam von CDU und Grünen getragen wurde. Die SPD war gegen die Autonomie dieses Projekts, weil sie sich das gleichberechtigte Glück der Bürger nur unter staatlicher bzw. kommunaler Oberaufsicht vorstellen kann, akademisch gesagt: im Etatismus. Heute ist die Alte Feuerwache ein lebendiges Kulturzentrum mit täglichem Musik-, Theater- und Diskussionsprogramm, mit zahlreichen Projektgruppen und Initiativen, von der Geschichtswerkstatt Agnesviertel über die türkische Frauengruppe bis zum Freidenkerverband oder dem Jazz-Dance für Anfänger.

Die Bürgerinitiative war auch für eine Reihe weiterer Veränderungen im Agnesviertel »verantwortlich«: Die Verkehrsberuhigung, die schon nach wenigen Jahren zu einer spürbaren Verringerung von Abgasemissionen, Lärm und Unfällen geführt hat, hätte es ohne die Bürgerinitiative nicht gegeben; und auch nicht die letzten Bäume in der Krefelder und der Merheimer Straße oder die Verengung der Neusser Straße. Andererseits, und das ist das Dilemma der Geschichte, machten solche Erfolge das Viertel attraktiver und führten mit der Aufwertung, ähnlich wie in der Südstadt oder im Belgischen Viertel, auch zu einer Steigerung der Mieten und zur Zunahme von Eigentumswohnungen auf Kosten billigen Wohnraums.

Der Tip zur frühen Rast:

Lokal in der Feuerwache – ein ordentliches Café – Essen, Trinken und lebhaftes Ambiente – Terrassenplätze im Hof – bis 23 Uhr geöffnet.

Aquinostraße 11: Sitz der KPD

3

Das Viertel um die Alte Feuerwache herum – die Straßen tragen die Namen der Heiligen Drei Könige Kaspar, Melchior und Balthasar – war bis zur Bahn hin überwiegend ein Arbeiterquartier. Während im Agnesviertel, das bis zum Villenviertel am Rhein reichte, die Nazi-Partei schon früh im Schnitt mehr Stimmen als im übrigen Köln ergattern konnte, blieben Sudermanplatz, Kasparund Melchiorstraße Hochburgen der Arbeiterparteien. Im Haus Aquinostraße 11 saßen die Par-

Spendenquittung der KPD aus dem Jahre 1930.

teileitung der Kölner KPD und die Redaktion sowie die Druckerei der kommunistischen Tageszeitung »Sozialistische Republik«. Hier arbeitete für einige Jahre als Herausgeber und verantwortlicher Redakteur Franz Dahlem, der von der USPD kam, wichtig für die kommunistische Jugendbewegung wurde, später im Reichstag saß, im Spanischen Bürgerkrieg mitkämpfte, von den Nazis verfolgt wurde und in der DDR bis ins Zentralkomitee der Partei aufrückte.

Dieses Viertel erlebte vor allem in den letzten Jahren der Weimarer Republik zahlreiche Straßenschlachten und Auseinandersetzungen mit den Nazis, aber auch Durchsuchungen und Verbote durch die Polizei. Im Jahre 1931 wurde die »Sozialistische Republik« für 85 Tage völlig verboten. Vor allem der damalige Polizeipräsident Bauknecht (SPD) tat einiges, um die Arbeit der Kommunisten zu behindern.

Exkurs zur Inneren Kanalstraße

4

Es lohnt sich, von der Alten Feuerwache einen Abstecher zur Inneren Kanalstraße zu machen, um den Ort eines großen Erfolgs einer Bürgerinitiative kennenzulernen. Wenn man an der Neusser Straße die Kanalstraße überquert, sind rechts und links mit den Brückengeländern im grünen Niemandsland die Baudenkmäler zu besichtigen, die für die Unterführung einer innerstädtischen Autobahn schon errichtet worden waren. Die sechsspurige Strecke über die Zoobrücke sollte bis zum Herkulesberg in Ehrenfeld verlängert und dort an die nördliche Stadtautobahn angebunden werden. Nippes wäre dann endlich als Weltstadtteil an den internationalen Verkehr angeschlossen gewesen, und der kürzeste Weg von Budapest nach Antwerpen hätte durch die »Nippeser Schweiz« geführt (so wird die hügelige Grünanlage in dem alten Rheinarm neben der Krefelder Straße genannt). Auf der Strecke geblieben wäre dabei der gesamte innere Grüngürtel von der Zoobrücke bis nach Ehrenfeld, den die Autobahnauffahrten am Herkulesberg schon massiv zerstückelt hatten. Gerade an

Von der Zoobrücke bis zur Universität war die Stadtautobahn quer durch den inneren Grüngürtel geplant. Zuerst gab es die üblichen friedlichen Proteste...

... Im Mai 1977 wurde nach der Zerstörung der Schrebergärten dann die Baustelle besetzt ...

warmen Tagen zeigen auf den Wiesen rechts und links der Neusser Straße Dutzende türkischer Frauen und Kinder, denen am späten Nachmittag auch die Männer folgen, was hier an inner-städtischem Freizeitareal verlorengegangen wäre.

Organisiert wurde die Opposition gegen die Autobahnpläne neben der »BINA« von der Nippeser Bürgerinitiative »Baggerwehr«, die mit ihrem Namen den Titel des lokalen Karnevalsvereins »Bürgerwehr« persifliert. Als die Stadtverwaltung trotz aller Proteste in einer Nacht- und Nebelaktion im Mai 1977 die blühenden Schrebergärten wegbaggern ließ, die sich früher auf der ganzen Grünanlage zwischen Neusser und Merheimer Straße befunden hatten, kam es zur er-

... und von der Polizei geräumt. Doch am Ende war nach allem Protest und wegen der leeren Stadtkassen das Autobahnprojekt gekippt.

sten Kölner Bauplatzbesetzung mit allen Begleitumständen der bewegten 70er Jahre: wochenlange Protestaktionen und Besetzung, Freundschaftshaus, polizeiliche Räumung, Ermittlungen, Strafverfahren usw. In den meisten Prozessen erfolgte keine Verurteilung, weil kein Zaun um das Gelände gezogen war, mithin juristisch kein »Hausfriedensbruch« vorlag. Immerhin, der Bau der Stadtautobahn konnte zunächst verzögert werden, bis nach und nach neue Planungen und die leere Stadtkasse die SPD zum Umschwenken zwangen. Heute wird diese Autobahntrasse, die über den Aachener Weiher und die Universitätswiesen hinweg bis südlich der Eisenbahnbrücke über den Rhein geführt werden sollte, nicht einmal mehr von der CDU gefordert.

Neusser Wall / Fort X

5

Im Winter kann man von den Wiesen aus schräg durch die Bäume hindurch das alte preußische Fort X sehen. Benannt nach Prinz Wilhelm von Preußen ist es das einzige vollständig erhaltene Fort des ehemaligen inneren Festungsrings, der zwischen 1816 und 1840 vor der alten Mauer von Nord nach Süd in einem Halbkreis um die Stadt geschlagen wurde. Andere Reste sind am Südbahnhof vom Fort V, im Volksgarten vom Fort IV und im Hindenburgpark vom Fort I erhalten (siehe S. 145 u. S. 167).

An diesem nördlichen Fort X ist noch ganz genau die typische Anlage preußischer Festungs-

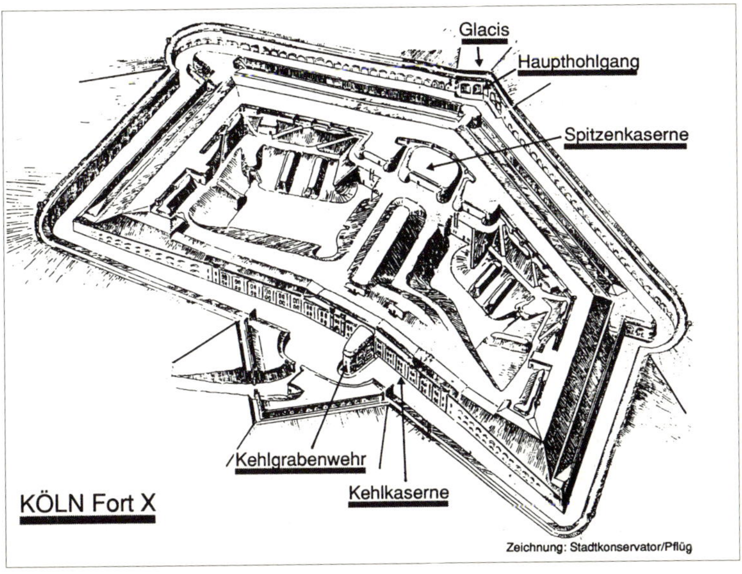

Fort X ist erhalten geblieben und wird heute von einem Rosengarten geziert.

bauwerke zu erkennen. Der kreisrunde Ziegelsteinbau im Stil des romantischen Klassizismus weist nur sparsame Verzierungen auf, im Unterschied zu dem Festungsgürtel im äußeren Grüngürtel, der eine Generation später errichtet wurde. Kreisförmig umschließen zwei Ringe von Kasematten den inneren Bau, auf dem einer der apartesten und unbekanntesten Ziergärten, der »Rosengarten« angelegt wurde, nachdem das Militär die Festung geräumt hatte. Hier ist es selbst im Hochsommer angenehm frisch, still und intim.

Das Fort beherbergt heute Proberäume für Musikgruppen und wird von der städtischen Denkmalpflege als Depot genutzt. Der Außenbereich ist eine der immer wieder überraschenden Spielstätten für Tanz- oder Performancegruppen, für Musik und Film im Rahmen des jährlichen »Kölner Sommer«.

Hülchrather Straße / Heinrich Böll

6

Von Norden her kehrt man durch die Hülchrather Straße zurück ins Agnesviertel. Nach einem ehemaligen kurkölnischen Gerichtsbezirk benannt, dessen Amtssitz Schloß Hülchrath heute zu Grevenbroich gehört, sollte diese Straßenbenennung im Jahre 1895 an juristisches Terrain anknüpfen. Denn hinter den dicken Steinquadern liegt der alte Justizpalast, der 1907-1911 in neoklassizistischer Einschüchterungsarchitektur gebaut wurde. Er beherbergt die Generalstaatsanwaltschaft und das Oberlandesgericht, ebenso das Nachlaß-, Register-, Vormundschafts-, Zwangsversteigerungs- und das Konkursgericht.

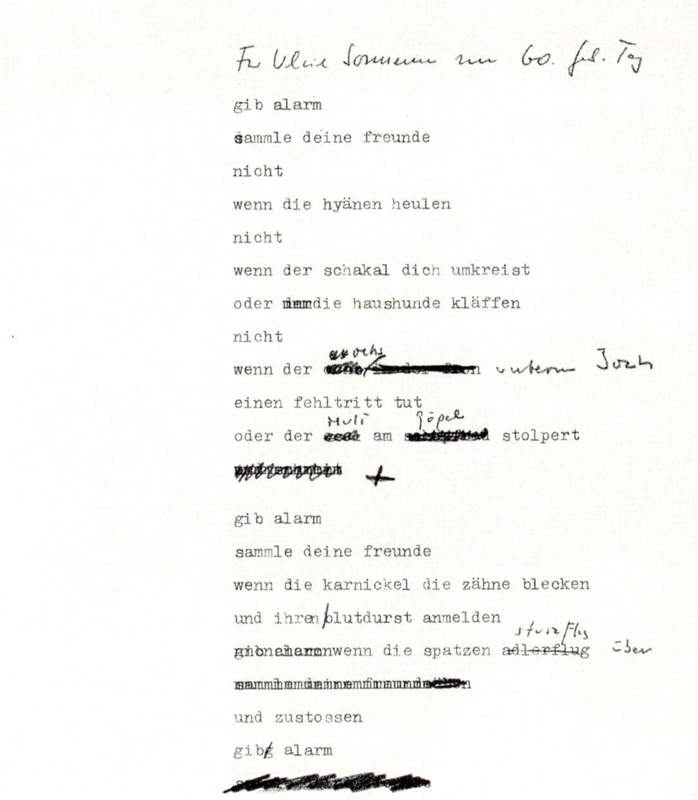
Für Ulrich Sonnemann zum 60. geb. Tag

gib alarm

sammle deine freunde

nicht

wenn die hyänen heulen

nicht

wenn der schakal dich umkreist

oder [redacted]die haushunde kläffen

nicht

wenn der ochs [redacted] unterm Joch

einen fehltritt tut

oder der Muli [redacted] am Göpel [redacted] stolpert

[redacted] +

gib alarm

sammle deine freunde

wenn die karnickel die zähne blecken

und ihren blutdurst anmelden

[redacted]wenn die spatzen ~~adlerflug~~ sturzflug üben

[redacted]

und zustossen

gib alarm

[redacted]

Gib Alarm!
Für Ulrich Sonnemann

Gib Alarm
Sammle Deine Freunde
nicht
wenn die Hyänen heulen
nicht
wenn der Schakal dich umkreist
oder
die Haushunde kläffen
nicht
wenn der Ochs unterm Joch
einen Fehltritt tut
oder der Muli am Göpel stolpert
Gib Alarm
Sammle Deine Freunde
wenn die Karnickel die Zähne blecken
und ihren Blutdurst anmelden
Wenn die Spatzen Sturzflug üben
und zustoßen
Gib Alarm

Auszug aus »Heinrich Böll – Leben und Werk«. Gedicht 1972

Mit dem Titel »Hülchrather Straße Nr. 7« gibt es einen berühmten Essay von Heinrich Böll, den er anläßlich seines Umzugs aus dem ländlichen Vorort Müngersdorf zurück in die Innenstadt schrieb. Im Haus Nr. 7 lebten Heinrich und Annemarie Böll mit ihren Söhnen von 1969 bis 1982, und das ist die Zeit von Bölls bekanntestem politischem Engagement, im Schriftstellerverband und im PEN, wie auch in Menschenrechtsgruppen oder der Friedensbewegung. Hier schrieb er »Gruppenbild mit Dame«, »Fürsorgliche Belagerung« und auch »Die verlorene Ehre der Katharina Blum oder: Wie Gewalt entstehen und wohin sie führen kann« – eine Auseinandersetzung mit der zunehmenden Terrorismushysterie der 70er Jahre, in die Böll selber einbezogen war. Er wurde ja öffentlich als Sympathisant der »Baader-Meinhof-Gruppe« beschimpft, der den »Boden der Gewalt gedüngt« habe. Das war die Zeit, in der Böll von der politischen Polizei mit Hausdurchsuchungen behelligt und vom Verfassungsschutz observiert worden ist. Es war aber auch die Zeit seiner großen Erfolge wie die Verleihung des Literaturnobelpreises im Jahre 1972. Obschon Böll die Mischung aus städtischem und dörflichem Leben im Agnesviertel liebte, wurde er Anfang der 80er Jahre wieder vertrieben, diesmal durch die Autos. Öfter hat er die Zerstörung der Stadt durch den Verkehr betrauert. Drei verschiedene Köln habe es für ihn gegeben, das der Kindheit seiner Erinnerungen, dann das zerstörte Köln nach dem Krieg, in dem er Größe und Würde sah, und schließlich das wiederaufgebaute Köln, das ihm fremd war. Später kam noch ein viertes Köln dazu, die Stadt der Autos mit Lärm und Gestank, mit Rheinuferschnellstraße und Nord-Süd-Fahrt. Dieses Köln hat den Schriftsteller schließlich aufs Land vertrieben, in das Eifeldorf Langenbroich oder nach Bornheim, wo er auch begraben liegt.

Der Tip zur Rast:

Café Elefant in der Weißenburgstraße 50, Telefon 734520 – täglich von 10 bis 24 Uhr (Sa, So bis 20 Uhr) – ein Café der verträumten Art mit leckerem Frühstück zu günstigen Preisen – auf der Karte auch »ein Zigarillo `de Olifant´ mit Portwein oder Sherry« 6,- Mark!

Zwischen Gericht und Rhein / Villen, Banken, Spekulanten

7

In dem Teil des Agnesviertels, der um das Gericht herum liegt, überwiegen gutbürgerliche Wohnhäuser der Gründerzeit. Wie die ganze Neustadt wurde diese Gegend nach einem einheitlichen Stadtentwicklungsplan gebaut.

Überquert man die Riehler Straße zum Rhein hin, folgt das Villengebiet für die Oberschicht. Selbst heute noch und trotz der Kriegszerstörung bilden die freistehenden Häuser mit den vielen

»EWG« läßt er sich von Mitarbeitern gern nennen. Einer der Kölner Abschreibungskönige, der in der Belfortstraße ganz oben residiert.

Bäumen, den großzügigen Grünanlagen und dem geringen Verkehr ein innerstädtisches Refugium. Viele frühere Villen mußten aber Versicherungs- und Bankgebäuden weichen oder wurden umgebaut und abgerissen. Typische und eindrucksvolle Fassaden solcher Großbürgervillen sind vor allem in der Worringer Straße noch zu besichtigen. Die Nr. 23, von dem Architekten Carl Moritz im Jahre 1906 im Typ eines strenggegliederten Jugendstilbaus entworfen, beherbergte früher das Musikhistorische Museum und heute ein fein-teures Hotel.

Zum Theodor-Heuss-Ring hin setzen sich die betuchteren Adressen in modernen Gebäuden fort. In den zwei oberen Etagen 16 und 17 des Wohnhochhauses an der Belfortstraße zum Beispiel residiert einer der alten Abschreibungskönige: Erwin Walter Graebner. Er gehörte zu den Erfindern des Bauherrenmodells, einer Methode, mit der er in den 70er Jahren Milliardenumsätze gemacht und für gutverdienende Zahnärzte und Fernsehjournalisten viel Geld am Finanzamt vorbeilaviert hat. Graebner selber wurde dabei zum Multimillionär. Er hatte seine Beute übrigens finanzamtsicher in Hotelketten in Florida angelegt, im Gegensatz zu seinen früheren Kumpanen: Jürgen Amann mußte sich seinerzeit nach Zürich absetzen; Jochem Erlemann verbüßte eine achtjährige Haftstrafe, und Renatus Rüger mußte sich jahrelang wegen des Vorwurfs »Betrug« mit Kunden und Gerichten herumschlagen.

EXPRESS

Spitzenjob beim Lotto: SPD-Chef Maedge

250 000 DM Jahresgehalt - Abschied vom Landtag

Von ALFRED MERTA 21. Februar 1987

exp Köln – Zwei Jahre lang wurde er mit dem Posten in Verbindung gebracht. Zwei Jahre lang wies er dies entschieden von sich. Doch jetzt, da die Bundestagswahl vorbei ist, greift Rainer Maedge zu. Der Kölner SPD-Chef und stellvertretende Vorsitzende der SPD-Landtagsfraktion wird Geschäftsführer beim staatlichen Nordwest-Lotto. Geschätztes Jahresgehalt: 250 000 Mark. Maedge (43) will nach dem Vertragsabschluß mit der Lotto-Gesellschaft sein Landtags-Mandat abgeben. Zu seinem Nachfolger als Fraktionsvize soll im März der Kölner Abgeordnete Volkmar Schulz gewählt werden. Schulz soll Maedge, wie berichtet, fast zur gleichen Zeit auch als Kölner Parteichef beerben.

Auf der anderen Seite der Neusser Straße wiederum residierte bis zu seinem Selbstmord Günther Kaußen in einem riesigen Penthouse, das sich über fünf Häuser hinzog. Er war ein anderer, noch weitaus schlechter beleumdeter Baulöwe und Spekulant, der seine zehntausend Mieter schikanierte und bis auf den letzten Heizkostenpfennig ausspreßte.

In der prominenten Runde soll auch ein weiterer berühmter Kölner nicht fehlen, der ebenfalls in dieser Gegend seine Chips im Spiel hatte: Hans Gerling. Der weiße, 26stöckige sogenannte »Ringturm« an der Ecke Theodor-Heuss-Ring/Ebertplatz gehört zum Gerlingschen Versicherungsimperium. An das Grundsiebeneck des Turms schließt sich harmonisch eine flache Bürobebauung an, die gekonnt in eine mächtige Gründerzeitvilla übergeht.

Auf derselben Straßenseite des Theodor-Heuss-Rings folgen zum Rhein hin die »Kölnische Rückversicherung«, die über die Colonia-Versicherung zur Oppenheim-Gruppe gehört, und daneben die »Westdeutsche Lottogesellschaft«.

Dieses Unternehmen ist im Besitz der Westdeutschen Landesbank und klingt nach Glücksspiel, hat jedoch eher mit Politik zu tun. Als Direktoren dieser Lotto-Zentrale fungieren in der Regel bei Jahresgehältern ab 250.000 Mark (Stand Mitte der 80er Jahre!) ausgemusterte Politiker. Einer, der Anfang 1987 im zarten Alter von 43 Jahren in den Genuß eines Ruhepostens kam, war der vormalige Kölner SPD-Chef Rainer Maedge. Der konnte zwar Tippscheine ausfüllen, hatte aber erst kurz vor der Landtagswahl 1984 noch erklärt: »Falls mir dieser Posten angeboten würde, würde ich ganz klar nein sagen. Ich bin Politiker und will Politiker bleiben.« Manche haben das nachträglich als Lüge empfunden, aber die verstehen eben nichts vom Glücksspiel.

Unter Krahnenbäumen (UKB)

8

»UKB« nennen Eingeborene nach der Straße auch das ganze Viertel zwischen Nord-Süd-Fahrt und der Kirche vom Heiligen Kunibert am Rhein. Im östlichen Teil wurde in den frühen siebziger Jahren die Musikhochschule gebaut, die trotz Sichtbeton und großen Dimensionen mit ihren auffälligen roten Fassaden- und Fensterteilen dem Viertel nicht geschadet hat. Der vielfältig gegliederte Bau nach den Entwürfen der Architekten von »Werkgruppe 7« und »Bauturm« hat einen eigenen Akzent gesetzt und einen neuen Mittelpunkt geschaffen. Dazu tragen auch die zahlreichen Musikangebote der Schule und das teilweise durch die Studenten geprägte neue und alte Straßenleben im Viertel bei.

Unter Krahnenbäumen heute – von der Nord-Süd-Fahrt geteilt und zerstört.

UKB – Vorbereitung zur Prozession

UKB – Nach der Prozession. Fotos von Chargesheimer 1959.
»Das Bild, das er vor uns ausbreitete, ist so lebendig, daß der Name 'Unter Krahnenbäumen' die Straße überdauerte und zum Inbegriff ursprünglicher kölscher Lebensart wurde.«

UKB – Tanz auf der Straße.

Von dem bedeutendsten Fotografen Kölns der Nachkriegszeit, Chargesheimer, gibt es einen Bildband, »Unter Krahnenbäumen«, der dieses Viertel zeigt, wie es in den 50er Jahren mit Läden, Straßenszenen, Festen und Prozessionen aussah, alles vor dem Bau der Nord-Süd-Fahrt. Der Unterschied zu heute ist evident. Es lohnt sich, das Buch auszuleihen und an Ort und Stelle die Plätze wiederzufinden, wenn das noch gelingt. Meistens wird es eher eine »Spurensuche« ohne Erfolg sein. Nichts kann die Zerstörung eines Viertels durch den Straßenbau stärker illustrieren, als der sinnliche Eindruck der NS-Fahrt, die UKB übertürmt, geteilt und das Leben dort erstickt hat.

Das stilvoll renovierte Gebäude vom Typ des Kölner »Drei-Fenster-Hauses« An der Linde 15 verdankt sein Überleben einigen Hausbesetzern. Irgendwann in den 70er Jahren war es von den Nonnen des benachbarten Ursulinengymnasiums gekauft worden. Die ließen es leerstehen und verrotten, um Platz für einen Erweiterungsbau ihrer Schule zu schaffen. Im Mai 1981 wurde die »Linde 15« instand besetzt, es gab für kurze Zeit ein Besetzercafé mit dem sinnigen Namen »Himmelspforte«. Die Besetzer mußten später der »höheren« Gewalt weichen, das Haus aber konnte erhalten werden.

Machabäerstraße / Erste Mädchenschule Kölns

9

Der Orden und die Schule der Ursulinen in der Machabäerstraße gehen auf eine Klosterfrau aus dem 17. Jahrhundert zurück: Anne Marie de Heers (1615-1666), später Mutter Augustine genannt. Sie war offenbar eine energische Frau aus den Niederlanden, die es schon früh nach Köln gezogen hatte, weil hier ihr großes Vorbild, die Ordensmatronin Ursula samt der Schar ihrer Gefährtinnen verehrt wurde. Die Ursulinen kümmerten sich um die Bildung von Mädchen, vor allem auch armer Mädchen, und hatten einen entscheidenden Anteil an der Frauen- und Mädchenbildung in Köln. Nach ihrer Ankunft im Jahre 1639 hatten sie sich zunächst jedoch mit allen erdenklichen Widrigkeiten auseinanderzusetzen: mit verweigertem Wohnrecht und Hausbesitzern, mit der Konkurrenz der arrivierten Jesuitessen, mit wechselnden Unterrichtsräumen oder dem Futterneid eifersüchtiger Zünfte, von denen die Goldwirker sogar mit Gewalt in die Frauengemeinschaft eindrangen, um Werkzeug und Material zu zerstören. 1671 konnten sie jedoch dieses Grundstück an der Machabäerstraße erwerben, nachdem die Gründerin des Ordens, Anne Marie de Heers, schon 1666 an der Pest gestorben war. Die Ursulinen gründeten Mitte des 17. Jahrhun-

Anne Marie de Heers kam 1639 endlich nach Köln.

derts eine erste Höhere Mädchenschule, die erste in Deutschland überhaupt. Auf diese Schule geht auch die Geschichte eines Studentenaufstandes im Mai des Jahres 1744 zurück. Und das kam so:

Bei den Ursulinen wohnte eine junge Jüdin, Sibylla Gumpertz, die sich taufen lassen wollte und zu diesem Zweck bei den Kapuzinern auf der anderen Straßenseite Religionsunterricht erhielt. Nun war die »freie« Reichsstadt Köln seit der Vertreibung der Juden im Jahre 1424 für diese gesperrt. Juden durften hier nicht wohnen, keinen Grundbesitz erwerben, ja nicht einmal ohne Passierschein die Stadt betreten. Sibylla wurde nun eines Tages beim Weg über die Straße von einem Rathausdiener angehalten und verhaftet, was fünf Studenten aus der nahen »Schola Artium«, der Universität, mitbekamen. Die Studenten holten Verstärkung und schlugen die Wohnung des Beamten kurz und klein, der wiederum die Polizei vom Eigelstein um Hilfe bat, die drei der »Aufständischen« festnahm. Daraufhin drangen deren Kommilitonen in ein anderes Haus des Stadtbeamten ein und entführten seinen Sohn in ihre Uni-Räume in der nahen Stolkgasse. Damit war der nächste Akt vorprogrammiert: Städtische Soldaten stürmten mit Gewalt die Universität, befreiten die Geisel und nahmen einige Studenten gefangen, woraufhin viele andere mit einem Vorlesungsboykott antworteten und demonstrierend durch die Stadt zogen. Die Reaktion des Rates: »Ab jetzt ist es für Gymnasiasten und Studenten verboten, in Gruppen aufzutreten. Bei Nichtbeachtung werden ohne vorherige Warnung Handgranaten geworfen.« Die Drohung nützte wenig: Streiks, Demonstrationen und Verhaftungen gingen den ganzen Sommer über weiter. Dabei kam es zu Kompetenzstreitigkeiten zwischen Stadt und Uni darüber, wer die Studenten arretieren und verurteilen durfte. Der Rektor pochte energisch auf die Autonomie der Universität, mußte aber auf die Gefängniszellen des Rates zurückgreifen. In dieser prekären Lage baute die Hochschule ihren eigenen Karzer in der Stolkgasse, dann konnten die Prozesse abrollen. Die Urteile sind indes nur vor dem Hintergrund des Autonomiestreits zu verstehen: 14 Tage Karzer bei Wasser und Brot erhielten die »Täter« und wurden sofort nach der Urteilsverkündung vom Rektor amnestiert.

Der Tip zur Rast:

LORE – das LObby-REstaurant des Kölner Arbeitslosenzentrums. Berber zahlen 3,50 Mark für ein Menü, Banker 8,50 Mark. Mo-Fr von 11.30 bis 14.30 Uhr. Domstraße 81 / Ecke Türmchenswall. Tel.: 139 04 08.

Kunibertsviertel / Kirchen, Fabriken und »Ruhender Verkehr«

10

Manchmal wird Köln wegen seiner vielen Kirchen, Klöster und Stifte auch das »Rom des Nordens« genannt. Der Kirche und den Franzosen hat es die Gegend zwischen Eigelstein, Dom und Rhein zu verdanken, daß hier schon Anfang des 19. Jahrhunderts ein erstes industrielles Stadtviertel entstand. Nach der Okkupation Kölns im Jahre 1794 hatten die Franzosen als eine der ersten Maßnahmen die Niederlassungs- und Gewerbefreiheit eingeführt. So brachten interessierte Kaufleute Geld in die Stadt, und im Zuge der Säkularisation gelangten bald Klostergebäude auf den Immobilienmarkt. Die Folge davon war, daß die frühen industriellen Manufakturen Kölns überwiegend in ehemaligen Gotteshäusern und Klöstern entstanden, da die hohen Hallen günstige Voraussetzungen boten und nicht erst umgebaut werden mußten. Eines der bekanntesten Produkte, die hergestellt wurden, war Zucker auf der Basis von Zuckerrohr, der sogenannte »Kolonialzucker«, der auf dem nahegelegenen Rhein geschifft werden konnte. Johann Jakob Herstatt gründete 1805 die erste Zuckerfabrik im Altenberger Hof an der Ecke Johannisstraße/Servasgasse (heute das Johannishaus der Stadtverwaltung), zwei Fabriken gab es südlich von St. Kunibert am Ufer, und auch ein Benediktinerinnenkloster in der Machabäerstraße (dessen barocker Hochaltar übrigens die Säkularisation überstanden hat und heute in St. Maria in der Kupfergas-

Die Machabäerkirche wurde 1807 abgerissen, um Platz für eine Tuchfabrik zu schaffen.

se steht) wurde abgerissen und an dieser Stelle später eine Zuckerfabrik erbaut. In St. Ursula zog für einige Jahre eine Seidenmanufaktur ein. Das schon bei der Geschichte vom ersten Studentenaufstand erwähnte Kapuzinerkloster gegenüber den Ursulinen wurde in der preußischen Zeit als Baumwollspinnerei und -schneiderei genutzt, be-

Hinter dem Neumarkt: Aus der Franziskanerkirche »ad olivas« wurde in der Franzosenzeit eine Tabakniederlassung, später zog das Militär ein. Heute wölbt sich an dieser Stelle das hohe Glasdach des »Olivandenhofs«.

vor es später abgerissen wurde. Heute steht hier die Verwaltung von »Rewe«.

Vom industriellen Charakter dieser Gegend ist heute jedoch überhaupt nichts mehr zu sehen oder zu spüren. Es sei denn, man weist auf die »AFO Krawatten-Fabrik von August Flachtmann« in der Machabäerstraße 56 hin. Doch an diesem Gebäude erinnert rein gar nichts an industrielle Fertigung, im Gegenteil: Es ist ein prachtvoller Bau von 1869 im Stil der italienischen Renaissance mit ästhetischer Betonung der jeweiligen Etagen, Fassadenmalerei, Rundreliefs und einem schmucken Figurenfries, der heute unter Denkmalschutz steht.

Eine Tafel an dem Eckhaus Johannisstraße/Servasgasse erinnert noch an eine berühmte Fabrik und Erfindung. Hier entwickelte Nikolaus August Otto die atmosphärische Dampfmaschine zum sogenannten Otto-Motor und gründete eine Motorenfabrik, aus der später das Weltunternehmen Klöckner-Humboldt-Deutz (KHD) wurde.

Beim Rückweg zum Eigelstein kreuzt man die Domstraße, in der im APO-Jahr 1969 vor dem Haus Nr. 81 die berühmte Aktionsplastik von Wolf Vostell »Ruhender Verkehr« entstand. Vor der Galerie »art intermedia« betonierte der Künstler seinen Opel Kapitän mit dem amtlichen Kennzeichen K-HM 175 als Ergebnis eines Straßenhappenings ein. Das Auto wurde wie ein »zeitgeschichtliches Mausoleum« präpariert und bis oben hin mit Fotos und Zeitungen gefüllt. Das Bauamt genehmigte das Objekt zunächst als »Baustelle«, zu deren Sicherung der Galerist Helmut Rywelski jeden Abend eine Petroleumlampe aufhängen mußte, aber bald fühlte sich der fließende durch den »Ruhenden Verkehr« gestört, und Kölns Kulturdezenent drohte mit einem Preßlufthammer anzurücken. Am Ende fand sich ein Mäzen, der die Plastik kaufte und der Stadt mit der Auflage schenkte, sie öffentlich zu präsentieren. Nach langen Jahren erhielt sie ihren Platz auf dem Mittelstreifen des Hohenzollernrings als zeitgemäßes, ja geradezu zukunftsweisendes Objekt, das die Schönheiten des Verkehrs erschließt, wenn er erst einmal zur Ruhe gebracht ist. Gleichzeitig ist es auch ein Beleg dafür, wie Künstler kritisch mit dem Objekt umgehen können, im Gegensatz beispielsweise zu HA Schults den Fetisch Auto noch verherrlichenden »Flügelauto« auf dem Turm des Stadtmuseums.

In der Domstraße betonierte Wolf Vostell sein Auto zu der berühmten Plastik »Ruhender Verkehr«.

St. Ursula

11

Auf den meisten katholischen Kirchtürmen ist ein Gockel oder eine Wetterfahne zu sehen. Eine markante Ausnahme findet sich in Köln, die schon von weitem aus den Eisenbahnzügen zu bestaunen ist: die Krone auf St. Ursula. Diese Barockhaube kam im 17. Jahrhundert nach einem Brand auf die romanische Kirche und erinnert an eine Königstochter, die hier verehrt wird. St. Ursula ist eine der populärsten Kirchen Kölns, was zweifelsfrei mit dieser Frau Ursula und ihrer bewegten Geschichte zusammenhängt und vielleicht auch mit dem, was an vor- und nebenchristlichen Elementen in ihrer Verehrung mitspielt.

Nach der Legende war Ursula die Tochter der Königin Daria und des Königs Nothus aus der Bretagne, und ihre Eltern hatten versprochen, das Kind nicht zu verheiraten. Ursula war nicht nur reich, sondern auch schön und klug, eine Spitzenpartie folglich, und ließ manches Männerherz höher schlagen. Ihr eigenes aber blieb kühl, sie liebte die Unabhängigkeit, vielleicht auch die Frauen, und wollte sich partout nicht verheiraten lassen. Bis eines Tages Ätherius, der Sohn des schrecklichen Königs Conan von ihr hörte und seinen Vater dazu brachte, Ursulas Eltern ein erpresserisches Ultimatum zu stellen: Hochzeit oder Krieg. Alle waren erbost, aber auch ratlos, wie man sich vorstellen kann, bis Ursula die rettende Idee hatte (die erschien zeitgenössisch als Engel im Traum): Sie sei mit der Heirat einverstanden, jedoch unter drei Bedingungen. Erstens müsse sich Ätherius taufen lassen, zweitens solle er drei Jahre mit der Hochzeit warten, und drittens wolle sie in dieser Zeit mit ihren zehn besten Freundinnen eine Weltreise machen. Die Erleichterung über den Ausweg war groß, der Pakt kam zustande, Nothus ließ die besten Schiffsbauer kommen, und Ursula lernte das Segeln. Das ist übrigens auf einem umfangreichen Bilderzyklus von 1456 genau zu verfolgen; er hängt im nördlichen Querhaus der Kirche.

Die Frauen reisten mit unzähligen Freundinnen und Dienerinnen herum, besuchten Städte und Länder; sie waren unabhängig, reich und vor allem ohne Männer, eine Art Amazonenheer. Eines Tages mußten sie vor einem Sturm auf der Nordsee fliehen, suchten Schutz auf dem Rhein und kamen bis nach Köln. Hier hatte Ursula die fixe Idee (der Engel!), nach Rom zu fahren und

Gewöhnlich ziert ein Hahn oder eine Wetterfahne die katholischen Kirchtürme. Auf St. Ursula erinnert eine barocke Krone an die Königstochter und Feministin gleichen Namens.

Vor ihrer Weltreise lernt Ursula mit ihren Freundinnen Segel setzen und Schiffe lenken.

Der Papst tauft all die schönen Frauen und zieht dann mit ihnen in die weite Welt. Die Vatikanbürokratie ist erbost.

den Papst zu besuchen. Sie kamen per Schiff bis Basel und überquerten dann zu Fuß die Alpen. In Italien gefiel es ihnen außerordentlich gut, was den Nordländern ja heute noch oft so geht, wenn sie einmal über den Gotthard-Paß hinweg sind. Umgekehrt müssen auch die Italiener an den Frauen Gefallen gefunden haben: Der regierende Papst Cyriacus ließ sich gar von ihrer Begeisterung mitreißen, seinen Thron zu verlassen. Die Vatikanbürokratie war natürlich erbost und strich ihn aus der Papstliste. Die Chronik: »Sie glaubten, er sei von Sinnen gekommen, daß er die päpstliche Würde wollte lassen, um daß er hinter etlichen unsinnigen Weibern möchte laufen.«

Neben Cyriacus schlossen sich bei der Rückreise weitere Erzbischöfe und Kardinäle an, und ab Basel segelten wieder alle den Rhein hinab. Unterwegs in Mainz kam ihnen Ätherius ent-

Wie in vielen anderen Kirchen lagerten auch die Reliquien in St. Ursula hoch über dem Boden in ihrem Sarg. Die Gläubigen kamen so drunter durch ins »Strahlungsfeld« der heiligen Knochen.

gegen, der es nicht mehr ohne die schöne und ersehnte Braut ausgehalten hatte, und obwohl die drei Jahre Wartezeit noch nicht vorüber waren, fielen sie sich um den Hals usw. Aber wie das manchmal im Leben so ist, kommt statt des Happy-End die Katastrophe: Vor Köln wurden die Schiffe von Hunnen, die seit Monaten vergeblich die Stadt belagert hatten, überfallen, ausgeraubt und die Reisenden ermordet – bis auf Ursula, Ätherius und ihre beste Freundin Cordula. Der Hunnenfürst Attila war erpicht auf Ursula, aber sie wies ihn zurück, und so wurden sie schließlich auch hingerichtet: Ätherius mit dem Schwert, Ursula mit Pfeil und Bogen (deshalb der Pfeil in ihrer Hand als Attribut), und ihre innigste Freundin Cordula, die nicht allein weiterleben mochte und ihr Versteck in einem Schiffsbug verließ, wurde als letzte erschlagen. Deswegen wird heute noch Cordulas Namenstag am 22.Oktober gefeiert, einen Tag nach dem von Ursula.

Da es sich bei der Legende um eine tragische Variante handelt, kamen erst, als alles vorbei war, himmlische Engel und vertrieben die Feinde, so daß die Kölner sich vor die Stadtmauern wagen und die Leichen beerdigen konnten. Sie errichteten eine Kapelle, später eine Kirche und eine Basilika und verehren seitdem an dieser Stelle zwischen Strom und Mauer die »Heilige« Ursula mit ihren Freundinnen.

Soweit die Legende. Die Bau- und Kunstgeschichte St. Ursulas ist nicht ganz so eindeutig. Aus dem frühen fünften Jahrhundert ist eine Stiftertafel, die sogenannte »Clematius-Inschrift«, erhalten, nach der ein reicher Mensch dieses Namens »aus dem Osten« kam und, »von heftigen Visionen gedrängt«, eine ältere Märtyrerinnenkirche auf eigene Kosten und von Grund auf renovieren ließ. Für diese Zeit haben die Archäologen auch einen ersten Bau nachgewiesen, was nicht ungewöhnlich ist, da hier nahe der römischen Ausfallstraße zahlreiche Tote begraben lagen, und die frühen christlichen Kirchen meist auf römischen Friedhöfen entstanden. Es wäre also durchaus möglich, daß hier Märtyrerinnen begra-

Keine christliche Hundehütte, sondern das Reliquiengehäuse des gotischen Hochaltars von St. Ursula.

ben liegen und verehrt wurden, obschon es darüber keine Quellen gibt. Den Römern war es gleichgültig, welche Religion die Toten hatten. Gegen Ende des ersten Jahrtausends entstand dann die Legende um die reisenden Frauen – anfangs noch ohne den Namen Ursulas. In dieser Zeit (922) wird die Kirche an Gerresheimer Stiftsdamen übergeben, die vor den Ungarn nach Köln geflohen waren. Vielleicht war dieses Fluchterlebnis der Hintergrund für den traurigen Ausgang der Ursulalegende, vielleicht geht aber auch die Eroberung Kölns durch die Normannen ein paar Jahre früher (881) in die Legende ein. Vielleicht waren die Hunnen tatsächlich im 5. Jahrhundert

auch im Rheinland und haben bei Unkel, südlich von Bonn, den Rhein überquert ... Wer weiß?

Jedenfalls fiel der Stoff bei den Kölnern auf fruchtbaren Boden, und als sie im 12. Jahrhundert Stadtmauer und Kirche erweiterten und bei den Bauarbeiten auf ein ausgedehntes Gräberfeld stießen, galt jeder Knochen als »Beweis« für den Wahrheitsgehalt der Geschichte und war zugleich auch eine begehrte Reliquie aus dem »Ager Ursulanus«, wie die Gegend genannt wurde. Schon früher war die Geschichte um den Papst und die Kardinäle erweitert worden, als man auf männliche Skelette stieß und deren heilige Herkunft erklären mußte. Um die Masse der gefundenen Reliquien zu erklären, ersann man einen einfachen und frommen Lesetrick: Aus den

Römische Soldaten, ubische Bauern, armenische Händler oder ägyptische Priester – alle Toten der frühen Kölner Friedhöfe finden sich als Heilige in der unermeßlichen Schar Ursulas wieder. Hier die »goldene Kammer« in St. Ursula aus dem Jahre 1643.

»XI M(artyres) V(irgines)« = 11 gemarterte Jungfrauen, las man »XI M(iles) V(irgines)« = 11tausend Frauen.

Der Erfolg der frommen Legende ist bis heute in der goldenen Kammer, einem barocken Reliquienraum an der Südwestecke von St. Ursula zu bestaunen. Wie ein riesiges Reliquiar, in das man hineingehen kann, ist der hohe Raum über und über mit Schädeln, Armspangen, Beinknochen, Hüften oder Gelenken in kunstvoller Anordnung bedeckt; alles edel für den frommen Schauer geschmückt in den dominierenden Farben Rot, für das Blut der Ermordeten, und Gold, Symbol ihres himmlischen Triumphs. Manche bezeichnen dieses barocke Beinhaus, eine Stiftung des frommen, aber reichen Kölner Ehepaars Crane im Jahre 1643, auch als »Schreckenskammer«, nach dem benachbarten Brauhaus. Aber ganz gleich, ob man das eher als nekrophile Leidenschaft oder als religiöse Schatzkammer sieht, es ist auch zeitgeschichtliches Dokument einer anderen Umgangsweise mit Tod und Sterben, als das heutzutage in unserer Kultur der Verdrängung üblich ist.

Der Bär als Reittier eines gehörnten Dämon. Welche Rolle spielt der Bär in Sagen und Legenden?

St. Ursula wurde nach Maria im Kapitol zu einem der vornehmsten Frauenstifte Kölns. Bald konnten nur noch die Damen aus freiherrlichen Häusern eintreten, und nach und nach wurde aus einer kirchlichen Frauengemeinschaft eine Versorgungseinrichtung für unverheiratete höhere Töchter.

Die keltische Göttin Artio kannte als Symboltier den Bären. Gibt es eine Verbindung zwischen den alten Mythen und der neuen Religion?

Auf der Suche nach dem Ursprung der Ursulalegende und dem Ursulakult stießen Historikerinnen auch noch auf andere, völlig verschüttete Spuren. Der Name kann von »Ursa« = Bärin abgeleitet sein, für die auch das Sternbild des Großen Wagens oder der Großen Bärin steht, das – ähnlich wie Ursula mit ihren 11.000 Freundinnen – mit Myriaden von umgebenden Sternen dargestellt wird. Eine englische Historikerin behauptet, hier sei möglicherweise eine sächsische Bärengöttin »Horsel« verehrt worden, und so wie Ursula als Patronin für einen guten Tod und den Übergang vom Leben ins Jenseits gilt, steht der Bär in vielen Darstellungen und in der vorchristlichen Symbolik als Mittler zwischen Himmel und Erde. Schließlich wurde in der Ursulakirche in einem Pfeiler die eingemauerte Figur der ägyptischen Göttin Isis gefunden, die als Bewahrerin des Lebens galt, ähnlich wie die Heilige Ursula immer mit einem breiten Schutzmantel als Beschützerin dargestellt ist. Es sind solche kultur- und religionsgeschichtlichen Hinweise, die vermuten lassen, daß in die Ursulalegende andere Kulte und nichtchristliche Traditionen eingeflossen sind und amalgamiert wurden. (Aber dieses Thema ist – bei aller Lust an der Spekulation – ein Tabu im hillije Köln.)

Eigelsteintor / Kölscher Boor und Schiffswrack

(12)

Neben dem westlichen Hahnen- und dem südlichen Severinstor ist das nördliche Eigelsteintor ein eher bescheidener Rest der Stadtbefestigung, die mit über sechs km Länge, mit Gräben, Mauern, elf Torbogen und zahlreichen Vorwerken einmal eine der umfangreichsten Stadtbefestigungen nördlich der Alpen war. In einer Nische des Tors auf der Stadtseite steht ein wetterfester Abguß des im Rathaus aufgestellten Originals vom »Kölschen Boor«. Die Figur wurde 1891 als Dokument der Treue und Loyalität der Kölner beim Besuch des deutschen Kaisers Wilhelm II. aufgestellt. Das Bild des Bauern, das schon über tausend Jahre alt ist, aber erst als Figur des Dreigestirns im Kölner Karneval populär wurde, hat mit Landwirtschaft jedoch nichts zu tun. Es geht zurück auf eine Gliederung des »Heiligen Römischen Reiches Deut-

Der kölsche Boor als Kriegsstandbild – 1915 war jeder Nagel, der in diese überdimensionierte Holzfigur geschlagen wurde, mit einer Kriegsspende verbunden. Heute steht der vernagelte Bauer im Stadtmuseum.

scher Nation«, das symbolisch nach dem sogenannten Quaternionensystem, der magischen Vierheit, unterteilt war. Darin stand Köln neben Regensburg, Konstanz und Salzburg für den Bauernstand, wobei allerdings niemand erklären kann, wie ausgerechnet die Handelsstadt und Metropole Köln an ein Agrar-Symbol geriet.

Auf der anderen Seite der Torburg hängt oben in einem Turmbogen ein halbzerschossenes Bootswrack, viele Kölner haben es im Vorbeigehen noch nie wahrgenommen. Eine Tafel erinnert: »Die Trümmer des Kutters mahnen an den ruhmvollen Untergang von S.M. Cöln im Seegefecht bei Helgoland am 28. August 1914.« Wen oder an was sie mahnen, ist den liebevoll kultivierten Resten nicht zu entnehmen, aber sie sind Ausdruck einer bis heute gepflegten militaristischen Tradition. Dem ersten Kriegsschiff mit dem Namen »Cöln« folgte schon 1918 ein zweites, das sich vor »Scapa Flow« nahe den Orkney-Inseln selbst versenkte; ein dritter Kreuzer dieses Namens wurde 1930 vom damaligen Kölner Oberbürgermeister Konrad Adenauer mit den Worten getauft: »Du sollst diesen Namen tragen zur Ehre dieses heiligen Köln, zur Erinnerung an die alte Stadt. Wie sie deutsches Wesen und deutsche Art treu schirmt und hütet am Rheinstrom, so sollst du hüten und schirmen die deutsche Heimat und deutsche Ehr' auf den Wassern des Meeres.«

Diese Ausgabe wurde im Nazikrieg 1945 in Wilhelmshaven versenkt. Es folgte nach kurzer erzwungener Pause eine gleichnamige Fregatte der Bundeswehr, deren Bugwappen nun nach der Verschrottung im Jahre 1982 neben die Kuttertrümmer von 1914 gehängt wurden. Im Herbst 1984 schließlich lief die fünfte »Köln« vom Stapel, und trotz aller Proteste von Grünen und Friedensbewegung war der Kölner Oberbürgermeister mit dabei. Als Gegengabe haben die Marinesoldaten übrigens die Patenschaft für das städtische Kinderheim in Sülz übernommen, in dem sie nun einmal jährlich ihre Weihnachtspäckchen abgeben dürfen. Und damit die ganze Geschichte nicht in Vergessenheit gerät oder die Kontinuität der heimischen Militärpflege gar unterbrochen würde, feiern in jedem Jahr am 28. August die Rentner von der Marinekameradschaft »Leuchtturm« immer wieder neu den »ruhmvollen Untergang der Cöln«. Von den damals ersoffenen 379 Matrosen reden sie dabei allerdings nicht.

Unter den Resten der »Cöln« trauern am 28. August die Kameraden von der Kriegsmarine.

Die Eigelsteintorburg selber wurde Anfang der 90er Jahre gründlich renoviert und dann nach langem Gerangel der »Offenen Jazzhaus-Schule« übergeben. Damit hat sich eine freie Kulturinitiative gegen Karnevalsvereine oder den Brauereiverband durchgesetzt. Der Verein, der jährlich rund 1.200 Kindern und Jugendlichen den Weg zur Musik ebnet, hat den Bau 30 Jahre lang in Erbaupacht übernommen, ohne Miete, doch mit der Verpflichtung zum Unterhalt des Turms und der Auflage, ihn allen zugänglich zu halten. So gibt es in der ersten Etage einige Räume, die Bürger, Vereine oder Firmen aus dem Veedel gegen einen Kostenbeitrag mieten können, sei es für eine Hochzeit, für ein Seminar oder für die Bürgerversammlung. Ein öffentliches Haus mit öffentlichen Mitteln, eine Ausnahme im Reigen der Kölner Stadttore und Türme.

Die Rast am Schluß:

Spitz – Lübecker Straße/ Ecke Gereonswall – täglich von 9 bis 10 Uhr nachts, So ab 11 Uhr – ein Großstadtbistro der freundlicheren Art – starker Kaffee und gutes Frühstück – und zur Erholung von der Wanderung: Spitz liegt im Schatten der Eigelsteintorburg.

1. **Hansaring**
   Hansa-Hochhaus / Zwangsarbeiter bei der Reichsbahn
2. **MediaPark**
   Stadtplanung / Medienstadt
3. **Hansaring 63/67**
   Kölscher Abrißtrick
4. **Hansaplatz**
   Stadtmauertürme / Spekulation im 19. Jahrhundert
5. **Klingelpütz**
   Preußischer Zentralknast / Hinrichtungen im »Dritten Reich« / NS-Märtyrer Spangenberg und Winterberg
6. **Hansaviertel**
   Hausbesetzer: Erftstraße 5, Spichernstraße 52, Werderstraße /, Hohenzollernring 75-77 und 88
7. **Allianzgebäude**
   Erste Stadtverwaltung / Hungerstreik und Restauration
8. **Kaiser-Wilhelm-Ring**
   U-Bahn und Platania / Amüsiermeile und Comedy
9. **Kaiser-Wilhelm-Ring 14**
   Dada Max mit Frau Luise Straus
10. **St. Gereon**
    Römer, Franken, Christen / Kriegsdienstverweigerer Gereon / NATO-Kirche / Beuys-Bäume
11. **Ehrenhof**
    Gerling-Konzern / Arnold Breker als Stadtgestalter / Der Bote Günter Wallraff
12. **Friesenstraße**
    Privatsanierung / Fassaden von Potemkin / Brauhaus Päffgen
13. **Friesenstraße 61**
    Der »Rote Becker«, Oberbürgermeister und Marx-Kumpan
14. **Hohenzollernring**
    Antisemitische Buchhandlung / Kölner VolksBlatt / Hochburg der Bürgerinitiativen
15. **Stadtgarten**
    KPD-Zentrale / Erster öffentlicher Park / Jazz-Haus / Neu-St. Alban

Die nördlichen Ringe

Das Viertel der Versicherungen

Vom Hansahochhaus bis zum Stadtgarten – rechts und links von Hansa-, Kaiser-Wilhelm- und Hohenzollernring – Dauer ca. 2 bis 3 Stunden

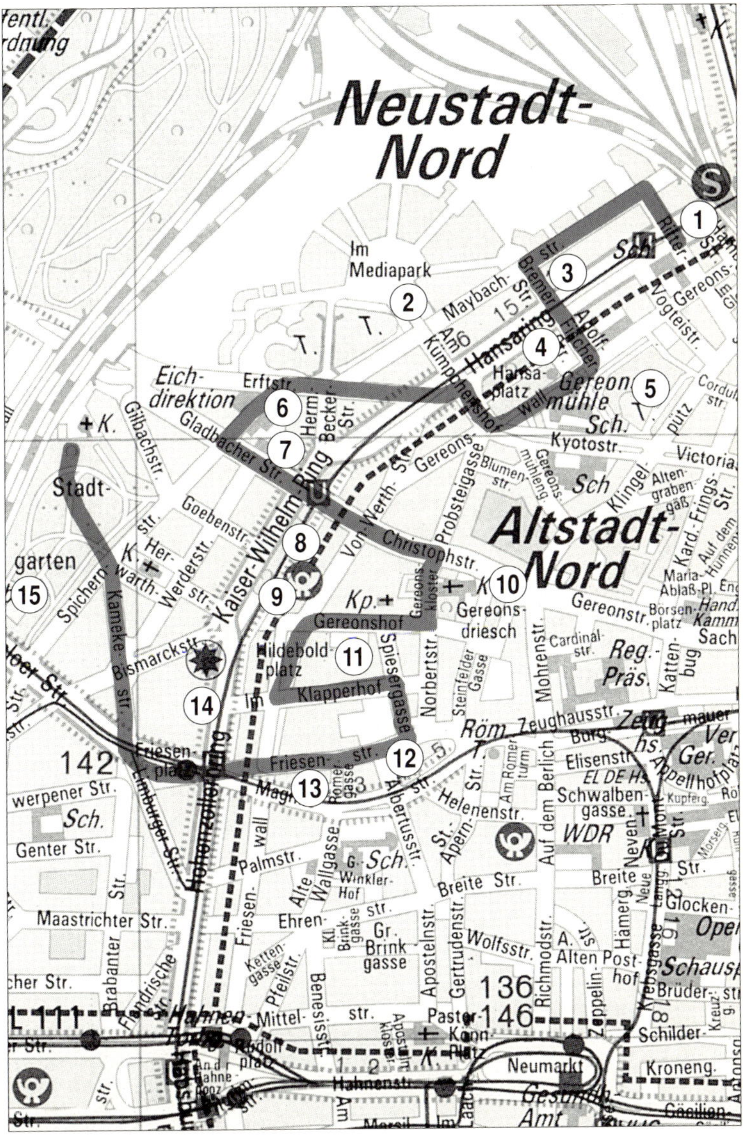

Wenn von Köln heute als Stadt der Unterhaltung, der Comedy und der Kneipenatmosphäre die Rede ist, dann hat das Gebiet um Hohenzollern- und Kaiser-Wilhelm-Ring und rund um den Friesenplatz viel dazu beigetragen. Vor zwanzig Jahren war es noch eher ein Quartier der grauen Männer aus Versicherungen und Banken, und in den Seitenstraßen herrschte das Rotlichtmilieu. Wohnungen wurden schon früh umgenutzt zu Büros und Geschäften. Inzwischen haben sich die Etablissements verändert, sie sind aus den Seitenstraßen bis zu den Ringen vorgedrungen, und man findet hier eine Reihe der beliebten Bühnen und Veranstalter aus Film und Fernsehen. Während die Zerstreuung dominiert, sind im Bereich der südlichen Ringe eher die Komfortläden und gehobenen Geschäfte zu finden: Möbel, Hausrat, Bäder, edler Tand und Nippes, Bücher oder Betten. Aber für beides gilt, ob Unterhaltung oder Konsum: bezahlt werden muß immer.

Hansa-Hochhaus

1

Als 1924/25 das siebzehngeschossige Hochhaus nach Plänen des Architekten Jakob Koerfer gebaut wurde, galt der fast siebzig Meter hohe Bau als höchstes Haus Europas. Die rote Backsteinverkleidung über einem Stahlskelett illustriert eine gelungene Symbiose klassischer Stilformen – etwa den in den Spitzen fast gotisch anmutenden Fensterapsiden – mit der klaren Formsprache des modernen Bauhaus. Das Hochhaus besitzt (bis 1990) noch einen frei zugänglichen Paternoster, und es lohnt sich, bis ins fünfzehnte Stockwerk hinaufzuzockeln, dann noch zwei Etagen weiter zu steigen und den weiten Blick über die nördliche Altstadt, besonders das Gelände des ehemaligen Güterbahnhofs Gereon, heute der MediaPark, und die Ringe zu genießen: Fast der gesamte Bereich der Wanderung ist von hier oben zu überblicken.

Zur Zeit des Nationalsozialismus waren im Hansa-Hochhaus fast 900 Zwangsarbeiter der Reichsbahn untergebracht. Es diente als eines von über 250 Lagern, die über das ganze Stadtgebiet verteilt waren; oft in der Nähe von Fabriken, in denen die meist aus dem Osten zwangsweise verschleppten und seltener aus dem Westen halbfreiwilligen Fremdarbeiter arbeiten mußten. Sie wurden fast nie bezahlt, und obwohl nahezu alle Firmen (etwa Ford, Glanzstoff, KHD, Liesegang) und auch öffentliche Einrichtungen

Das Hochhaus am Hansaring galt 1925 als bautechnische Sensation: über einem Stahlskelett die Backsteinverkleidung.

(wie die Bahn, die Stadt Köln oder die Feuerwehr) von ihnen profitierten, weigern sich bis heute alle Verantwortlichen dieser Stadt, wie auch anderswo, wenigstens für die Rente der noch lebenden Zwangsarbeiter aufzukommen.

In unseren Tagen ist das Hansa-Hochhaus wegen eines Schallplattensupermarkts im Erdgeschoß vor allem bei Jugendlichen beliebt. Saturn soll der größte HiFi-Laden Europas sein, dessen Käufermassen gut an den orangefarbenen Einkaufstüten in der ganzen Gegend zu erkennen sind. Ansonsten finden sich in dem Hochhaus Abteilungen der Stadtverwaltung, Büros, eine Wirtschaftsschule und auf dem Dach ein Sender des WDR.

MediaPark

2

Im Jahre 1988 gründeten die Stadt und das Land mit einem privaten Unternehmer die »MediaPark Entwicklungsgesellschaft« und kauften von der Bahn für knapp 40 Millionen Mark den größten Teil des früheren Güterbahnhofs Gereon. Ein »MediaPark« sollte hier entstehen, mit den Schwerpunkten Telematik und Telekommunikation, also der Erstellung von Hard- und Software samt der entsprechenden elektronischen Dienstleistung. Köln ist ein zentraler Medienstandort mit WDR, DLF, Deutscher Welle und neuerdings auch RTL, Vox und Viva, mit Zeitungen und Verlagen, Künst-

Die alte Industriehalde zu einer Goldgrube machen:

lern und Galerien, Videoproduktionen und der ganzen elektronischen Unterhaltungsindustrie. Das sollte unterstützt und als zukunftsträchtiger Gewerbezweig auf den Markt um Arbeitsplätze, Gewerbesteuern und Standortsicherung geworfen werden. Über 100 Millionen Mark steckte die öffentliche Hand bisher in die Erschließung und Vermarktung des »Parks«, aber auch noch nach 10 Jahren sind mehr Baulücken als Medien zu finden. Die prestigebesessene Stadtverwaltung und die SPD-Spitze mögen nicht zugeben, daß ihr Konzept an dieser Stelle gescheitert ist und sie längst hätten auf den in den Innenstadt notwendigen Wohnungsbau umschwenken müssen.

Der MediaPark wurde als Bahnsteig in die technische Zukunft geträumt.

Währenddessen hat sich in Ossendorf, eher wenig beachtet und nicht subventioniert, ein lebendiger Fernseh- und Filmproduktionsstandort entwickelt. Es gibt zahllose neue technische und kreative Firmen in ganz Köln, fast 10.000 Arbeitsplätze bietet inzwischen alles in allem die gesamte Branche, aber eben kaum im MediaPark. Doch eine Innovation gibt es, ein riesiges Kino, das »Cinedom«, mit einem Dutzend Bühnen und numerierten Plätzen, die man vorbestellen kann. Das ist wirklich neu in Köln.

Hansaring 63/67

3

An der Ecke Bremer Straße/Hansaring standen einst zwei prächtige Bürgerhäuser aus der Gründerzeit. Heute sind an dieser Stelle eine Wirtschaftsschule und der Pesch-Wohnshop. Nichts und niemand erinnert mehr an ein echt kölsches Abrißstück:

Hansaring 67: mit kölschem Abrißtrick das falsche Haus zerstört.

Der Besitzer bekam Anfang der 70er Jahre eine Abrißgenehmigung für das Eckhaus Nr. 63, wollte aber gerne das Nachbargebäude gleich mit liquidieren. Eines Tages rollten die Bagger an und begannen, die neoklassizistische Fassade der Nr. 67 einzuschlagen. Bis das Bauamt das bemerkte, war es Nachmittag und der Schaden nicht mehr reparierbar. Der Besitzer versicherte im Brustton kölscher Überzeugung, die Sekretärin hätte sich »leider« auf dem Abbruchauftrag »vertippt« und statt der 63 eine 67 hingeschrieben, und die Abbruchfirma hätte auch nichts gemerkt (obwohl das »falsche« Haus doppelt so groß war wie das »richtige«!). Die Presse kritisierte, die Verwaltung fluchte, von Regreß war die Rede und von Wiederaufbau. Doch nach wenigen Wochen waren beide Häuser verschwunden – ohne Konsequenz für den Hausbesitzer natürlich ...

Hansaplatz / Stadtmauer mit Gereonsmühlenturm

(4)

Als am 11. Juni 1881 zur Stadterweiterung das erste Loch in die mittelalterliche Mauer gesprengt wurde, wollten manche Kölner von dem alten Bollwerk überhaupt nichts mehr wissen. Erstaunlicherweise wurde es als »preußisch« angesehen, obwohl die Preußen hier gerade mal zwei Generationen lang gesessen hatten. Der Hintergrund für den Gesamtabriß war indes weniger historische Psychologie als ökonomische Spekulation.

Nachdem die Mauer militärstrategisch überholt war, bot das preußische Kriegsministerium sie der Stadt Köln zum Kauf an. Gehandelt wurden Preise zwischen 9 und knapp 13 Millionen Mark. Doch in der Öffentlichkeit kam es schon wegen der Verhandlungen mit Berlin zu einem Sturm der Entrüstung. Protestversammlungen, Flugschriften und empörte Aufrufe, daß der Rat dieses uralte kölsche Bauwerk, das die eigenen Vorfahren im 12. Jahrhundert den Erzbischöfen abgetrotzt hatten, jetzt von den Preußen abkaufen wollte. Man setzte eine Geheimkommission ein, unter Vorsitz des Zentrumsabgeordneten Peter Josef Roeckerath, und nach zwei Jahren einigte man sich auf den Preis von rund 12 Millionen Goldmark, eine exorbitante Summe für die damalige Zeit. Und so mußte jeder Quadratzentimeter zu Bauland gemacht, jeder Stein der alten Mauer abgerissen werden, damit auf dem alten Festungsgelände neues Bauland entstand. Das preußische Kriegsministerium mußte sogar die Stadt vertraglich verpflichten, wenigstens die drei wichtigsten historischen Stadttore und zwei Mauerreste als Schaustücke zu erhalten, sonst wären auch die auf der Abraumhalde gelandet.

Am Ende rechnete sich das Geschäft für die Stadt. Sie erhielt ihren Einsatz doppelt zurück und mit ihr viele private Spekulanten und Grundstückshändler, wie zum Beispiel der vormalige

Der Rest der alten Mauer läßt noch die Wucht der früheren Befestigung erahnen.

Stadtrat und Religionslehrer Roeckerath, der bald zum Makler umgesattelt hatte und schließlich einer der reichsten Männer Kölns war (siehe auch S. 56).

Ein Mauerstück befindet sich am Hansaring, und wenn es auch in den letzten Jahren aalglatt restauriert wurde, so kann seine Dimension mit dem Graben davor noch einen Eindruck von den früheren Ausmaßen verschaffen. Was hier in Resten sichtbar ist, führte sechs Kilometer lang im Halbkreis um die Stadt herum. Die beiden Türme rechts und links des Mauerrestes blieben übrigens nur erhalten, weil sie damals schon nicht mehr dem Militär gehörten, sondern Privatpersonen. Der eine beherbergt heute eine katholische Jugendgruppe, im anderen wohnt ein Architekt.

Klingelpütz

5

Die im Stadtgebiet sichtbaren Hügel und Anhöhen sind mit Ausnahme der Rheinhügel meist Schuttberge. An der Inneren Kanalstraße, jenseits des MediaParks, lagern die Trümmer des Zweiten Weltkrieges, und bei dem Hügel hinter der Stadtmauer handelt es sich um die Reste des ehemaligen Gefängnisses »Klingelpütz«. Wie viele andere staatliche Einrichtungen bauten die Preußen 1836/38 dieses erste Zentralgefängnis, nachdem bis dahin verschiedene Türme der Stadtmauer als Gefängniskammern gedient hatten. Der Neubau war nach den letzten amerikanischen Erkenntnissen der Knast-Architektur sternförmig angelegt, mit einem achteckigen Mit-

Nach dem Essen dürfen die Häftlinge im »Correctionshaus« zu Köln zum Hofgang ins Freie (1845).

telstück mit Verwaltungs- und Wirtschaftsräumen, Bibliothek und Kirche und vier abzweigenden Flügeln.

An das düsterste Kapitel dieses Gefängnisses, die Zeit des Nationalsozialismus, erinnert ein quaderförmiger Gedenkstein am Wiesenhang. Bis zum zweiten Kriegsjahr 1940 verzehnfachte sich die Zahl der Häftlinge im Klingelpütz auf über 15.000, und die Überfüllung wie auch die ständigen Luftangriffe, bei denen die Gefangenen in ihren Zellen bleiben mußten, bedeuteten ein kaum vorstellbares Martyrium. Die große Zahl von über tausend Hinrichtungen während des Faschismus, an die der Stein erinnert, hängt mit der Funktion des Klingelpütz als zentraler Hinrichtungsstelle für die Sondergerichte Köln, Dortmund, Düsseldorf, Essen, Hagen, Duisburg, Aa-

Das Vorbild für die sternförmige Anlage des neuen Klingelpütz waren die modernen Knäste der USA.

Nr. 30 45. Jahrgang Samstag, 29. Juli 1933 0.20 R.Mk.

Kölner Gerichts Zeitung

Abonnementspreis

Erscheint in Köln einmal wöchentlich Samstags

Kriminal-Revue aus aller Welt.

Sonder-Nummer Kommunisten-

Im Hintergrund die Guillotine

Die Sühne für den politischen Mord an den SA-Leuten Winterberg u. Spangenberg

chen, Wuppertal, Koblenz und Münster zusammen. Außerdem wurden hier auch Todesurteile des Volksgerichtshofes und des Reichsgerichts vollstreckt. Von Kölner Gerichten selbst sind 123 Todesurteile bekannt, wir wissen allerdings wenig über die Urteile und Hinrichtungen eines Sondergerichts in Köln – die sogenannten »Nacht- und Nebelsachen« –, das für oppositionelle Zivilisten aus den besetzten Ländern zuständig war.

Der Hansaplatz, die kleine Grünanlage am Ring vor der Stadtmauer, hieß bis zum 8. Mai 1945 »Spangenbergplatz« und erinnert an einen lokalen NS-Märtyrer. Bei Zusammenstößen am Eigelstein und hier am Hansaplatz zwischen SA und dem Roten Frontkämpferbund waren am 24. Februar 1933, wenige Wochen nach der Machtergreifung, ein 21jähriger SA-Mann namens Winterberg und ein 28jähriger namens Spangenberg erschossen worden (siehe S. 55). 17 KPD-Mitglieder wurden daraufhin verhaftet und schon im Juli in einem Schauprozeß vor dem Kölner Schwurgericht angeklagt; sechs verurteilte die Kölner Justiz zum Tode und die übrigen zu langjährigen Zuchthausstrafen. Am 30. November 1933 fanden im Klingelpütz die Hinrichtungen statt. Auf persönliche Weisung Hermann Görings wurden die sechs Arbeiter Josef Engels (28),

Mit dem Handbeil am 30. November 1933 geköpft:

Josef Engels (28)

Mathias Josef Moritz (20)

Hermann Hamacher (22)

Otto Waeser (21)

Bernhard Willms (25)

Heinrich Horsch (25)

Mathias Josef Moritz (20), Hermann Hamacher (22), Otto Waeser (21), Bernhard Willms und Heinrich Horsch mit dem Handbeil erledigt. Wie beteiligte Juristen später berichteten, sollen sich dabei grauenhafte Szenen abgespielt haben, weil der Henker noch nicht genügend routiniert war. Die nationalsozialistische Partei feierte die beiden erschossenen SA-Männer als »Helden der Erhebung« und benannte neben dem neuen »Spangenbergplatz« auch die nahegelegene Eintrachtstraße in »Winterbergstraße« um. Als der Pfarrer der nahen Ursulakirche für die Hingerichteten eine Messe las, wurde er anschließend von der Gestapo festgenommen.

Der Klingelpütz geriet ein letztes Mal während der 60er Jahre in die Schlagzeilen, als Mißhandlungen der Gefangenen durch die damaligen Wärter und Prügelkommandos bekannt wurden sowie zahlreichen Häftlingen die Flucht aus dem Bau gelang, der als »undicht wie ein Teesieb« beschrieben wurde. Man machte sehr schnell die baulichen Mängel der alten Anlage dafür verantwortlich und errichtete im Zuge der »Humanisierung des Strafvollzugs« das neue Gefängnis in Ossendorf, das heute noch als Muster sozialer Isolation und optimaler Häftlingskontrolle gilt. Der Klingclpütz wurde abgerissen, seine Trümmer bepflanzt. Heute erstreckt sich den Hügel herab eine Parkanlage mit Spielplatz, Wäldchen, Wasser und Wiesen.

Der alte Name übrigens, der heute für die Grünanlage ebenso gebräuchlich ist wie für das Gefängnis in Ossendorf, geht auf einen Kölner Bürger namens »Clingelmann« zurück, dem im Mittelalter ein Brunnen an dieser Stelle gehörte: auf kölsch eben »Clingels Pütz«!

Hansaviertel: »Was den Bomben nicht gelungen, schafften Banken und Versicherungen«

(6)

Es geht wieder zurück über den Ring auf die andere Seite, die weitgehend in der Hand von Banken und Versicherungen ist. Ursprünglich war dieser mittlere Teil der Kölner Neustadt von hier bis hinunter zur Zülpicher Straße, das sogenannte »Westend«, heute »Belgisches Viertel« genannt, als bürgerliches Wohnquartier vorgesehen. Aber schon bald nach der Fertigstellung begann an den Ringen eine Entwicklung von der reinen Wohn- zur Geschäftsstraße. Anfangs betraf das nur die Erdgeschoßzone, später änderte sich die gesamte Erscheinungsform der Ringstraße und ihrer Plätze. Nach dem Krieg führten Wohnungs-

Erftstraße 5: 1979 vergammelt, besetzt und gerettet.

not, dichte Bebauung und die heruntergekommene Bausubstanz zu niedrigen Mieten. Kinderreiche, Ausländer, Studenten, alte Leute stellten die Masse der Mieter in den Seitenstraßen der Neustadt. Aber hier im »Hansaviertel« expandierten nach und nach Banken und Versicherungen vom repräsentativen Ring, ihrem alten Standort, in die Wohngebiete hinein. In den 60er Jahren, als man noch nicht von »Bürgerinitiativen« sprach, kam es z.B. in der Werderstraße schon zu ersten Kon-

Erftstraße 5: 1989 die Fassade aufgemotzt, dahinter Büros der Allianz.

flikten zwischen dem SPD-Ortsverein und der Allianzversicherung, bei denen Stadtverwaltung und Ratsspitze auf der Seite der Unternehmen standen – wie meistens in der Folgezeit. Während der 70er Jahre konzentrierte sich hier der Schwerpunkt der Kölner Hausbesetzerbewegung. Im folgenden zu einigen »Opfern« der Sanierungspolitik:

Erftstraße 5

Dies ist die einzige im Original erhaltene Fassade der Erftstraße, die ansonsten völlig von der Allianz okkupiert wurde. In dem Haus lebten fast ein Jahr lang Besetzer ohne Strom und Wasser. Sie wurden vertrieben, und es wird sie kaum trösten, daß sie die Fassade retten konnten.

Spichernstraße 52

Hier stand einer der schönsten stadteigenen Jugendstilbauten der Gründerzeit. 1974 wurde das Haus im Schnellverfahren abgerissen, inzwischen ist der Platz überbaut von der Allianz. Die hat sich allmählich und immer mehr vom Ring aus bis zur Spichernstraße breit gemacht und hat auch das ehemalige Gebäude der alten Volksschule aus dem Jahre 1900 nebenan okkupiert.

Die alte Schule: alles Allianz.

In dem zweiflügeligen Ziegelsteinbau, ein akzeptables Muster von Schularchitektur aus dem 19. Jahrhundert, werden heute Versicherungsvertreter trainiert.

Werderstraße / Ecke Gladbacher Straße

An der Ecke standen sechs denkmalgeschützte Häuser, die der Gothaer Versicherung zum Opfer fielen. Die Nummer 7 wurde im Herbst 1976 über Monate besetzt, immer wieder geräumt, dabei zum ersten Mal in Köln durch das »Sondereinsatzkommando« (SEK) der Polizei. Die treibende Kraft dieser Aktionen war der SSK (Sozialistische Selbsthilfe Köln), der, im Unterschied zu manchen der späteren Hausbesetzer, immer auch die

Immer wieder räumt die Polizei die besetzten Häuser und holt die Transparente der WRG (Wohnraumrettungsgesellschaft) herab.

alten Mieter in den Häusern hielt und versuchte, die Öffentlichkeit mit populistisch-unkonventionellen Methoden gegen die Spekulanten einzunehmen. Als z.B. wieder einmal nach einer Räumung der Hauseingang Gladbacher Straße 7 zugemauert wurde, vermauerte der SSK am nächsten Morgen im Gegenzug den Direktionseingang der Gothaer Versicherung am Kaiser-Wilhelm-Ring. Heute steht an dieser Ecke ein

Vorher: Gladbacher Straße 1-7. Die Mieter sind schon vertrieben und die Läden vermauert.

Nachher: Die Stadtspitzen klüngelten mit der Gothaer, die SPD fiel um, und heute jammert der Stadtkonservator über den häßlichen Klotz an der Ecke.

schwarzer Ziegelsteinbau mit angehängten Erkerbalkons, stil- und geschmacklos, vor allem für Büros und mit nur wenigen Wohnungen in der oberen Etage.

Ebenfalls besetzt waren zeitweilig die Häuser am nahen Hohenzollernring 75-77 und gegenüber die Nr. 88.

Restauration und Allianz

7

In der Hauptverwaltung der Allianz-Versicherung am Kaiser-Wilhelm-Ring war von 1945 bis 1953 der Sitz von Stadtverwaltung und Stadtrat. Hier wurden unter dem ersten Oberbürgermeister nach dem Krieg, Konrad Adenauer, schon früh die Schalthebel der neuen Macht mit alten Gefolgsleuten aus dem konservativen Zentrum besetzt. Noch ehe die junge Republik wußte, was »Restauration« bedeutete, wurde diese in Köln praktiziert. Und hier wurde auch weitgehend die »Entnazifizierung« verhindert oder hintertrieben. Schon Anfang Februar 1946 berichtete Ernst Schwering, später selber Oberbürgermeister in Köln: »Der Schuloffizier (der Besatzungsmacht) ließ im Lauf der vergangenen Monate zahlreiche Parteigenossen (der NSDAP, d.A.) in der Schule und in den Büros der Stadtverwaltung wieder zu. Dasselbe tat der für die Finanzen zuständige Of-

Flugblatt aus dem Hungerwinter 1946/47

†

Schmerzerfüllt teilen wir Ihnen mit, daß heute früh 6 Uhr unser

LETZTES BROT

im Alter von nahezu 2 Tagen verschieden ist.

Es folgte ihm gleichzeitig das letzte Achtel Butter in die Ewigkeit.

Mit knurrendem Magen werden wir ihrer stets gedenken.

In großer Sorge:

KARL HUNGER UND FRAU
Lotti, geb. Fleischlos
WILLI HUNGER UND FRAU
Putti, geb. Ohnefett
ERICH HUNGER UND FRAU
Mausi, geb. Eiermangel
AUGUST KOHLDAMPF UND FRAU
Rosi, geb. Magermilch
ERNA KARTOFFELKNAPP als Braut

BAD ELEND, im Kalorienjahr 1946
Steckrübengasse 13

Etwaige Brotspenden bitten wir im Trauerhause unauffällig abzugeben. Beileidsbesuche bitten wir zu unterlassen

fizier. Er ging dabei von der Erwägung aus, daß eine ordnungsgemäße Finanzwirtschaft unter allen Umständen garantiert werden müsse.« Das Resultat nach kurzer Zeit: Fast 40 % der früheren Nazibeamten und -angestellten Kölns waren Ende 1948 wieder eingestellt, und 16 % waren mit Rente ausgeschieden. Später schätzte man sogar, daß mindestens 80 % aller früheren NSDAP-Mitglieder der Stadtverwaltung entweder in Amt und Würden oder in Rente seien.

Hier vor dem Rat kam es in einem fürchterlich kalten Winter 1946/47 auch zu den ersten großen Volksaufläufen nach dem Krieg, den sogenannten »Hungerdemonstrationen«, als Zehntausende in fast allen Kölner Großbetrieben wegen der miserablen Ernährungslage die Arbeit niederlegten und streikten.

Kaiser-Wilhelm-Ring

8

In den 80er Jahren wurden die Ringe von Süden nach Norden durchgängig modernisiert, Radwege angelegt, neue Laternen nach altem Kitschmuster aufgestellt, junge Bäume gepflanzt und überall die Außengastronomie genehmigt. Köln wollte chic sein, aber zum Glück dauert das in dieser Stadt ja nie länger als ein, zwei Jahre, bis die ersten Schmuddelecken wieder auftauchen. In

Die neuen Ringe in der alten »Republik Platania«.

Köln kriegt man eben keine Kö hin wie in Düsseldorf! Im Zusammenhang mit dem U-Bahn-Bau unter den Ringen wurden auch die Tiefgaragen am Kaiser-Wilhelm-Ring errichtet (übrigens die ersten in Köln mit speziell gebauten Frauen-Parkplätzen!), allerdings unter heftigem Protest von Baumschützern und Grünen. Bis dahin schmückte den Ring eine Allee von fast hundertjährigen Platanen, die alle gefällt werden sollten. Im Winter 1984/85 eskalierte der Konflikt. Für fast sechs Wochen saßen die Baumschützer in den Kronen und verteidigten ihre »Freie Republik Platania«. Am Ende räumte aber, wie üblich, die Polizei, die Motorsägen traten in Aktion.

Der Tip zur Rast:

Kaiserschmarrn, Hohenzollernring 88 – geöffnet von 10 bis 1 Uhr – Erlebnisgastronomie im Wiener Caféhausstil mit original österreichischen Spezialitäten – garniert mit Samtdeko, Goldrahmen und Sissi-Flair.

Jenseits der neuen Standardmöblierung mit Straßenbegleitgrün, Wasserbecken und Kunst am Straßenbau beginnt die neue Amüsiermeile Kölns. Hier sind die Betriebe zu finden, die Kölns neuen Ruf als Stadt der gehobenen Unterhaltung und der witzigen Zerstreuung ausmachen: der alte »Kaiserhof« (Hohenzollernring) aus dem 19. Jahrhundert, heute Walter Bockmayers schräges Theater; gegenüber das »Capitol«, einstmals Kölns größtes Kino, heute innerstädtisches Fernsehstudio, in der die Harald-Schmidt-Show produziert wird, dazu eine Cocktailbar im »Apollo« nebenan, auch ein Ort mitternächtlicher Comedy-Shows. Am Friesenplatz dann das »Café Waschsalon« mit einem sommerlichen Gedränge, als ob die Leute daheim nichts zu trinken bekämen, oder die »Klapsmühle« mit eher grobem Angebot wie

Männerstrip, Ballermann-Parties oder »Heiraten für 24 Stunden«.

Kaiser-Wilhelm-Ring 14 / Dadamax

9

Am Kaiser-Wilhelm-Ring 14, heute ein Neubau, bezog im Herbst 1918 ein junges Paar eine Wohnung mit Atelier, von beiden schon bald das »Dadahaus« genannt. Es waren Luise Straus, Tochter eines jüdischen Kölner Hutfabrikanten, und Max Ernst. Der Maler Max Ernst, der 1891 im nahen Brühl geboren wurde, hatte schon früher vielfältige Beziehungen zur Domstadt. Als Schüler war er häufiger Besucher im Wallraf-Richartz-Museum, kannte die berühmten Sonderbund- (1912) und die Werkbundausstellung (1914) und hatte hier manche Freunde. Mit dem Ende des Ersten Weltkrieges, den Max Ernst als Soldat durchlitt, gehörte er neben Hans Arp und Theodor Baargeld zum Kern der rheinischen Dadaisten, die ungemein viel bewegten und in Bewegung hielten. »Für uns damals in Köln war DADA in erster Linie eine geistige Stellungnahme. Im Gegensatz zu dem, was man im allgemeinen glaubt, wollte DADA nicht die Bürger schrecken. Die Bürger waren schon schockiert. Nein, DADA war ein Ausbruch einer Revolte von Lebensfreude und Wut, war das Resultat der Absurdität, der großen Schweinerei dieses blödsinnigen Krieges. Wir jungen Leute kamen wie betäubt aus dem Krieg zurück, und unsere Empörung mußte sich irgendwie Luft machen. Dies geschah ganz natürlich mit Angriffen auf die Grundlagen der Zivilisation, die diesen Krieg herbeigeführt hatte – An-

Max Ernst malt sich im Kreis seiner Freunde 1922: Er selbst sitzt auf dem Knie von Dostojewski. Hinter ihm steht mit ausgestrecktem Arm Hans Arp, und rechts vorn tritt Theodor Baargeld herein. Die Frau, die sich rechts hinten abwendet, ist übrigens jene Dame, der Ernst nach Paris folgte: Gala Eluard.

griffe auf die Sprache, Syntax, Logik, Literatur, Malerei und so weiter. – Mein Freund Baargeld und ich verteilten an den Fabriktoren unsere Zeitschrift ´Der Ventilator´. Unser Eifer erstrebte den totalen Umsturz.«

Mit der ersten Ausstellung im Kölner Kunstverein provozierten sie im November 1919 die englische Besatzungsmacht, die Plakate und Kataloge mit so absurden Texten wie »Schlagt das warme Ei aus der Hand« als anarchistische Propaganda beschlagnahmte. Nach einem Rausschmiß aus dem Kunstverein – damals noch am Hansaring – organisierte Max Ernst im April 1920 die 2. Dada-Schau im Lichthof des Brauhauses Winter in der Schildergasse 37. Auch diese Ausstellung produzierte lauthalse Empörung und wurde zeitweilig von der Polizei dicht gemacht. »Meine Werke in jener Zeit sollten nicht gefallen, sondern aufheulen lassen«, meinte Ernst später. 1922 trennten sich Luise Straus und Max Ernst. Er ging nach Paris, sie blieb mit dem Sohn Jimmy als Journalistin in Köln. 1933 mußte Luise Straus nach Frankreich fliehen, doch sie wurde später dann doch im Exil durch Nazihand umgebracht.

St. Gereon

10

Vom Ring aus führt der Weg über die Christophstraße nach St. Gereon. Nach dem Dom war dies das reichste Männerstift mit dem höchsten Rang im gesamten Erzbistum. Noch heute existieren einige ruhige Seitenstraßen vor allem im Osten und Westen der Kirche, die die Ausmaße des früheren Immunitätsbezirks ahnen lassen. Nur die »Stiftsherren« haben gewechselt: Heute leben und arbeiten hier Rechtsanwälte, Patentexperten oder Verbandsvertreter.

St. Gereon hat von allen romanischen Kirchen Kölns die eigentümlichste Gestalt. Das hohe Dekagon (= Zehneck) geht auf einen spätantiken Ovalbau zurück, der vielleicht als römische Festhalle, möglicherweise in spätrömischer Zeit auch als Grabtempel gedient hat. Denn wie bei vielen anderen Kirchen rund um die Römerstadt wurden auch hier ausgedehnte Friedhofsanlagen und Gräben freigelegt. Der römische Bau war schon früh wegen seiner prächtigen goldenen Mosaiken berühmt, und als daraus eine christliche Kirche wurde, nannte man sie »Zu den goldenen Heiligen«. Die fränkischen Könige, die eine Zeitlang in Köln residierten, benutzten St. Gereon als Krönungs- und Grabeskirche.

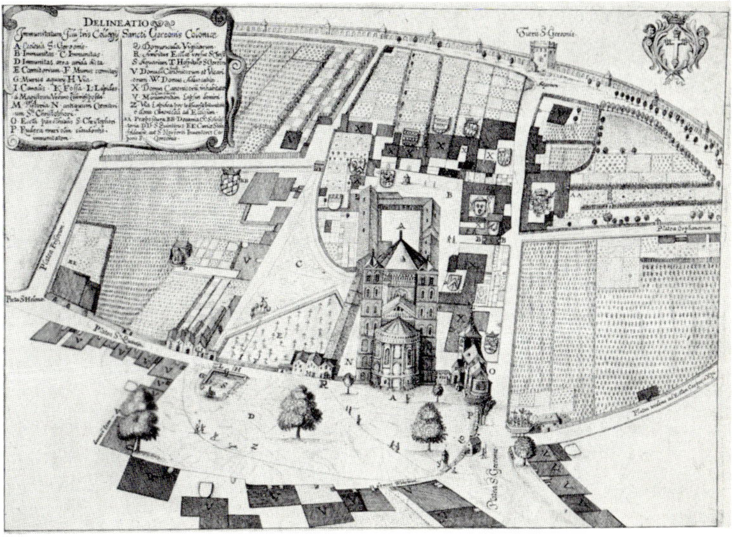

Wegen seines Ansehens wurde der alte Bau in der romanischen Bauzeit des 13. Jahrhunderts nicht wie andere Kölner Kirchen abgerissen, sondern mit einem neuen Zehneck, dem »Dekagon«, ummantelt und mit einer großartigen Kuppel überwölbt. Dazu kamen der eher wie ein langgezogener Hals wirkende Chor und die Apsis mit den Osttürmen. Die Bedeutung, die der Bau für die fränkischen Herrscher in Köln hatte, das reiche Herrenstift, die »Reliquien«-Funde im Umkreis der Kirche und der berühmte Kuppelbau, dies alles führte zu der bis heute herausragenden Stellung der Kirche. Nicht zuletzt trug dazu auch eine Legende bei, die zu St. Gereon entstand und die hier kurz erzählt werden soll:

Wie St. Gereon waren alle Stifte große Produktionseinheiten, die sich selbst versorgten und auch autonom waren.

Danach hatten die Römer Elitetruppen aus der oberägyptischen Stadt Theben hierher beordert, um einen Aufstand niederzuschlagen. Als sich die inzwischen zum Christentum konvertierten Soldaten unter ihrem Anführer Gereon aber weigerten, Unbewaffnete umzubringen, wurden sie selbst erschlagen. Die Leichen warf man in einen Brunnen unmittelbar vor den Mauern, aus dem später die Knochen von der Kaisermutter Helena geborgen wurden. Über den Brunnen und zur Verherrlichung der Reliquien ließ dann Helena an dieser Stelle die prächtige Kirche »ad aureos sanctos« errichten.

In dieser Geschichte ist im Kern eine pazifistische Tradition des Urchristentums enthalten,

St. Gereon und die Bundeswehr

Heute wäre er einer von uns

Es ist erstaunlich, mit welcher Anmaßung Leserbriefschreiber Schulz-Trieglaff behauptet, „die Soldaten der Bundeswehr" würden einen lebenden Kameraden Gereon nicht akzeptieren, weil er ein Außenseiter sei.

Sicherlich wäre auch der Hl. Gereon als „kluger" Mann heute einer von „uns", der wüßte, daß Frieden für „uns" nicht Konfliktlosigkeit, wohl aber Gewaltlosigkeit ist. Um aber Konflikte ohne Gewalt zu lösen, ist notwendigerweise die Sicherung gegen Gewalt erforderlich.

H.-D. Vogels, Oberleutnant
Mitglied des Pfarrgemeinderats
beim Katholischen
Standortpfarrer Köln
Köln 40

wenn auch verschüttet. Die frühen Gemeinden lehnten nämlich den Soldatenberuf als unehrenhaft ab und verstießen diejenigen Mitglieder, die Soldaten wurden bzw. diesen Job nicht lassen wollten. Es ist naheliegend, daß diese kompromißlose Haltung zu Konflikten führte und eine Reihe von ihnen ihre Konsequenz mit dem Leben bezahlten. Sie wurden in der jungen Kirche als Heilige verehrt. Mit dem Aufstieg des Christentums zur Staatsreligion wurde diese Tradition jedoch eliminiert, die Soldatenmärtyrer verschwanden zum Teil wieder aus den Heiligenkalendern. Ihre pazifistische Befehlsverweigerung reduzierte die Kirche auf einen Kultkonflikt mit dem römischen Kaiser (und Gott), und der Rest der Geschichte wurde in Legenden verpackt, in denen die handelnden Christen keine Überzeugungstäter mehr sind, sondern nur noch Opfer. Doch der Treppenwitz der Geschichte ist, daß Gereon später zum Schutzpatron der Soldaten gemacht wurde und St. Gereon heute quasi eine Garnisons-Kirche der NATO ist. Jährlich im Oktober an seinem Todestag treffen sich hier Vertreter der in Köln stationierten NATO-Streitkräfte und der Bundeswehr zu einem Soldatengottesdienst.

Außen ist die Mariensäule auf dem Gereonsdriesch bemerkenswert, war sie doch ihrer ursprünglichen Bedeutung nach eher ein politisches als ein religiöses Symbol. 1854, in einer Zeit zunehmender demokratischer und frauenbewegter Bedrohung der autoritären katholischen Kirche, verkündete der Papst das »Dogma von der unbefleckten Empfängnis Mariens« als irrationale Reaktion auf aufklärerische Tendenzen und wachsende Distanz vieler Menschen zur Kirche. Als Kölner Huldigung an Papst und Dogma wurde von der Dombauhütte die »Immakulata« schon im folgenden Jahr entworfen und ganz in der Nähe vor dem erzbischöflichen Palais aufgestellt.

Ganz im Gegensatz zu dem hier aktiven »Verein guter Katholiken« gründeten andere engagierte Katholiken aus demselben Anlaß eine Gesellschaft, die zu dem späteren Marienhospital für Arme und Kranke neben St. Kunibert führte (siehe S. 46).

Drei Linden am Nordrand des Platzes zur Christophstraße wurden 1985, genau wie in Kassel zur Documenta, von Josef Beuys gepflanzt und daneben auch drei Basaltsteine aufgestellt. Das

Ganze war eine Aktion im »Jahr der romanischen Kirchen« und anläßlich der Kunstausstellung »Raum – Zeit – Stille«.

Im Westen vor dem Dekagon sind die Säulenfundamente des alten Atriums und späteren Kreuzgangs freigelegt und markieren die Ausmaße der früheren Bebauung. An dieser Stelle ist ein abgeschirmter Innenstadtplatz entstanden, der zur anderen Seite von dem neogotischen Bau des früheren Stadtarchivs, heute ein Gerling-Haus, begrenzt wird.

Josef Beuys hinterließ auch in Köln drei Linden und drei Basaltsteine: an St. Gereon.

Gerling-Konzern / Ehrenhof und Breker-Kult

(11)

Durch eine Passage am alten Archiv vorbei gelangt man mit wenigen Schritten in den Gereonshof und dann nach rechts ins Zentrum des Versicherungskonzerns Gerling. In mehreren Baustufen wurde die Anlage im monumentalen Repräsentationsstil der 30er Jahre gestaltet, aber nicht vor 1945, sondern erst nach 1950 errichtet. Der Platz vor dem Hochhaus, das oben an der Spitze

»Reichsparteitagsbau« wird die Gerling-Zentrale in Köln auch genannt. Das Foto zeigt die erste Baustufe um 1960.

eher an ein Mausoleum als an ein Büro erinnert und von einem Speer-Schüler entworfen wurde, heißt »Ehrenhof«. Der Nazi-Bildhauer und Architekt Arnold Breker hat ihn gestaltet.

Von Breker stammen auch einige Plastiken bzw. Reliefs im Innern und Äußeren des Gerlingkomplexes, wie der seinen Mantel teilende Martin und der Drachentöter Georg. Die Körperästhetik der beiden Heiligen an der Ostwand erinnert indes

Die van Gilsche Hauskapelle, ein gotischer Bau, dient im Gerling-Konzern als Bücherei.

Von Arno Breker stammen die Pläne zum »Ehrenhof«, der von heimischen Militärs noch für feierliche Auftritte zu entdecken wäre.

eher an germanische Helden als an christliche Heilige, und von Schultern und Bizeps des Bettlers vor St. Martin darf man annehmen, daß sie im KDF-Programm gestählt wurden. Das ganze Figurenensemble ist für ein Versicherungsunternehmen ungewöhnlich. Oder haben wir den »Drachentöter« metaphorisch als Schützer bei Feuersbrunst zu verstehen und den Heiligen Martin als Helfer bei Kälteeinbruch? Symbolisiert dann der Heilige Christopherus am westlichen Eingang des Ehrenhofs die Hilfe bei Wasserschäden sowie die Heiligen Drei Könige gegenüber überraschende Hilfeleistung? Wer weiß?!

Arno Brekers Relief »St. Martin teilt den Mantel«.

»Er war sehr penibel mit dem Decken. Obwohl ich's schon mit dem Metermaß genommen habe, den Abstand der Bestecke zueinander und genau abgemessen vom Besteck bis zur Tischdecke und die Bügelfalte genau unter der Lampe. Das Blumenarrangement mußte auf dem Tisch genau in der Mitte exakt unter der Lampe stehen. Das hat vier Füße gehabt, zwei Füße mußten genau auf der Bügelfalte stehen. Er hat da ein Auge für gehabt, es unwahrscheinlich genau genommen. Wenn da was nicht total im Lot lag, hat er es nachher ärgerlich korrigiert. Ich hab' mich nachher sogar in den Stuhl gesetzt, wo der Chef saß, und hab' das ausprobiert, mich in ihn hineinversetzt, mit seinen Augen den Blick schweifen lassen, was er auszusetzen haben könnte, und das dann noch korrigiert. Er hat seinen festen Platz gehabt, wollte immer auf demselben Stuhl sitzen, wir haben ihn unauffällig gezinkt, weil er merkte, wenn es nicht der gleiche war.«

Ein Gerling-Butler im Gespräch mit Günter Wallraff.

Der Diener auf dem Tisch des Herrn.

Von demselben monumentalen Gestaltungswillen wie der »Ehrenhof« ist auch der Rundbau am Klapperhof geprägt, der als dritter Bauabschnitt erst in den 60er Jahren entstand. Der Initiator dieser ganzen Anlage, der 1991 verstorbene Hans Gerling, wurde seinerzeit einfühlsam und wohlinformiert von dem Kölner Schriftsteller Günter Wallraff beschrieben, der sich 1973 für einige Zeit als Bote in dem Konzern verdingt hatte. Es lohnt sich, an einem Sonntagnachmittag mit Wallraffs Buch »Ihr da oben – wir da unten« im menschenleeren Gerling-Komplex herumzulaufen und Passagen über dessen Erbauer zu memorieren: Der Zusammenhang zwischen Persönlichkeitsstruktur und Baugestalt liegt auf der Hand. Auffallend, und dann auch vielleicht verständlich, sind die zahlreichen Videokameras rundherum, die von allen Dächern, vor jeder Garageneinfahrt, in den Hinterhöfen und den Seitenstraßen jede Bewegung registrieren. Hier hat man etwas zu verbergen oder zu verlieren. Oder hat nur ganz einfach einer Angst?

Friesenviertel / Friesenstraße

(12)

Über den Klapperhof führt die Wanderung in die Friesenstraße, die Hauptstraße des Viertels. Jahrhundertelang war dies ein Stadtteil der kleinen Leute, keine Hauptstraße führte durchs Friesenviertel aus der Stadt heraus, es war eher Randlage. Seinen Namen erhielt es von Tuchhändlern aus Friesland und England, die sich im 10. Jahrhundert zunächst hier angesiedelt haben sollen, bald aber in die Nähe des Rheins, die damalige Kaufmanns- und heutige Altstadt verzogen. Auch in der Neuzeit lebten im Friesenviertel unmittelbar hinter den Stadtmauern eher Hilfsarbeiter und Ungelernte: »Zebinge-Männer«, die den Hausrat flickten oder »Appeltiffe«, Frauen, die auf der Straße Äpfel verkauften, »Stopplies-

Die Potemkinschen Häuser der Denkmalpflege. Die Friesenstraße 5-15 ist heute Teil eines Möbelhauses.

ger«, die Wäsche oder Stopfarbeiten machten, »Kaateschlägersche«, Wahrsager und »Lööchtemänner«, die auf den dunklen Straßen am Abend die Lampe trugen.

In den 60er Jahren wurde das Friesenviertel lange als erstes Kölner Sanierungsgebiet gehandelt. Die Bausubstanz galt als schlecht, der Standard war niedrig, und die Anwohner des Rotlichtmilieus wurden als sozial »problematisch« angesehen. Dann begann der nahe Gerling-Konzern die alten Häuser aufzukaufen und die alteingesessenen Mieter zu verdrängen bzw. die Bauten leer stehen zu lassen. Vor allem in den 80er Jahren vollzog sich der Wandel, und Gerling besitzt inzwischen fast ein Drittel des gesamten Bodens. Das Ergebnis ist augenfällig: Gastronomie aller Art dominiert, Läden für Handtaschen oder esoterische Steine, Designerkleidung und Tattoos findet man, das Hotel »Ramada« als Abschreibungsobjekt, die »Sartory-Säle« zum Kongreßzentrum geliftet und dazu neue, schicke, aber kleinere und natürlich teurere Wohnnungen. Eine Kölner Geografin fand in ihrer Examensarbeit heraus, daß 1994 drei von vier Anwohnern kürzer als 10 Jahre im Viertel lebten, jeder zweite erst in den letzten drei Jahren eingezogen und daß von 21 Lebensmittelläden aus dem Jahre 1954 vierzig Jahre später nur noch ein einziger übriggeblieben ist. Über 200 Millionen Mark hat allein der Gerling Konzern investiert, und zählt man die anderen Investoren dazu, kommt man auf eine Summe, die an die Milliardengrenze reicht. »Die größte privat finanzierte Stadtsanierung«, so überschwenglich feierte seinerzeit Oberstadtdirektor Kurt Rossa die Veränderung.

Allerdings braucht auch Modernisierung die Aura des Alten, als Markenzeichen des »original Kölschen«. So ließ man beim Umbau der Häuser oft die Fassaden stehen, während dahinter alles abgerissen und mit besserer Raumausnutzung, sprich höherer Rendite, neu gebaut wurde. Vor allem die Häuser zum Hotel hin am Eingang der Friesenstraße mußten diese Potemkinsche Verwandlung über sich ergehen lassen. Sie sehen aus wie Wohnhäuser, aber wenn man nahe herantritt an die Scheiben, sieht man dahinter die Konferenzräume des Hotels.

Und auch das alteingesessene Brauhaus Päffgen, Friesenstraße 64/66, gehört mit zum »Ambiente« des Veedels. Jeder Fremdenführer über Köln stellt es als »die« kölsche Weetschaff dar, und die Resonanz ist entsprechend. Man findet in dem meist überfüllten Brauhaus vor allem Touristen und Geschäftsleute. Und trotzdem, es ist auch ein Teil Tradition.

»Möchte ich, bevor durch Deine lenkende Hand mein letztes Stündlein schlägt, noch einmal im Päffgen am Stammtisch gesessen sein«, wird als letzter Wille eines Zechers überliefert. Und von einem anderen berichtet man, daß er, ausgewandert aus der Heimat und glücklos in der

Erstes Gebot: Im Päffgen sind alle Menschen Zecher!

Zweites Gebot: Alle Zecher sind gleich!

Fremde, mit dem Jet auf einen Tag nach Köln geflogen kam, sich sogleich in die Friesenstraße fahren ließ und hier einem Herzinfarkt erlag! Es war ein Donnerstag, und da ist Ruhetag im Päffgen.

Viele rühmen dieses Brauhaus, das von zwei Lokalgeboten bestimmt wird. Erstes Gebot: Im Päffgen sind alle Menschen Zecher und alle Zecher gleich. Zweitens: Um Mitternacht wird dichtgemacht.

Friesenstraße 61 / Der »Rote Becker«

13

Von einem der restaurierten Häuser der Friesenstraße blickt über dem mittleren Fenster der ersten Etage ein schnurbärtiger Herr hinab: Hermann Becker – der »Rote Becker«, wie ihn die Kölner wegen seiner roten Haare, aber auch wegen seiner Jugendgesinnung nannten. Vor seiner Wahl zum Oberbürgermeister Kölns 1875, als der er maßgeblich die Schleifung der mittelalterlichen Stadtmauer wie auch die Stadterweiterung und die späteren Eingemeindungen vorantrieb, hatte Becker ein bewegtes politisches Leben geführt. Er gehörte im Kölner Arbeiterverein zu den führenden Leuten der 48er Revolution, gründete nach dem Verbot von Karl Marx' »Neuer Rheinischer Zeitung« sein eigenes Blatt die »Westdeut-

Vom Kommunisten zum Kölner Oberbürgermeister – die Ausnahme von der Regel.

sche Zeitung«, mit dem er ständigen Ärger mit Behörden und Justiz wegen Majestätsbeleidigung und Aufstachelung der Bevölkerung hatte 1852 zählte er zu den Angeklagten in dem berüchtigten Kölner Kommunistenprozeß. Anschließend saß er fünf Jahre in Festungshaft, durfte später nicht nach Köln zurück und ging nach Dortmund. In Abwesenheit wurde er dann zum Kölner Oberbürgermeister gewählt. Hier in der Friesenstraße lebte der »Rote Becker« zehn Jahre lang bis zu seinem Tod im Jahre 1885.

Hohenzollernring

(14)

Die Ringe waren eh und je Boulevards mit ausgeprägt geschäftlichem und gesellschaftlichem Charakter. Daß auch die Politik hier ihren Platz hatte und hat, sollen zwei sehr unterschiedliche Episoden und Gebäude illustrieren. In den ausgehenden 20er Jahren unterhielten die Kölner Nazis im Hohenzollernring 81 eine »Großdeutsche Buchhandlung«, einer der Treffpunkte der damals jungen faschistischen Partei. Bereits im Jahre 1928 prangte in riesigen Lettern vom Dach die Parole »Die Juden sind unser Unglück«. In Schaukästen war hier die jeweils druckfrische Ausgabe des Kampfblattes »Stürmer« zu lesen.

Schon in der Weimarer Zeit konnten die Nazis am Hohenzollernring ihre antisemitische Propaganda verbreiten.

Ein paar Häuser weiter und über 40 Jahre später ein ganz anderes Politikkapitel: Am Hohenzollernring 97 saß von 1975 bis 1977 die Redaktion der ersten und ältesten Kölner Alternativzeitung, des »Kölner VolksBlatt«. Gegründet wurde das Blatt 1973 nach einem ersten großen Fest aller Bürgerinitiativen auf dem Neumarkt und erschien dann ab Januar 1974 monatlich, gegen Ende der 70er Jahre (später saß die Redaktion in der Palmstr. 17 hinter dem Friesenplatz) auch 14-tägig. Köln war damals die Hochburg der selbstbestimmten und freien Initiativen, die sich außerhalb der SPD und jenseits der neuen kommunistischen Gruppen gebildet hatten. Ganz gleich ob in der Straße oder im Stadtteil, ob zu Verkehrs- oder Erziehungsfragen, ob Gewerkschaft, Hausbesetzer, Frauen- oder Friedensbewegung, ob Atomkraftwerke oder Solidarität mit der 3. Welt, in Köln existierten über 100 solcher undogmatischer Gruppen. Viele waren weit über ihren Stadtteil hinaus bekannt und aktiv, BISA, Baggerwehr oder BINA waren die größeren und vor allem der SSK mit Gruppen am Salierring, in der Overbeckstraße in Ehrenfeld, in Porz, Bergisch Gladbach, später als SSM in der Düsseldorfer Straße in Mül-

heim: Sie alle haben Entscheidendes zum Reformklima der 70er und 80er Jahre beigetragen und oft die Betonpolitik der regierenden großen Koalition aus SPD, CDU und Stadtverwaltung korrigieren können.

Das Kölner VolksBlatt war ihre Zeitung bis in die 80er Jahre, als neue Entwicklungen die Selbsthilfebewegungen und die bunten Stadtmagazine »Stadtrevue« oder »Schauplatz«, später die »Kölner Illustrierte«, den Markt veränderten und die Partei der Grünen viele alternative Ansätze aufsog. Die Zeitungsredaktion stellte 1982 ihre Arbeit ein, einige gründeten einen Buchverlag mit dem Namen »Kölner Volksblatt Verlag«, andere organisierten das »Köln Archiv« als Sammlung der Protest- und Alternativbewegung (heute als Depositum im Stadtarchiv), und einige Unentwegte riefen ein halbes Jahr später das »Kölner VolksBlatt« wieder ins Leben und verbreiteten es, diesmal vom Bürgerzentrum Alte Feuerwache aus, seitdem Monat für Monat – bis heute, Ende der neunziger Jahre.

Das Haus am Hohenzollernring 97, inzwischen ein intimes Stadthotel, sah in seiner langen Geschichte manche Originalität: Im Keller gab es Ende der 60er Jahre die erste Diskothek der Domstadt, das »lovers«. Hier verkehrte Jimmy Hendrix manches Mal neben den Jusos, die APO war hier Gast und die Stones, Manfred Schmidt saß einträchtig neben James Last. Oben im Haus arbeiteten Bildhauer, Künstler und ein Kleinverleger, und unterm Dach vegetierte nach einem Brand ganz zum Schluß noch ein kommunistischer Tierpfleger namens Fritz Schneider. Der war in den frühen 80er Jahren in Köln allerdings eher wegen seiner Demonstrationsleidenschaft als wegen seiner Tierliebe bekannt und ging auch schon mal für seine öffentlich herumgetragene Parole »Ich scheiße auf diesen Staat« für sechzig Tage ins Gefängnis.

Stadtgarten

15

Die Tour führt zum Schluß in einem großen Bogen über die Ringe und den Friesenplatz zum Stadtgarten, einem Treffpunkt, der im Trend liegt. Der Blick fällt rechts in die Kamekestraße, benannt nach dem preußischen Kriegsminister, der den Kölnern 1882 die eigene Stadtmauer verscheuerte.

An der Ecke zur Bismarckstraße, im weiß geklinkerten Bürobau links, saß in den 70er Jahren das »Zentralkomitee der Kommunistischen Partei Deutschland«, das war jene »A-Null-Organisation«, die von Dortmund in die Domstadt umzog, weil hier angeblich der Stand der Klassenkämpfe entwickelter war (was schon über 100 Jahre früher Marx behauptet hatte, als er von Brüssel nach Köln kam). Hier löste sich auch die neue KPD Ende der 70er Jahre selber und in Ehren wieder auf.

Wieder geht es durch gutbürgerliche Wohnviertel der Neustadt, die weitgehend von Büros, Praxen und Kneipen durchsetzt sind, zum Stadtgarten, dem ältesten Kölner Park. Er wurde schon

A-Null, die Avantgarde der Arbeiterklasse – für einige Jahre saß ein Zentralkomitee auch in Köln.

Die Ziegel der neuen Kirche St. Alban stammen aus der Trümmerwüste Kölns nach dem Zweiten Weltkrieg. Alt St. Alban (am Gürzenich) bleibt dagegen ein Denkmal der Zerstörung.

1827/29 zur preußischen Zeit vor den Mauern, sozusagen auf dem Acker, im gepflegten klassischen Landschaftsstil angelegt. Aus dem vergangenen Jahrhundert stammt eine Reihe einzelstehender Bäume, die als Naturdenkmäler geschützt sind. In unseren Tagen leidet die unbeschwerte Nutzung der Anlage allerdings erheblich unter rücksichtslosen Hundebesitzern (wie auch alle anderen innerstädtischen Grünanlagen), die ihre Lieblinge mehrmals täglich hemmungs- und folgenlos in den Park scheißen lassen.

Das Stadtgarten-Restaurant in den 50er Jahren.

Zur Venloer Straße hin ist in dem ehemaligen Stadtgarten-Restaurant der 50er Jahre seit 1986 das »Jazz-Haus« mit Gastronomie, Film- und Musikräumen, Ausstellungen und diversen Musikangeboten eingezogen. Im Sommer sitzt man im Außenbereich halb im Park und wunderbar im Grünen, sofern es gelungen ist, einen Platz zu ergattern.

Auf der anderen Seite des Stadtgartens gegen die Bahngleise hin ist die Kirche Neu St. Alban ein herausragendes Beispiel der progressiven religiösen Architektur der Nachkriegszeit. Der Bau ist aus den Ziegeln der Kriegstrümmer errichtet und war in den 60er Jahren ein sonntäglicher Treffpunkt des liberalen und linken Katholizismus Kölns, der damals sogenannten »Nonkonformisten«. Hier arbeitete von 1955 bis 1978 der Pfarrer Hugo Poth, der schon lange vor dem Konzil in seiner Kirche die Liturgiereform praktizierte und mit seinen Predigten Sonntag für Sonntag scharenweise die kritischen Katholiken anzog.

Der Tip zur Rast:

Stadtgarten Restaurant – ganztägig geöffnet mit einer Mischung aus vegetarischer und mediterraner Küche, im Sommer lockt der große Biergarten.

1. **Rudolfplatz**
   Hahnentor / Verkehrsplanung
2. **Aachener Straße**
   Theater, Gastronomie und Frauenbuchladen
3. **Utrechter Straße**
   Belgisches Viertel / Reichsvereinigung der Juden / Sanyas-City
4. **Aachener Straße 67**
   Erste Kölner Hausbesetzung / SSK und SEK
5. **Aachener Weiher**
   Schwulentreff / Park und Wasser / Ostasiatisches Museum
6. **Lützowstraße 8-10**
   Jüdische Volksschule / Israelitisches Kinderheim
7. **Kreuzung Lindenstraße / Roonstraße**
   Planung der Neustadt / Straße, Kreuzung und Platz
8. **Mozartstraße 28**
   Das »Braune Haus« der NSDAP / Jacobsen und Sollmann
9. **Engelbertstraße**
   Stiftung für arme Mädchen / ECO-Umwelt-Labor
10. **Synagoge**
    Roonstraße 50: Gottesdienst unter Polizeischutz
11. **Rathenauplatz**
    Der Kaiser und der Puff: Ratssitzung anno 1922
12. **Zülpicher Straße**
    Gastronomie im »Kwartier Latäng«
13. **Salierring**
    Sozialistische Selbsthilfe Köln (SSK)
14. **Friedrichstraße 15**
    »Dornröschen«, ein Schwulentreff der zwanziger Jahre
15. **St. Pantaleon**
    Landwirtschaft und Weinbau / Kaiserin Theophanu aus Byzanz / Preußischer Telegraph
16. **Vor den Siebenburgen 6**
    Kölner Karmel / Edith Stein
17. **Stadtmauer**
    Kölschsoldaten und Karnevalsvereine / Schlacht an der Ulrepforte / F&G / Der Vogelbaum
18. **Am Volksgarten**
    Villen für die Reichsten / Kölner Freimaurerloge
19. **Im Volksgarten**
    Freie Landschaft als Park / Ein seltener Mäzen: Kaesen
20. **Eifelstraße 33**
    Ehemals Kölner Frauenzentrum

Wanderung 8

Die südlichen Ringe

Die neue Stadt vor der alten Mauer

Vom Rudolfplatz zum Volksgarten – rechts und links entlang der südlichen Ringe – ca. 3 bis 4 Stunden – Start am Hahnentor

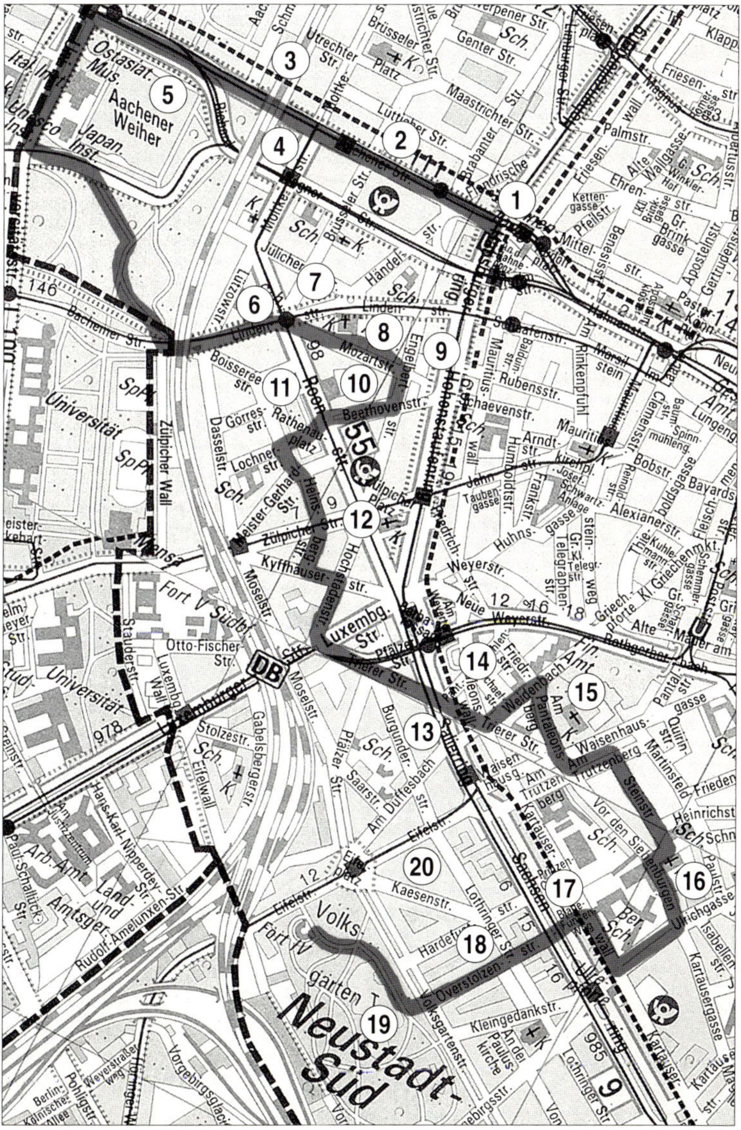

Die drei wichtigsten Etappen der Stadtgeschichte sind bis heute in Köln präsent geblieben, wenn auch auf sehr unterschiedliche Weise. Das römische Köln findet man vor allem in der Erde, in den archäologischen Bodendenkmälern. Die mittelalterliche Stadt zeigt sich dominant in der gesamten Stadtgestalt, in der Anlage der wichtigen Straßen und Plätze. Das 19. Jahrhundert schließlich läßt sich in den industriellen Vororten, aber auch in den Bauten der sogenannten Neustadt entlang der Ringe vom Ebertplatz bis zum Chlodwigplatz erkennen. Der südliche Teil entlang des Hohenstaufen-, Salier- und Sachsenrings ist dabei noch am wenigsten verändert worden. In der Substanz und Ästhetik vieler Gebäude, in der Anlage der Kreuzungen als Plätze, in Kirchen und Parks findet sich die Neustadt im großen und ganzen noch so, wie sie vor etwa 120 Jahren aus einem Guß konzipiert und in weniger als 30 Jahren gebaut wurde.

Rudolfplatz

(1)

Das Hahnentor am Rudolfplatz war einst der prächtigste Eingang in die Stadt. Durch dieses Tor ritt der frisch gekürte deutsche Kaiser, nachdem er in Aachen gekrönt worden war. In Köln vollzog er seinen ersten Amtsakt: die Huldigung am Sarg der Heiligen Drei Könige im Dom. Und ein Kaiser kam nicht allein. Die Kölner Honoratioren und die heimische Gastronomie hatten alle Hände voll zu tun, um den Regenten und seinen Hofstaat prächtig zu empfangen. Von der alten Pracht ist nicht viel geblieben. Das Tor steht heute ziemlich isoliert am Platzrand, zur einen Seite für Fußgänger zu erreichen, auf der anderen vom Autoverkehr und der Bahn abgeschnitten. Es hat viele Vorschläge gegeben, den Rudolfplatz und die ganze Verkehrsachse von Ost nach West neu zu regeln, wozu die Strecke von der Deutzer Brücke bis zum Aachener Weiher gehört. Aber alle Änderungen blieben halbherzig, weil sich die Verwaltung nicht getraut hat, den Autoverkehr auf der einen Seite zu bündeln und zurückzudrängen und dem öffentlichen Verkehr, Fußgängern und Bahn, den Rudolfplatz und auch den Neumarkt zurückzugeben. Sicherlich hat auch die gegenüber errichtete gläserne »Rotunde« der Stadtsparkasse damit zu tun, denn hier wäre sonst der gesamte, stadtein- und -auswärtsführende Verkehr vorbei und in die Richard-Wagner-Straße hineingeführt worden.

Leo-Schlageter-Platz: Nach 1933 wurde der Rudolfplatz nach einem NS-Märtyrer umbenannt.

Durch die Aachener Straße

2

Man sieht es der Aachener Straße, die auf den ersten Blick an eine Schnellstraße erinnert, kaum an, daß sich hier eine lebendige Szenerie von Geschäften und Theatern entwickelt hat: vorn links das Volkstheater Millowitsch; gegenüber in der Nr. 24 der »Bauturm« mit Theater und Café und den Büros der Kölner Stararchitekten Schneider-Wesseling und Bussmann & Haberer (Museum

Ludwig); nebenan das polnische Restaurant »Bei Barbara«, Second-Hand-Läden, Gebrauchtfahrräder, ein Weingeschäft; an der übernächsten Straßenkreuzung Ecke Moltkestraße links das »EWG«, die wohl älteste Kölner Theke des Zeitgeistes, die schon Neonlichter anknipste, als die meisten Alternativen noch Zimmerlinden auf ihrem Naturholzregal kultivierten; an der Ecke zur Brüsseler Straße ein Sushi-Delikatessen-Laden und ein kurzes Stück rechts herum in die Moltkestraße hinein im Haus Nr. 66 einer der ersten festen Stützpunkte der Kölner Frauenbewegung, der »Frauenbuchladen«.

Das nördlich der Aachener Straße gelegene Neustadt-Quartier wird wegen der Bezeichnung seiner Straßen »Belgisches Viertel« genannt. Hier lebten immer schon die besseren Familien in den großen Bürgerhäusern. In der jüngeren Zeit avancierte es zum Szene-Viertel mit einem Schwerpunkt Kölner Galerien sowie vielen gastronomischen Modebetrieben. Vor ein paar Jahren waren es die Anhänger des Herrn Bhagwan Shree Rajneesh, die den (Farb)Ton angaben und versuchten, die europäische Sanyasin-Zentrale aufzubauen. Nach dem Zusammenbruch der amerikanischen Muttergemeinde 1985 löste sich auch die festgefügte Kölner Gruppe auf, aber immer noch konzentrieren sich hier im Viertel, einst »Sanyas City« genannt, deren Betriebe. Rund 30 sind es offiziell Mitte der 90er Jahre, vom Reisebüro über Naturheilpraxen, Restaurants, Kioske, Anwälte, Gartengestalter bis zu einer privaten Krankenversicherung. Am populärsten sind noch die »kleine Baghwan-Disco« in der Brabanterstraße und die große, ehemalige »Osho's« am Hohenzollernring, heute der »Move Club«.

Belgisches Viertel / Utrechter Straße 6

3

Im Souterrain des Hauses Utrechter Straße 6, nahe dem Bahndamm, wurde eines der letzten

Utrechter Str. 6: Heute ein Neubau mit Stadtwohnungen.

Kapitel der Geschichte der Kölner Juden geschrieben. 1942 wurde die rheinische Bezirksstelle der »Reichsvereinigung der Juden in Deutschland« hier untergebracht. Nachdem die meisten Kölner jüdischer Abstammung aus ihren Wohnungen, der Stadt und aus Deutschland vertrieben, viele aber auch in dem ehemaligen Militärfort V in Müngersdorf zusammengepfercht worden waren, bestand hier eine letzte Möglichkeit ärztlicher Versorgung durch sogenannte »Kranken-Behandler«.

Zu Beginn des »Dritten Reiches« arbeiteten noch über 200 jüdische Ärzte in Köln, die aber bald an ihrer Berufsausübung gehindert, aus ihren Stellungen verdrängt und am 1. Oktober 1939 gänzlich ihrer Approbation beraubt wurden.

Ab 1937 wurde in der Utrechter Straße 6 eine jüdische Handwerkerschule eingerichtet, in der knapp 60 Jungen in der Schreinerei und in der Schlosserei auf ihre Auswanderung aus Deutschland vorbereitet wurden.

Medizinische Betreuung fanden Juden nur noch bei besagten jüdischen »Kranken-Behandlern«, von denen noch 17 in der ganzen Stadt verblieben waren und die ausdrücklich nur jüdische Patienten betreuen durften. Fünf von ihnen hielten ihre Sprechstunden in der Utrechter Straße 6 ab, bis sie schließlich zusammen mit über 8.000 anderen Kölner Juden deportiert und in den Konzentrationslagern ermordet wurden.

Aachener Straße 67

(4)

Kurz vor der Bahnunterführung liegt linker Hand das Haus mit der Nr. 67, ein langweiliger roter Ziegelbau mit Kasernenfenstern in Reih und Glied. Wer nach einer Illustration des Begriffs Wohn»einheit« sucht, kann hier fündig werden. Nichts erinnert mehr an die erste große Kölner Hausbesetzung im Jahre 1976, und keine Spurensuche kann an dieser Stelle irgendwelche Befunde zutage fördern. Früher stand hier ein großes Mietshaus aus der Gründerzeit. Nach dem Zweiten Weltkrieg zogen, wie meist in der Neustadt, arme und kinderreiche Kölner ein. Irgendwann in den 60er Jahren wurde das Gebäude der Stadt Köln zugunsten ihrer »Waisenhausstiftung« geschenkt. Und jetzt geriet das Objekt auf Abwege: Es kam auf undurchsichtigen Pfaden

Aachener Straße 67: die erste spektakuläre Hausbesetzung Kölns 1976. Erst wurde das Haus entschuttet, dann renoviert und schließlich verteidigt.

an einen Spekulanten, stand dann leer, verrottete, bis es 1975 von Studenten der Sozialarbeit und der Sozialistischen Selbsthilfe Köln (SSK) entdeckt und besetzt wurde. Sie renovierten die Wohnungen, deckten die Hintergründe der Spekulation auf und fanden weit draußen in einem Vorort sogar einige der vor Jahren vertriebenen Mieter.

Vom Frühjahr bis zum Herbst 1976 dauerte die Besetzung, begleitet von heftiger öffentlicher Anteilnahme, Nachbarschaftshilfe und aufgeregten Ratsdebatten. Sie endete schließlich mit einer spektakulären polizeilichen Räumung, bei der die Besetzer nachts vom Dach geholt wurden. Das Resultat: Wo früher 8 Wohnungen waren, sind jetzt 21 Wohneinheiten, und die einstmaligen Mieten, die zwischen 2,10 und 2,45 DM/qm lagen, haben sich inzwischen verzehnfacht.

Weiher & Park

Hinter der Bahnunterführung liegt links der Aachener Weiher, eine leicht antiquierte Parkanlage aus den frühen 20er Jahren mit einem künstlichen See in der Mitte. In Köln und auf dem umliegenden Flachland besser bekannt als Kontakt- und Treffpunkt der Homosexuellenszene. Damit hängt auch die Notrufsäule mitten auf der Wiese zusammen, die nach jahrelangen Forderungen der Kölner Schwulengruppen 1996 aufgestellt wurde. Denn gerade hier im Bereich des Inneren Grüngürtels ist es verstärkt zu Angriffen und Überfällen auf Schwule gekommen.

Der Aachener Weiher wurde während Adenauers Zeit als Oberbürgermeister als Teil des Grüngürtels angelegt. Vielleicht sind die liebevolle Ungepflegtheit, das grünstichige Wasser und das Gras um die Bänke herum, die ganze Patina einer klassizistischen Parkanlage auf das Alter zurückzuführen, jedenfalls machen all diese Elemente ihren Charme aus. Sogar das moderne Ostasiatische Museum am Westrand hat sich mit seiner ruhigen Architektur in das alte Areal eingefügt.

Der Tip zur Rast:

Café im Ostasiatischen Museum – schöner Platz am Wasser – nie Rummel – guter Tee, Kuchen und Rohkostsalat – zivile Preise – Öffnungszeiten 10–18 Uhr, Montag Ruhetag.

Will man nicht den kürzeren Weg zurückgehen (über die Richard-Wagner- und Moltkestraße), führt eine schöne Strecke durch den inneren Grüngürtel, den Hügel nach Süden hinauf, über die Wiesen hinweg bis zur Bachemer Straße und unter der Eisenbahn hindurch wieder stadteinwärts. Dieses Stück Grünanlage zwischen Innerer Kanalstraße und Eisenbahn ist ziemlich un-

5

verändert erhalten geblieben, so wie es um 1925 von Fritz Schumacher geplant wurde. Auf dem früheren preußischen Festungsgelände, das nach dem verlorenen Ersten Weltkrieg, wie in vielen anderen Garnisonsstädten, an die Gemeinde fiel, wurde ein großzügiger Grüngürtel rings um die Neustadt geschlagen, aber nicht im alten Stil der bürgerlichen Parks, sondern als eine moderne Erholungsanlage. Das ganze Quadrat zwischen Dürener Straße, Innerer Kanalstraße, Bachemer Straße und Eisenbahn steht unter Denkmalschutz. Den Hügel hinauf stößt man auf der Wiese auf zwei Plastiken – eine surrealistisch anmutende Arbeit des ungarischen Bildhauers Lajos Barta »Uralte Form« (1984) und auf einem langen Eisenträger »Ein Vogel, auf sein Fliegen konzentriert« (1971) von Cestmir Janoscek. Ursprünglich sollte das ein »Skulpturengarten« werden mit rund 20 Kunstwerken, angeregt von dem Architekten Peter Busmann, der aber wegen der mangelnden städtischen Resonanz die Lust verloren hat. Die Verwaltung engagierte sich statt dessen lieber für einen Biergarten am Weiher, der sommertags die Kölschfreunde an-, die Schwäne und Wasservögel aber abstößt.

Lützowstraße 8-10 / Jüdische Volksschule

6

Man kommt von Norden oder Süden in die Lützowstraße, zu einem hohen Gebäude mit der Nr. 8-10. Heute bildet es den hinteren Teil der »Berufsbildenden Schule« und beherbergte von 1917 bis 1938 die städtische, jüdische Volksschule.

Gegenüber stand das israelitische Kinderheim Lützowstraße 35-37, in dessen Innenhof sich früher auch eine Synagoge befand. Das Heim wurde schon 1909 gebaut und bis in den Zweiten Weltkrieg genutzt. 1941 mußten Kinder und Betreuer das Haus verlassen; sie wurden verschleppt und in den Vernichtungslagern ermordet. Vermutlich hat niemand überlebt.

Eine Tafel erinnert daran: Fast 900 jüdische Kinder gingen einmal in die städtische Volksschule.

1941 wurden Kinder und Erzieher aus dem Kinderheim verschleppt und die meisten ermordet. Das Gebäude ist im Krieg zerstört worden.

Kreuzung Roonstraße / Lindenstraße

7

Planung und Bau der Kölner Neustadt gehörten im 19. Jahrhundert zu den ersten städtebaulichen Maßnahmen in Deutschland, die diesen Namen überhaupt verdienten. Vorbilder dafür gab es allenfalls in Wien oder Paris, von denen sich der Architekt und Stadtbaumeister Hermann Josef Stübben anregen ließ.

Die expansive Bautätigkeit im ausgehenden 19. Jahrhundert führte auch zu einem enormen Zuzug von Gastarbeitern in die Stadt. Vor allem im körperlich anstrengenden Straßenbau arbei-

Die Straßen in die Vororte wurden nach und nach geteert. Vor allem Ausländer arbeiteten im Straßenbau.

teten Belgier und Italiener, Serben und Kroaten, Ungarn oder Slowenen. Es gab kaum Maschinen, und das meiste wurde mit Muskelkraft geschaffen.

Konstanten in der Verkehrsplanung waren die aus den Stadttoren führenden Ausfallstraßen, die als Hauptverbindungslinien zu den Vororten erhalten blieben, und dazwischen die preußischen Militärbauten. Zwischen den radialen Ausfallstraßen plante Stübben diagonale und rechtwinklige Querverbindungen, so daß ein streng geometrischer Grundriß entstand, der noch heute vorhanden ist. An den Knotenpunkten laufen spitzwinklig oft mehr als drei oder vier Straßen zusammen, wie zum Beispiel an der Kreuzung von Roon- und Lindenstraße, an der außerdem die Brüsseler und die Mozartstraße einmünden. An solchen »Sternplätzen« wurden die Hausecken abgeschrägt, die Kreuzung damit optisch verschleift und der Charakter eines Platzes geschaffen. In der Neustadt taucht dieses Stilmittel immer wieder auf. Allerdings hat die Stadtplanung nach dem Zweiten Weltkrieg hierauf wenig Rücksicht genommen. An der genannten Kreuzung Lindenstraße/Roonstraße beispielsweise ist der Platzcharakter durch den Bau eines häßlichen Mietshauses mit 18 Balkonzellen deutlich beeinträchtigt.

Diese Plätze hatten anfangs häufig einen optischen Mittelpunkt, einen Brunnen, ein Denkmal oder eine kleine Grünanlage und wurden perspektivisch auf entferntere öffentliche Gebäude oder Kirchen bezogen. Auch das ist hier beim Blick durch die Roonstraße auf den Turm der altkatholischen »Auferstehungskirche« gut erkennbar.

Die Architektur der Gründerzeit war bestimmt durch die Dekorationen der Häuserfront. Alle Epochen und Schmuckmittel der Romanik und Gotik, der Renaissance oder des Barock, Jugendstil und Neoklassik sind an den Fassaden zu entdecken, und gerade diese Eigenart hat unter den kritischen Architekten späterer Jahre zur ästhetischen Ablehnung der Günderzeitarchitektur als »nachgemacht« und »unecht« geführt. Ein Wertewandel kam erst im Laufe der 70er Jahre im Zuge der Identifikation mit dem eigenen Viertel und dessen Häusern auf die, verglichen mit Massenneubau und sozialen Wohnungsbauten, ein hohes Maß an Unverwechselbarkeit reprä-

Der Turm der Auferstehungskirche: Blickbeziehung durch die ganze Roonstraße. Die Umrisse der alten Kirche werden durch ein Stahlgerüst nachempfunden.

sentierten. Aber auch für sich genommen ist die Gründerzeit-Architektur nicht zu verachten, was bei den ästhetischen Differenzierungen an den Fassaden, dem Variationsreichtum der vertikalen Achsen und der horizontalen Ebenen deutlich wird. Auffallend nehmen die Dekorationsformen von unten nach oben ab, werden leichter, zierlicher und folgen einem optisch wahrnehmbaren Gesetz der Schwere, auch wenn die Baumassen und Geschoßhöhen gleich sind. In diesem Viertel, in dem mehr Häuser renoviert und weniger abgerissen wurden, weil der Druck von Banken, Versicherungen und auch der schicken Gastronomie wie im Belgischen Viertel fehlen, lassen sich solche Elemente immer wieder entdecken.

Mozartstraße 28 / Das »Braune Haus«

8

Im Bürgersteig vor dem Haus Nr. 28 in der Mozartstraße erinnert eine bronzene Gedenkplatte an das frühere »Braune Haus«, die Gauleitung der Nazis, die hier 1933 und 34 residierte, bevor sie in die »Alte Universität« am Römerpark umzog. Bei der Parteileitung saßen auch SA und SS, die in den ersten Monaten nach der Machtergreifung ein eigenes Gefängnis im Keller unterhielten, in dem sie ihre ersten Häftlinge und alten politischen Gegner mißhandelten und z.T. ermordeten.

Die Erinnerungstafel mußte in den Bürgersteig eingelassen werden. Der Hausbesitzer duldete sie nicht am Gebäude.

Der sozialdemokratische Reichstagsabgeordnete Wilhelm Sollmann berichtet darüber: »Unter Faustschlägen, Fußtritten und Hieben wurde ich die Treppe hinauf in ein Konferenzzimmer gejagt. Man hatte die Jalousien heruntergelassen, so daß der Raum im Halbdunkel lag. Hier sollte ich vor ein »Tribunal« gestellt werden. Auf dem Tisch war ein großes Hakenkreuzbanner ausgebreitet. Ich sah, daß mein Redaktionskollege Efferoth in der Nähe des Fensters saß, ähnlich zugerichtet wie ich... Man riß uns von den Stühlen und warf uns unter Faustschlägen und Fußtritten unter den Tisch. Etwa eine halbe Stunde lagen Efferoth und ich blutend auf dem Fußboden, so erschöpft, daß wir uns nicht mehr erheben konnten. Immer wieder aber wurden wir mit Faustschlägen und

Ludwig August Jacobsen wurde 1933 im »Braunen Haus« verhört. Ein Brief seines Genossen Hans Mayer war abgefangen worden.

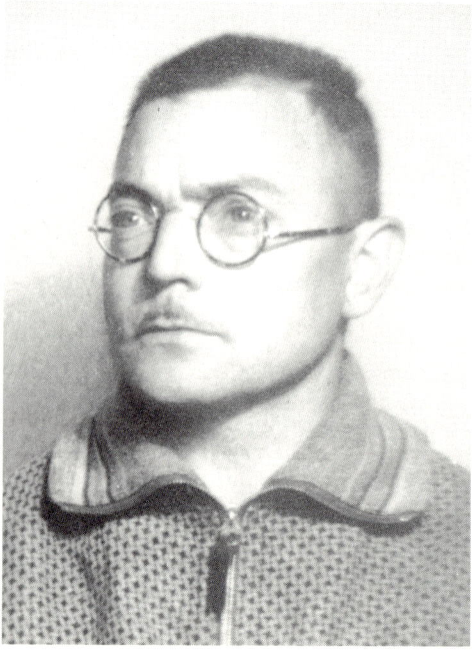

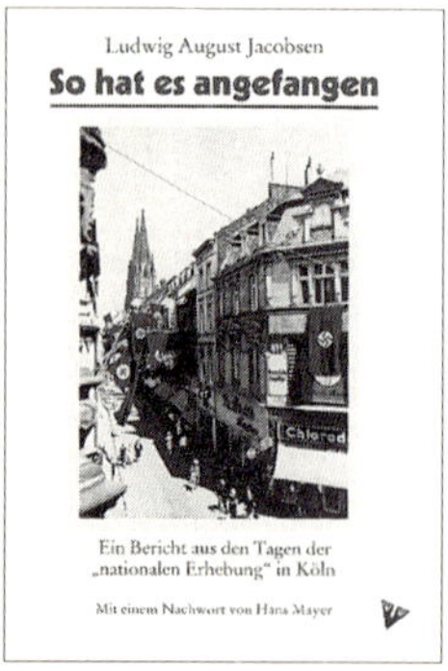

Das Buch zum Thema: L.A.Jacobsen: »So hat es angefangen«.

Fußtritten behandelt, zwischendurch auch an den Haaren gerissen und mit den Köpfen gegeneinander gestoßen. Schließlich riß man uns hoch, wir wurden auf Stühle gesetzt, einer hielt uns hinter der Stuhllehne die Hände zusammen, ein zweiter zwang uns, die Zähne zu öffnen und ein dritter goß uns je 1/4 Liter Rhizinus in den Schlund.«

Neben Sollmann hat der Organisationsleiter der Kölner Gruppe der KPO (KPD-Opposition), Ludwig August Jacobsen, ausführlich über seine

Ein bürgerliches Haus, eine bürgerliche Fassade, eine bürgerliche Partei: das »Braune Haus« in der Mozartstraße (historische Aufnahme).

»Schutzhaft« im »Braunen Haus« berichtet. Die detaillierten Aufzeichnungen überstanden den Krieg in einem Kellerversteck seiner Wohnung, wurden nach Kriegsende als Beweismittel bei einem der ersten Kölner Nazi-Prozesse mit der fadenscheinigen Begründung abgelehnt, sie seien unleserlich und gerieten für Jahrzehnte in Vergessenheit. Trotz der zwischenzeitlichen Einschaltung Heinrich Bölls dauerte es 54 Jahre, bis Jacobsens Aufzeichnungen schließlich 1987 erstmals publiziert wurden.

Engelbertstraße / Stiftung für arme Mädchen

9

Der kleine Garten an der Ecke Engelbertstraße/Rabinplatz ist der Rest eines alten Parks, der zu der hochherrschaftlichen Villa Oelbermann am Hohenstaufenring gehörte. Eine 150 Jahre alte Roßkastanie, deren Äste vom Gewicht der Kastanien zu Boden gedrückt selber wieder Wurzeln geschlagen haben, gilt als eines der ungewöhnlichsten Naturdenkmale der Innenstadt. Emil Oelbermann war ein Kölner Kaufmann, der als 20jähriger 1853 nach New York ging und dort

– durch Sklavenhandel sagen die einen, durch Textilhandel schreiben die anderen – zum Millionär wurde. Seine Gattin Laura Oelbermann, eine kaisertreue, aber sozial engagierte Protestantin, vermachte viel Geld an diverse Stiftungen und Heime für Kinder und Mütter und bestimmte in ihrem Testament 1929 die eigene Villa als Wohnheim für »erwerbstätige evangelische Mädchen«. Mehr als 60 Bewohnerinnen lebten hier bis in die 1970er Jahre. Dann stand das große Heim leer und wurde kurz nach der Stollwerck-Besetzung in einer Blitzaktion abgerissen. Verwaltung und Investoren hatten Angst, daß die vertriebenen Stollwercker dieses Objekt für ihre Begierden entdecken würden. An seiner Stelle wurden aufwendige Innenstadtapartments und Wohnungen sowie zum Ring hin Büros und Geschäfte gebaut.

Gegenüber dem Park in der Engelbertstraße 41 ist der Sitz des »ECO-Labors«, einer ökologisch orientierten Forschungseinrichtung, die aus der »Katalyse« hervorgegangen ist. Die Katalyse gründete sich als unabhängige Wissenschaftlergruppe 1978/79 im Kontext der Bürgerinitiativen und wurde bundesweit bekannt durch ihren Report »Chemie in Lebensmitteln«.

Roonstraße 50 / Synagoge

Ganz in der Nähe, in der Roonstraße gegenüber dem Rathenauplatz, liegt heute das jüdische Zentrum Kölns. Die aus den 90er Jahren des letzten Jahrhunderts stammende Synagoge ist die letzte

Videoüberwachung und Polizeipräsenz sind ständige Attribute der Synagoge.

verbliebene von einstmals sieben Synagogen in der Stadt. Nach Nazi-Verwüstungen und Kriegszerstörungen wurde sie im selben neuromanischen Stil wiederhergerichtet, der sich früher auch rechts und links in den Wohngebäuden der Neustadt fortsetzte. Heute muß dieser Mittelpunkt der Synagogengemeinde durch Absperrgitter, Videoüberwachung und häufige Polizeipräsenz vor neonazistischen und antisemitischen Attacken geschützt werden. Auf der anderen Seite, Rathenauplatz 22, gibt es mit dem »Zimmes« auch das erste jüdische Restaurant in Köln. (10)

Rathenauplatz

Nicht nur topografische, auch patriotische Gründe waren maßgebend bei der Anlage der Neustadt: Der Rathenau-, damals noch Königsplatz, wurde 1891 von Stübben in unmittelbarer Nähe der Ringe geplant, als Aufstellplatz für den Rosenmontagszug. (11) Zu seinem heutigen Namen kam der Platz erst in der Weimarer Republik. Damals hatten die Sozialdemokraten nach der Ermordung des Außenministers Walter Rathenau im Jahre 1922 durch rechtsradikale Attentäter den Antrag im Kölner Stadtrat gestellt, den Hohenzollernring in Rathenauring und gleichzeitig den Kaiser-Wilhelm-Ring nach dem ebenfalls ermordeten Demokraten und Zentrumspolitiker Matthias Erzberger umzubenennen. Über die entsprechende Ratssitzung berichtet der SPD-Ratsherr Peter Fröhlich in seinen Memoiren:

»Die Kommunisten waren weder Freunde von Erzberger noch von Rathenau. Sie wären von sich aus nie auf den Gedanken gekommen, nach ihnen Straßen zu benennen. Aber ihr Fraktionsvorsitzender Neuhauser ging ans Rednerpult und legte los: Weil die Mehrheit dieses Hauses scheinbar auf dem Standpunkt steht, daß unter keinen Umständen aus dem sogenannten historischen Ring, der sich um Köln zieht, ein Stein herausgerissen werden darf, weil die Kölner Bevölkerung sich scheinbar nicht daran gewöhnen kann, ohne Hohenzollern-Erinnerungen zu leben, so möchte ich Ihnen den Vorschlag machen, und zwar eine Straße nach ihnen benennen, die man eng mit den Hohenzollern in Verbindung bringen kann. Ich möchte Ihnen sagen: Nennen Sie die Kammachergasse ‘Hohenzollernstraße’. (Die Kammachergasse war die berühmteste Puffstraße von Köln, d.A.). Das ist nach meiner Meinung sehr angebracht. (Lautes Pfui! Pfui! rechts.)

Henriette Ackermann, als letzte der »Unabhängigen Sozialisten« bis 1928 im Stadtrat. Eine selbstbewußte Frau, für die die Kollegen vor allem Hohn und Häme kannten. Von ihr ist heute kein Foto mehr bekannt, nur diese Karikatur.

Zuruf Frl. Ackermann (KPD): Wenn Sie das Leben des Kronprinzen kennen, brauchen Sie sich darüber nicht aufzuregen. (Große Unruhe rechts) Lärmende Zurufe von der rechten Seite: Der hat kein Gefühl! Zuruf Brües (Deutsche Volkspartei): So ein gemeiner Kerl! Weitere Zurufe von rechts: Der Kerl gehört nicht hierher! Neuhauser: Herr Brües, wenn Sie noch einmal gemeiner Kerl sagen, Sie Lausehund, so haue ich Sie in die Fresse! (Großer Lärm auf der rechten Seite, Glocke des Vorsitzenden.) Der Oberbürgermeister: Herr Neuhauser, ich rufe sie zur Ordnung. (Herr Neuhauser verläßt das Rednerpult, dringt auf Herrn Kaiser ein und ruft: Sie Schurke, Sauhund, dreckiger Misthaufen, elender aufgewärmter Leichnam. Mitglieder der rechten und linken Seite halten Herrn Neuhauser zurück.) Der Oberbürgermeister: Ich unterbreche die Sitzung. (Mitglieder der rechten Seite und der linken Seite ergehen sich in erregten Zwischenrufen, Herr Neuhauser entledigt sich seines Rockes, greift zu einem Wasserglas, um damit nach einem Mitglied der Rechten zu werfen. Er wird von Mitgliedern der Linken daran gehindert. Herr Bingen (USP) droht ebenfalls, handgreiflich zu werden.) Der Oberbürgermeister: Ich schließe die Sitzung.«

Später wurde dieser Königsplatz in Rathenauplatz und der Königin-Luise-Platz in Nippes in Erzbergerplatz umbenannt.

Zülpicher Straße / Kwartier Latäng

12

Würde man eine Karte der Gastronomiedichte Kölns erstellen, wäre das Viertel um die Zülpicher Straße nach der touristischen Altstadt auf einem Spitzenplatz anzutreffen. In jüngerer Zeit wird diese Gegend unter Einkölschung des Pariser Studentenviertels Kwartier Latäng genannt und vor allem durch junge Leute aus der umliegenden Provinz von Bergheim bis Gummersbach und durch Studenten der juristischen und wirtschaftswissenschaftlichen Fakultäten reich frequentiert. Die Übergänge von der kölschen Kneipe über das Bistro und das kleine französische Restaurant bis zum semialternativen Sceneschuppen sind allerdings fließend, und auf dem Weg durch die Heinsberg-, die Kyffhäuser- und die Hochstadenstraße bis zur Luxemburger Straße ist so ziemlich alles zu finden, was der Magen begehrt und der Beutel ermöglicht. An der Luxemburger Straße liegen auf dieser Höhe drei der bekannteren Jugendeinrichtungen: die New-Wave-Kneipe »Blue

Shell« links, der Scene-Musikveranstalter »Luxor« rechts und der postmoderne Künstlertreff »Rose-Club« gegenüber.

Salierring / SSK

13

Nicht nur die Gastronomie, auch politische Bewegungen unterliegen Konjunkturen, haben ihre Trends und Modebegriffe. 1969 hieß eine solche Vokabel »Randgruppenstrategie«. Gemeint war damit, daß nach dem Abschaffen (oder Abschlaffen?) des klassischen revolutionären Subjekts, der Arbeiterklasse und der Erfahrung der eigenen studentischen Ohnmacht der gesellschaftliche Umschwung nun von den Randgruppen zu erwarten sein müsse: von Heimzöglingen, Trebegängern, jungen Stricherinnen und Strichern, Haftinsassen und Obdachlosen. Auch dieses neu entdeckte, vermeintlich »revolutionäre Subjekt« wurde jedoch schon bald wieder fallengelassen, als die Intelligentia in die neu entstehenden kommunistisch-maoistischen Parteien strömte. Nur eine Gruppe in Köln hielt diese Politik und Strategie bis heute durch und nahm sie ernst: Die Rede ist vom SSK.

Stammsitz der Organisation, die früher »Sozialpädagogische Sondermaßnahme Köln« hieß, ist der Salierring 37-41. Mittlerweile nennt man

Salierring 37: Seit über 20 Jahren Mittelpunkt der »Sozialistischen Selbsthilfe Köln (SSK)«.

sich »Sozialistische Selbsthilfe Köln«, hatte zwischen 1975 und 1985 ein halbes Dutzend weiterer Gruppen gegründet und sicherlich noch einmal so viele Anregungen zu ähnlichen Initiativen in anderen Städten gegeben. Zunächst war der SSK eine Anlaufstelle für herumstreunende Jugendliche. SozialarbeiterInnen und Betreuer lebten zusammen und begannen damit, eigene »Unternehmen« wie Gebrauchtmöbel- und Kohlehandel, Entrümpelungen und ähnliches einzurichten, um von staatlichen Zuschüssen unabhängig zu werden und um den Ungelernten eine Chance zur Arbeit zu geben. Der nächste Schritt war die Auseinandersetzung mit der Stadtsanierung. Man erkannte, wie eng soziales Elend und eine nur nach Prinzipien der Gewinnmaximierung ausgerichtete Stadtplanung zusammenhängen. In den 70er Jahren wurde der SSK zum Motor der Kölner Hausbesetzerbewegung. Schließlich kam die Auseinandersetzung mit der Psychiatrie und den geschlossenen Heimen hinzu, da die tägliche Arbeit mit Psychiatriegeschädigten, für die der SSK inzwischen zur wichtigsten Anlaufadresse geworden war, groteske Mißstände in den Anstalten offenbart hatte (siehe S. 212).

Gruppen des SSK gibt es Mitte der neunziger Jahre, und das ist fast 30 Jahre nach der Gründung für eine undogmatische Initiative eine beachtliche Tatsache, neben dem Salierring noch in Ehrenfeld und in Porz sowie eine Abspaltung als SSM (»Sozialistische Selbsthilfe Mülheim«) in der Düsseldorfer Straße in Köln-Mülheim. Bei allen gibt es billige Möbel, Kleider und Gebrauchtwaren zu kaufen, und alle arbeiten als Entrümpler oder Transporteure.

Friedrichstraße 15 / »Dornröschen«

14

Jenseits des Barbarossaplatzes, in der Friedrichstraße 15, einer kleinen Querstraße zum Ring, lag in der Weimarer Zeit ein berühmtes Homosexuellen-Lokal. Der Name »Dornröschen« spielt, wie auch die Bezeichnung »Verzauberte« für Schwule, auf die Prinzessin im Märchen an, die durch

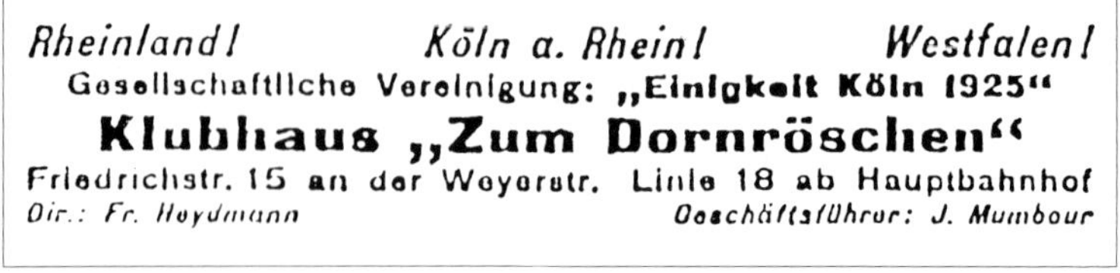

Rheinland! **Köln a. Rh.** Westfalen!
Gesellige Vereinigung Einigkeit — Klubhaus „Zum Dornröschen"
Friedrichstraße 15, a. d. Weyerstraße, Linie 18 ab Hauptbahnhof
Dir. Fr. Heydmann Geschäftsf. J. Mumbour
Jeden Mittwoch, Samstag und Sonntag bis Karneval die beliebten
Kostümfestbälle
Täglich internationaler mondainer Fremdenverkehr — Ia. Stimmungsvolle Jazz-Band-Tanz-Kapelle
Tilla! Resi! Suoernow! Ruth Norbert! sorgen für Stimmung Intim separat gehaltener Festsaal

Anzeigen aus dem schwulen »Freundschaftsblatt« von 1931/32.

den Kuß des Prinzen »wachgeküßt« wird. Solche Bezeichnungen kamen nach dem verlorenen Weltkrieg und dem Zusammenbruch der alten Gesellschaft auf. Im Kaiserreich war der alte § 175 des Strafgesetzbuches rigoros gehandhabt worden. Jetzt endlich, nach dessen Ende, gab es für die Schwulen eine gewisse Präsenz in der Öffentlichkeit, und eine eigene und vielfältige Subkultur konnte sich entwickeln. Köln wurde ein Ort mit schwulem Lokalkolorit, zahlreiche Lokale öffneten ihre Pforten, und über den Schankbetrieb hinaus boten die meisten ein künstlerisches Programm und reichlich Gelegenheiten zum Tanz. Treffpunkte waren aber auch die Badeanstalten, die öffentlichen Toiletten (»Teehäuschen« oder

Köln a. Rh. Klubhaus „Dornröschen" Ortsgr. d. B. f. M., e. V.
Friedrichstraße 15, a. d. Weierstraße · ab Hauptbahnhof Linien 9, 14, 18, 20, 21
Tägl. Zusammenkünfte Mittwochs und Samstags Gala-Feste Durchgeh. Betrieb

»Klappen«) in der Alt- und Innenstadt und vor allem um den Bahnhof herum, weil man hier in der Menge leichter anonym bleiben konnte. Das »Dornröschen« avancierte in der zweiten Hälfte der 20er Jahre zum führenden Treff mit Kneipe, Tanzsaal, eigener Kapelle und – der Sensation in Köln – mit Tischtelefonen, einer exzellenten Möglichkeit der Kontaktaufnahme. Gala-Nummern des Abends waren die Autritte bekannter Transvestiten, die die Stimmung auf den Höhepunkt brachten, wie »Tilla« mit ihrer Salomé-Nummer oder »Resi« mit dem Carmen-Tanz. Mit der »Machtergreifung« der Nazis endete das freie Leben der Schwulen. Das »Dornröschen« wurde am Aschermittwoch 1933 geschlossen und zu einem SA-Sturmlokal umfunktioniert. Der vormalige Wirt, Hans Mumbaur, kam 1945 im Konzentrationslager Dachau ums Leben.

Tilla, der berühmteste Transvestit im »Dornröschen«.

St. Pantaleon

15

Bevor das ehemalige Benediktinerkloster St. Pantaleon (»Pantaljóon« spricht und betont der Kölner) betreten wird, empfehle ich einen Gang außen um die Mauern herum. St. Pantaleon ist eines der wenigen unter den Stiften und Klöstern Kölns, das einen Teil seines alten Immunitätsbezirkes erhalten hat. Die teilweise originalen Immunitätsmauern und Tore können heute noch einen Eindruck von der Großzügigkeit des früheren Klosters verschaffen. Innerhalb der Immunitätsgrenze bestand weitgehende Autonomie der Stifts- oder Klosterangehörigen und auch Schutz vor städtischer oder politischer Gewalt und Verfolgung.

Pantaleon war eine Benediktinerabtei und zählte mit zahlreichen Gütern im weiten Umland zu den reichsten Anwesen der Kölner Kirchen. Das illustre Wasserschlößchen »Weißhaus« an der Luxemburger Straße war z.B. der Sommersitz der Äbte von Pantaleon und ist ein noch erhaltenes Zeugnis des klösterlichen Reichtums.

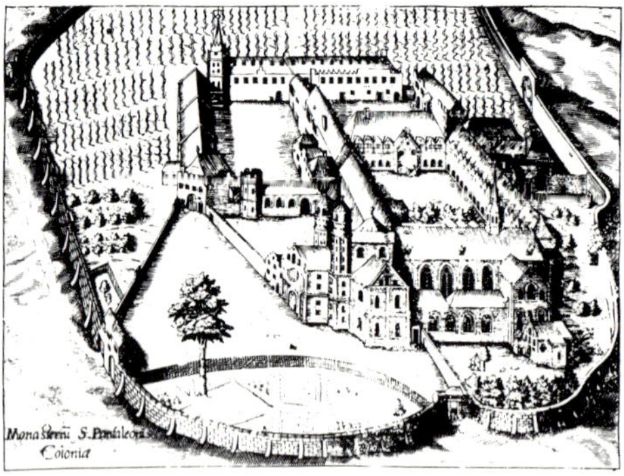

Manchmal war nicht klar, ob die Benediktiner eher Mönche oder Winzer waren.

Die umfangreiche Klosteranlage läßt auch die Ausdehnung der ehemals landwirtschaftlich genutzten Flächen an den Rändern der Stadt erahnen, vor allem im Süden und Nordwesten. Köln war bis ins 16. Jahrhundert mit 40.000 Einwohnern eine der größeren Städte Mitteleuropas und hatte eine für damalige Verhältnisse riesige Ausdehnung. Die Bauern im Stadtgebiet bildeten eigene Genossenschaften, die sogenannten »Bauernbänke«, deren Name von den Gerichtsverhandlungen in den Torbögen, der »buirbank« oder »baurgeding«, abgeleitet ist. Die Bauernbänke waren in ihren Angelegenheiten unabhängig, konnten ihre Streitereien untereinander schlichten und auch selber Strafen verhängen.

In der Hölle erwarten die Weinpanscher Strafen, die ihren Taten entsprechen: Sie werden gewässert, geschwefelt, gerührt, gefeuert, gebrannt und getrichtert, müssen Essig trinken und werden mit Besen traktiert. »Weinkeller im Totenreich«, Stich aus dem 17. Jahrhundert.

Der wichtigste landwirtschaftliche Produktionszweig, vor allem hier um St. Pantaleon herum und weiter nach Süden zum Severinsviertel hin, war der Weinanbau. Als »Weinhaus der Hanse« erzielte Köln zeitweise fast ein Viertel seines Etats aus dem Weinhandel, und die »Weinsteuer« wurde zur wichtigsten städtischen Einnahme. Angesichts der schlechten Qualität des Trinkwassers spielte der Wein auch als Getränk eine große Rolle. Allein in der Stadt gab es über 400 »Wein-Zapfstellen«, wie die Wirtschaften damals genannt wurden. Nun war der Kölner Wein eine ziemlich saure Angelegenheit, was auch in Bezeichnungen wie »soore Hungk«, »nasser Lodewig« oder »Kirchweg Schattenseite« zum Ausdruck kommt. Also wurden Zusätze hineingemischt: Totenbein, Vitriol, Quecksilber, Alaun, Speck, Kalk, Scharlachkraut, Waidasche, Senf und Schwefel sind als teilweise erlaubte, zum Teil aber gepanschte Zusätze überliefert, deren Verwendung hart verfolgt wurde. Erst Ende des 15. Jahrhunderts wurde der Wein als Alltagsgetränk der Kölner allmählich vom Bier abgelöst.

Baugeschichtlich geht St. Pantaleon auf einen römischen Gutshof vor den Stadttoren zurück, dessen Fundamente durch ein Fenster in der Krypta noch zu besichtigen sind. Das Hauptschiff, der Kern der heutigen Kirche, entstand im 10. Jahrhundert und ist mit dem Namen der byzantinischen Prinzessin und deutschen Kaiserin Theophanu verknüpft, die diese Kirche ausbauen und vor allem das »kaiserliche« Westwerk errichten ließ. Benannt wurde St. Pantaleon nach dem gleichnamigen griechischen Arzt und Heiligen.

Der besondere Tip:

In der Krypta von St. Pantaleon ist die größte private Reliquiensammlung aufbewahrt – der Kölner Anwalt Louis Peters hat über 500 Objekte aus dem 15. bis 19. Jhd. zusammengetragen, Dokumente einer exorbitanten Frömmigkeit und eines exquisiten Umgangs mit dem Tod – Führung in der Regel Sa und So nach der Messe – sonst auf Anfrage im Pfarrbüro.

Theophanu, eine Dame von Welt aus Byzanz.

Theophanu war im Jahr 972 vom Kölner Erzbischof Gero auf Bitte des Kaisers Otto I. von Byzanz nach Köln geholt worden. In Rom wurde sie mit dem Kaisersohn, dem erst 17jährigen Thronfolger Otto II. verheiratet. Verglichen mit Köln war Byzanz seinerzeit eine weltstädtische Metropole, und die junge Frau verfügte als Dame von Welt über hohe Bildung, Kunstverstand und vor allem Selbstbewußtsein. Sie brachte ihre eigene Gefolgschaft mit, hochqualifizierte Kunsthandwerker, die Köln einen nicht zu unterschätzenden Entwicklungsschub bescherten und die Lieblingskirche der Kaiserin als Zentrum von Buchmalerei und Goldschmiedekunst ausbauten. Daran kratzen auch die provinzlerischen Chronisten nicht, die Theophanu Trunksucht und Verschwendung vorwarfen, nur weil sie selber noch in härenen Sackkleidern herumliefen und den neuen Zeitgeist in orientalischer Seide verschmähten.

Elf Jahre nach ihrer Heirat 983 starb Theophanus Mann Otto II., und die Kaiserin übernahm vor ihrem erst dreijährigen Sohn die Reichsherrschaft über Deutschland und Italien und übte sie mit Geschick, Energie und Erfolg aus. Theophanu starb am 15. Juni 991, wurde in St. Pantaleon begraben und liegt heute in einem neuen weißen Sarkophag, der die Form eines überdimensionalen Reisekoffers hat, in der westlichen Chorkapelle.

Im 19. Jahrhundert wurde das Kloster durch die preußischen Militärs zu einem Festungsbauhof gemacht und die Kirche in eine protestantische Garnisonskirche umfunktioniert. Die Kuppel des Turms baute man ab und setzte auf die Spitze eine Station des optischen Telegrafen, der Berlin mit Koblenz verband und von dem noch eine vollständige Station in Flittard auf der anderen Rheinseite erhalten ist.

Heute ist St. Pantaleon mit dem Komplex von Stift, Nonnenkloster und Kindergarten eine inner-

Ein Kleinod an St. Pantaleon: die Wiese ohne Hundescheiße.

städtische Oase der Ruhe, und – was in Köln fast an ein Wunder grenzt – es hat frei zugängliche Grünanlagen ohne Hundescheiße. Man kann sich im Sommer noch ins Gras legen – und die Erde riechen. Die Priester der Pfarrei St. Pantaleon gehören übrigens zu der erzkonservativen katholischen Organisation »Opus dei«.

Vor den Siebenburgen 6

(16)

Das Gebiet um St. Pantaleon nach Süden ist altes Handwerkergebiet. Gassen wie die Steinstraße oder das Martinsfeld haben ihren kleinteiligen Charakter bewahrt. In den Straßennamen Ulrichgasse – vom mittelhochdeutschen Euler, der Töpfer – oder Schnurgasse – vom Schnurren der Töpferscheiben – ist die Tradition der Handarbeit konserviert. An der Ecke Schnurgasse/Vor den Siebenburgen stößt man auf die eher versteckte Barockkirche »Maria vom Frieden«, mit angeschlossenem Kloster. Es ist der Kölner Sitz der Karmelitinnen, ein beschaulicher Frauenorden, der in großer Abgeschiedenheit lebt. In der Krypta des Karmel findet man eine Gedenktafel, die an die berühmteste Ordensfrau erinnert, Edith Stein, mit ihrem Klosternamen Schwester Teresia Benedicta a Cruce. Edith Stein war Jüdin aus Breslau, promovierte Philosophin, trat 1922 zum Katholizismus über und wurde Mitglied des Kölner Karmel, der damals noch an der Dürener Straße in Lindenthal lag. Als sie sich 1938 angesichts der nationalsozialistischen Verfolgung nicht mehr sicher fühlte in Köln, ging sie nach Holland, wurde aber am 2. August 1942 verhaftet, nach Auschwitz deportiert und ermordet. Von Papst Johannes Paul II. wurde sie 1987 im Müngersdorfer Stadion vor über 70.000 Besuchern heiliggesprochen als »katholische Märtyrerin«. Das wurde von manchen auch als kirchliche Usurpation interpretiert, da sie doch dem antisemitischen Rassismus zum Opfer fiel und nicht wegen ihrer Mitgliedschaft in einem katholischen Frauenorden ermordet worden ist.

Nicht weit von »Maria vom Frieden« entfernt, in der Schnurgasse 39, liegt ein aufgestockter Flachbunker aus den 40er Jahren. Heute wohnen oben Studenten, und unterirdisch dient er als Weindepot. Das ist nur einer von fast drei Dutzend Bunkern als Überbleibsel des letzten Krieges. Viele wurden in der Zeit des Kalten Krieges noch hergerichtet, um als Schutzräume für den »Ernstfall« zu dienen, was nicht nur wegen der geringen Zahl absurd, sondern auch angesichts der vorausgesagten künftigen Katastrophen lächerlich wirkte. Anfang der 90er Jahre wurden sie meistens aus der sogenannten Schutzbindung entlassen und werden seitdem als Wohnungen oder Lager, als Garagen oder Kulturzentren genutzt.

Stadtmauer und Kölschsoldaten

17

Waren die Türme der Stadtmauer früher vom Militär besetzt, so sind viele heute in der Hand der renommierten Karnevalsvereine, sogenannter Traditionskorps. In der Ulrepforte sitzen die »Roten Funken«, im Sachsenturm die »Blauen Funken«, und in dem Turm am andern Ende des Stadtmauerstücks residiert die »Prinzengarde«. (Der allerfeinste Verein, die »Ehrengarde«, residiert im Hahnentor am Rudolfplatz, unter dem diese Wanderung begann.) Für die Stadt und ihre Kasse hat die Verpachtung an die Karnevalisten den Vorteil, daß die alten Mauerwerke von den vermögenden Clubs hergerichtet und unterhalten werden; für die Bürger hat es allerdings den Nachteil, daß »ihre« Stadttürme damit praktisch privatisiert und mit Ausnahme der Severinstorburg und des Eigelsteintors für die Allgemeinheit kaum mehr zugänglich sind.

Am nördlichen Ende der Stadtmauer hängt zum Sachsenring hin ein großes Relief – allerdings als Kopie, das Original hängt im Stadtmuseum – mit einer Kampfszene aus dem Jahre 1268, der Zeit der Auseinandersetzung zwischen Bürgern und Stadtherr. Erzbischof Engelbert II. versuchte damals, den Streit zweier Patriziergruppen, der Weisen und der Overstolzen, zu seinen Gunsten auszunutzen, erlitt dabei jedoch Schiffbruch. Die Partei der Weisen hatte einen

Die Schlacht an der Ulrepforte – ein Relief aus dem 13. Jahrhundert.

Schuster mit dem sinnigen Namen »Haveneit« (Habenichts) bestochen, von seiner Werkstatt einen Gang unter der Mauer hindurchzugraben, durch den heimlich Verbündete in die Stadt eindringen sollten. Aber die Overstolzen waren auf der Hut und konnten ihre Rivalen durch den Gang zurückjagen. Diese »Schlacht an der Ulrepforte« ist auf dem Relief dargestellt, einem der ältesten Denkmäler in Deutschland übrigens, die an ein profanes Ereignis erinnern.

Das Gelände stadteinwärts hinter der Mauer, heutzutage Standort verschiedener Schulen, diente im letzten Jahrhundert zuerst den Militärs für ihre Bauten und später als innerstädtisches Areal für die frühen Fabriken. Hinter der Ulrepforte stand das Stammhaus der Firma »Felten & Guilleaume«, immer noch ein wichtiger Arbeitgeber der Metallindustrie in der Stadt. Angefangen hat F&G hier als Seilhersteller.

Von der Firma F&G ist nichts mehr zu sehen, nur jenseits der Ringe ein Stall- und Wirtschaftsgebäude, das Kutscherhaus der Villa Guilleaume, an der Ecke Overstolzenstraße / Lothringer Straße. Erbaut um 1900 im englischen Landhausstil, dient es heute als Sitz des anthroposophischen Tobias-Vereins. Das Gelände dahinter wurde 1996 von der Basler Versicherung mit einem fünfgeschossigen Bürohaus bebaut, allerdings erst nach einem acht Jahre währenden Kampf der Nachbarn. Denn hier bestand als Rest der alten Villa noch ein Stück Park mit einer 150jährigen Esche, die zahlreichen Vögeln und Tieren als Lebensraum diente und den Spielplatz der Kinder im Garten überwölbte, liebevoll der »Vogelbaum« genannt. Sie wurde am 20. Januar 1995 gegen alle Proteste von Baumschützern, Gutachtern und Nachbarn gefällt.

Villen zwischen Volksgarten und Sachsenring

(18)

Zwischen Ring und Volksgarten lag um die Jahrhundertwende das südliche Villenviertel der Neustadt, geplant und gebaut für die Kölner Oberklasse. Grundstücksschnitte, Einzelhäuser und vor allem Gärten und Bäume repräsentieren noch heute diesen Charakter. Auch wenn man es nicht so deutlich wie bei dem nördlichen Pendant zwischen Rheinufer und Riehler Straße sieht, das von Versicherungen und Banken okkupiert wurde, werden auch hier am Volksgarten die Wohnhäuser vielfach als Büros und Geschäftsräume

Winkel und Zirkel, die Symbole der Loge in der Hardefuststraße.

genutzt: Wirtschaftsprüfer, Ex- und Importfirmen, Dependancen internationaler Unternehmen haben sich hier niedergelassen, in der Hardefuststraße 9 liegt der Versammlungsraum der Kölner Freimaurer.

In der Kaesen- und Lothringer Straße haben einige prächtige Villen überlebt; beachtenswert sind die Fachwerkgiebel in dem um die Jahrhundertwende beliebten Landhausstil. An den Rändern und Schauseiten des Villenviertels, z.B. an der Volksgartenstraße (Nr. 36 etwa mit reichem Figurenfries) oder am Sachsenring (Nr. 30 – erbaut von Adolf Nöcker 1886/87 als Luxusvariante des Kölner Dreifensterhauses), überwiegen die repräsentativen Großbauten.

Aber auch anspruchsvolle neue Architektur ist hier zu finden, wie der Neubau der Victoria Versicherung am Sachsenring aus dem Jahre 1996. Die Bauten aus schwarzem Naturstein und Glas, in den geometrischen Grundformen Konus, Zweiturm und Riegel, die einem gläsernen Gebirge gleich in die Augen springen, entwarf der Architekt Thomas van den Valentyn. Und direkt daneben zwei Architektur-Klassiker: links das französische Kulturinstitut von Wilhelm Riphahn, ein locker gegliederter weißer Bau aus den 50er Jahren. Auf der anderen Seite ein dunkler Bürohausriegel von Egon Eiermann, dessen Bauleitung seinerzeit Oswald Mathias Unger hatte.

Volksgarten

Das Ziel der Wanderung, der Volksgarten, wurde 1887-89 nach dem Entwurf des städtischen Gartendirektors Adolf Kowallek angelegt. Er ist, im Unterschied zum Friedens- oder Römerpark, nicht streng stilisiert, sondern in einer freien Landschaftsarchitektur geplant und mit kleinteiligen Anlagen im westlichen, großzügigem Baum- und Wiesengelände im östlichen Teil sowie mit See-

19

Künstlerateliers im preußischen Fort IV.

Volksgarten: Vergnügen für alle.

und Bootshaus gestaltet. In den Park einbezogen wurde das alte preußische Fort IV, das heute an Künstler vermietet ist: ein kleiner halbrunder Bau mit flankierenden Türmchen, die oben einen kragenförmigen Umgang haben und dadurch wie Minarettürme wirken. In den letzten Jahren wurde der Volksgarten verstärkt für öffentliche Volks- und Theaterveranstaltungen wiederentdeckt. Bei schönem Wetter ist er vor allem in der Ferienzeit und tagsüber zu empfehlen; abends herrscht Gedränge um das Gasthaus am See.

Die Existenz des Gartens haben wir einem – für Kölner Verhältnisse ungewöhnlichen Mäzen – zu verdanken. Wilhelm Kaesen, ein Unternehmer und Stadtrat in Köln, kaufte in den 80er Jahren des 19. Jahrhunderts privat alle Grundstücke rund um das preußische Fort auf, legte sie zusammen und gab sie, ohne Aufschlag, Mehrwert und Profit, an die Stadt zum Einkaufspreis weiter. Einzige Bedingung: ein öffentlicher Park.

Der Tip zum Schluß:

Wer Rummel liebt und pralle Nähe, dazu den Charme eines Campingplatzes, der geht in den Biergarten direkt am See im Volksgarten.

Wer es gern ruhiger hat und einen Sitzplatz schätzt, findet ein schönes Bistro: Teca di Biase direkt am Eifelplatz 2 – Tel. 313485 – täglich von 9 bis 23 Uhr.

Exkurs für Frauen / Eifelstraße 33

(20)

Über den Eifelplatz, an der nördlichen Ecke des Volksgartens, ist die nahe Eifelstraße zu erreichen. Im Parterre des Hauses Nr. 33 war bis zum 1. April 1987 zehn Jahre lang das »Kölner Frauenzentrum« beheimatet, mit dem ein wichtiges Stück lokaler Frauengeschichte und -kultur verbunden ist. Hier fanden in der Anfangszeit monatliche Plenen und 14tägige KO(ordinations)-Rat-Treffen der »ganzen« Kölner Frauenbewegung statt, hier wurden Aktionen geplant, die eigene Sprache durchleuchtet, ebenso Kongresse vorbereitet (z.B. »Gewalt gegen Frauen«) oder bundesweite Frauenhaustreffen abgehalten. Hier fanden Kunstausstellungen statt, es gab eine »offene Kneipe« für Frauen, die sich mit den Zielen der Frauenbewegung beschäftigen wollten oder ihre lesbische Identität entdeckt hatten. Im Laufe der Zeit und mit zunehmender Ausdifferenzierung der Bewegung verlor das Haus seine zentrale Bedeutung, andere Projekte boten gezielte Hilfe oder Dienstleistungen an. Und obwohl viele Frauen die Kellerräume ablehnten (»Wir sind keine Kellerasseln«) und das damalige Alternativmagazin »Schauplatz« einmal nicht ganz zu Unrecht den Druckfehler »Grauenzentrum« brachte, wollten die Frauen sich lange nicht von diesen Räumen trennen. Vertrieben wurden sie letztlich 1987 durch zunehmende Beschwerden wegen Lärmbelästigung durch die Disco.

1. **Chlodwigplatz**
Severinstorburg / Jan und Griet-»Lovestory«
2. **Kartäuserwall 18**
Besetztes Haus der »Stollwercker« / Schwulen- und Lesbenzentrum
3. **Severinstraße**
Einkaufstraße im Veedel / Barockhaus Balchem
4. **Severinskirche**
Römischer Friedhof / Der halbe Bischof Severin
5. **Kartäusergasse**
Kartause und Mönche / »Der rote Pfarrer« Georg Fritze
6. **Kartäuserwall 22**
Arme Leute an der Mauer
7. **Elsaßstraße**
Arbeiterunterkünfte / Bunkerbild / Bewohner gegen SA
8. **Zugweg**
Wasserwerk / Industriearchäologie
9. **Bonner Wall 114-120**
Festungsgefängnis / Matrosenaufstand
10. **Hindenburg- alias Friedenspark**
Dolchstoßlegende / Kriegervereine und Bauspielplatz
11. **Oberländer Wall**
Professorin Amalie Lauer
12. **Claudiusstraße**
Alte Universität / Bücherverbrennung / Gauleiter Grohé
13. **Trajanstraße**
Irmgard Keun
14. **Ubierring**
Ortsleitung der NSDAP / Bottmühle und Falken
15. **Stollwerckgelände**
Süßwarenfabrik seit über 100 Jahren / Krise und Spekulation / Renatus Rüger und Hans Imhoff / Stollwerck-Besetzung
16. **Zugasse**
Ausländer im Viertel / Besetztes Haus Zwirnerstraße
17. **Buschgasse**
Geländer als Denkmal / Trinkwasser »An der Eiche«
18. **Exkurs zur Elendskirche**
Friedhof der Fremden / Giacomo Casanova und Maria de Groote / Liebe in der Kirche / Chinesischer Mandarin und katholische Sekte
19. **Exkurs zur Severinsbrücke**
Altes Gewerkschaftshaus und Arbeiterbewegung / Massendemonstrationen bis 1933
20. **Wirtschaft alternativ**
Die neuen Geschäftsleute in der Südstadt / Abfüllstationen als Gastronomie

Rund um den Chlodwigplatz

Ein altes Viertel mit jungen Spekulanten

Start an der Severinstorburg / Chlodwigplatz – Dauer der Wanderung je nach eingeschlagenen Seitenwegen 2 bis 4 Stunden – Ende wieder am Tor

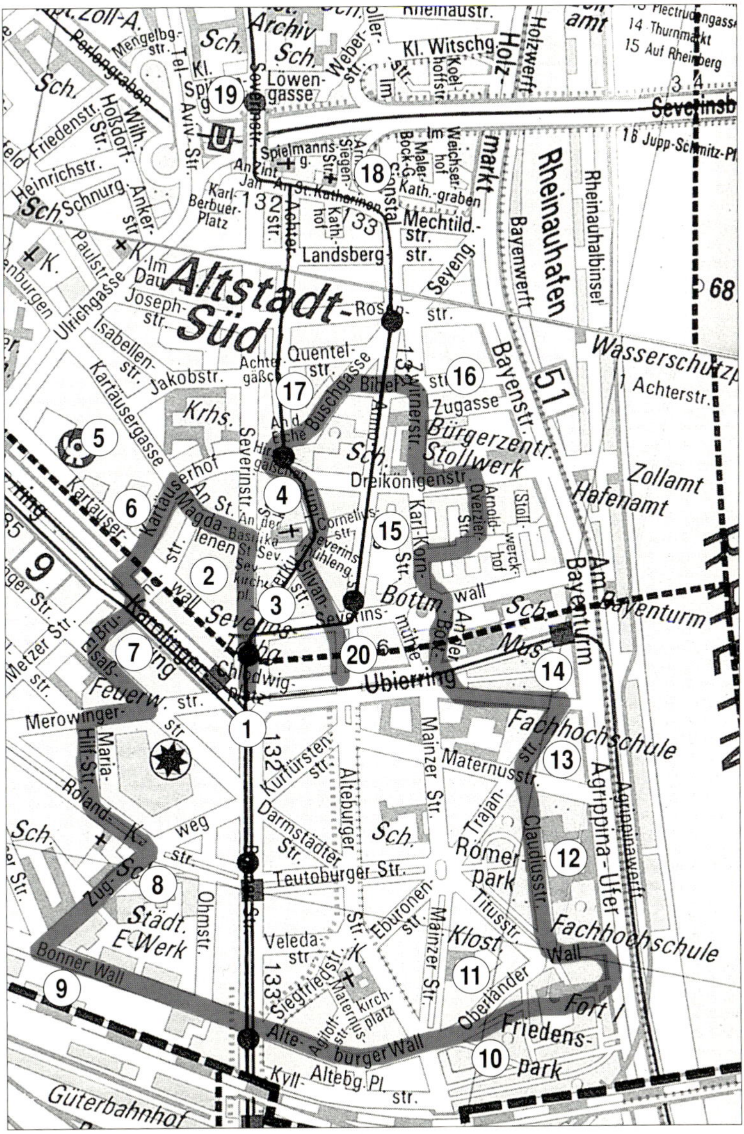

Der Name »Vringsveedel«, wie die Kölner das Severinsviertel nennen, hat nichts mit dem früheren Kardinal Frings zu tun, sondern mit einem frühen Vorgänger, dem Heiligen Severin, einem der ersten, aber legendären Bischöfe in Köln. Man muß indes das Wort im Mund einige Male hin und her wälzen, bevor man das maulfaule kölsche Idiom erkennt. Der Name taucht in der Hauptstraße des Viertels auf und in einigen Seitengassen, nach ihm wurden die Kirche und eine Krawattenfabrik benannt, Severin ist einer der beliebtesten Stadtheiligen, und trotzdem ist er als Namenspatron heutzutage aus der Mode gekommen: Kaum drei Dutzend von 10.000 Köln-Kids pro Jahr werden noch Severin genannt.

Das Viertel wurde, ähnlich wie der Eigelstein im Norden (siehe Wanderung 6), durch die römische

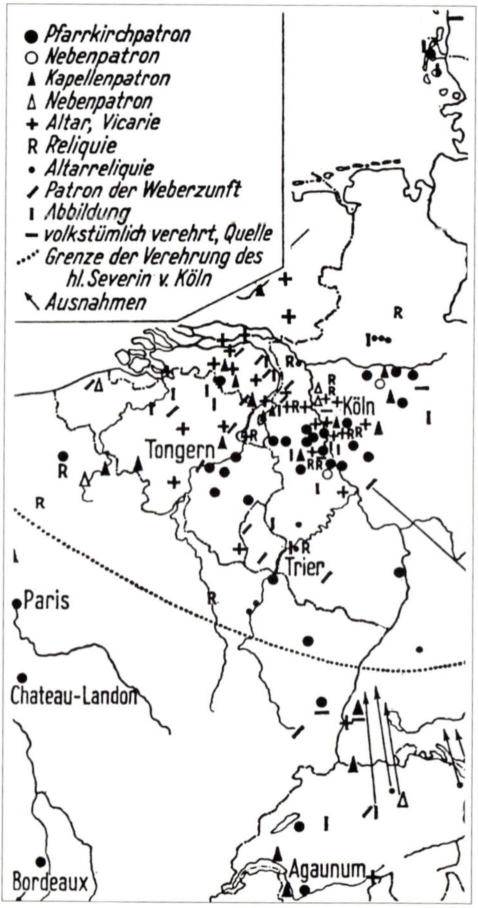

Von Köln aus als Export in halb Europa: die Verehrung des Heiligen Severin.

Stadtentwicklung geprägt. Die zentrale Achse mit Transportgewerbe und Gastronomie diente als Ausfallstraße für Handel und Militär und zur Ansiedlung emittierender Gewerbe vor der Stadt. Wie bei den anderen Landstraßen säumten Gräber und Friedhöfe den Weg. Das berühmte Poblicius-Denkmal, heute im Römisch-Germanischen Museum, vom Domplatz aus durch die Scheiben zu bewundern, wurde am Chlodwigplatz ausgegraben. Im Mittelalter prägten dann Kirchen und Klöster das Viertel, von deren Bewohnern wurden ausgedehnte Acker- und Grünflächen im Hinterland kultiviert. Bis zum Ende des 18. Jahrhunderts war das Vringsveedel auch Kölner Weinbaugebiet.

Erst die frühkapitalistische Industrialisierung veränderte die alte Gestalt. Fabriken zogen in die säkularisierten Kirchen und Klöster ein, Häuser und Wohnungen wurden in den ehemaligen Gärten gebaut. Im Severinsviertel lebte im 19. Jahrhundert das Kölner Industrieproletariat; die nahen Hafenbetriebe, Eisenbahn und Fabriken forderten billige und ungelernte Arbeitskräfte. Felten & Guilleaume, die Bindfadenfabrik Rosenthal, die Schokoladenfabrik Stollwerck oder die Akkumulatorenwerke Gottfried Hagen, Zuckerraffinerien und Baumwollspinnereien bestimmten das Viertel. Die im Gefolge der Industrialisierung einsetzende Bevölkerungsexplosion ließ die Einwohnerzahl in kurzer Zeit von 2.000 auf 20.000 hochschnellen. Die bauliche Verdichtung begann im alten Stadtgebiet und weitete sich dann ab den 1880er Jahren auch außerhalb der Mauern in die sogenannte Neustadt aus. Bis in die jüngere Zeit war das Severinsviertel durch seinen proletarisch bis kleinbürgerlichen Charakter geprägt, doch macht sich seit den 1970er Jahren mit Sanierung, Umwandlung in Eigentumswohnungen und ausgedehnte Gastronomie eine neuerliche einschneidende Veränderung bemerkbar.

Günter Eich

SOUVENIR

Eine dicke Taube
Severin
haben wir mitgenommen.
Sie geht auf unserm Tischtuch
umher
hungrig und sagt:
Westsee.
Und sie hört schlecht.

Severinstorburg

1

Das ehemalige südliche Stadttor ist einer der wenigen Teile der alten Befestigung, die öffentlich zugänglich und nicht im Besitz eines Karnevalsvereins sind. Nach der Restaurierung lange als Depot genutzt, setzte 1975 das typisch kölsche Gerangel und Geklüngel darum ein, welcher Karnevalistenclub dieses Tor unter seine Fittiche bekommen würde. Durch eine erfolgreiche Liaison zwischen Jusos und Bürgerinitiativen wurden diese Pläne jedoch zu Fall gebracht. Heute ist die Severinstorburg für jedermann und jede Frau da. Sie ist bewirtschaftet, ab 60,– DM pro Etage zu mieten, und so wechseln sich hier die türkische Hochzeit mit einer sozialdemokratischen Parteiversammlung oder dem kölschen Krätzchenabend ab. Der Wirt ist übrigens Jean Jülich, einer der Kölner Edelweißpiraten, die sich als Jugendliche der Hitlerjugend widersetzten und Widerstand gegen das Regime leisteten.

Tor und Platz spielen für das organisierte Brauchtum eine wichtige Rolle, wenn an Weiberfastnacht nachmittags um 3 Uhr von dem grünweißen Reiterkorps Jan van Werth die berüchtigte Liebesromanze zwischen »Jan und Griet« nachgespielt wird und anschließend der erste Karnevalsumzug der Saison beginnt.

Aber der Platz ist auch immer ein urbanes Zentrum, Treffpunkt im Viertel, Haltestelle und Gesprächsort. Hier fand am 9. November 1992 das legendäre Konzert der Kölner Rockmusiker gegen Ausländerhaß und Fremdenfeindlichkeit statt, und hierbei wurde zum ersten Mal vor über 100.000 Teilnehmern das Lied »Arsch huh, Zäng ussenander« angestimmt.

Kartäuserwall 18

(2)

Nur wenige Schritte vom Tor, am Kartäuserwall 18, ist das letzte Überbleibsel der legendären Stollwerckbesetzung aus dem Jahre 1980 zu besichtigen. Nachdem die BesetzerInnen seinerzeit freiwillig die Fabrik räumten, nahmen sich einige der wohnungslosen jüngeren »Stollwercker« ein paar Wochen später dieses Gebäude und hielten es mehr als 10 Jahre lang besetzt. Erst in den 90er Jahren wurde es nach einem zähen Deal der Grünen mit der SPD legalisiert, gründlich renoviert und mit modernen Zu- und Aufbauten erheblich ausgebaut. Früher gehörte der Komplex

Das Schwulen- und Lesbenzentrum »SCHULZ«.

zu einer Brauerei, verbunden mit dem benachbarten »Haus Balchem« in der Severinstraße, die aber schon 1930 geschlossen wurde. Inzwischen leben in dem verjüngten Bau fast drei Dutzend Menschen, einige davon sind noch die alten Besetzer. Es gibt einen Second-Hand-Laden, eine Fahrradwerkstatt, kleinere selbstverwaltete Betriebe, ein Café sowie im Keller den Rocktunnel. Vor allem aber ist hier die zentrale Kontaktstelle der Kölner Schwulen- und Lesbenszene, das Schwulen- und Lesbenzentrum SCHULZ mit seinen Büros der sozialen, kulturellen und politischen Projekte und Initiativen. Hier wird das monatliche Infoblatt erstellt, und von hier startete Anfang der 90er Jahre auch die jährliche und inzwischen riesige Parade mit mehreren Zehntausend Schwulen und Lesben und Hunderttausenden Besuchern am ersten Sonntag im Juli, dem Christopher Street Day.

Severinstraße / Haus Balchem

3

Die Severinstraße gilt mit ihren Einzelhandelsläden, den Geschäften des täglichen Bedarfs und alteingesessenen Kauffrauen und -männern noch als eine der lebendigsten Einkaufsstraßen der Stadt. Das kurze Stück vom Tor bis zur Kirche zeigt trotz allen Veränderungsdrucks durch Modeläden und Filialen von Handelsketten ihren urbanen Charakter. Aber auch hier läßt sich schon die »Hebung der Kaufkraft« nach der Sanierung registrieren: Niedeckens Lebensmittelladen an der Ecke zum Kartäuserwall machte einem Reisebüro Platz; und der alteingesessene »Eisen Wahl« (ehemals Severinstr. 76), bei dem man auch schon mal eine einzelne Schraube bekommen konnte, verschwand, als der alte Besitzer keinen geeigneten Nachfolger finden konnte.

Ob Severinstraße oder anderswo: der antisemitische Ton war überall der gleiche.

»Haus Balchem« in der Nr. 15 wurde 1676 als Mietshaus errichtet, später von dem Bierbrauer Heinrich Deutz übernommen und ist heute das einzige erhaltene barocke Wohngebäude Kölns. Ursprünglich war es ein Kaufmannshaus mit den Wohnräumen im Hochparterre und den Lagerräumen in drei Etagen darüber. Heute ist darin eine Zweigstelle der Stadtbücherei untergebracht. Im Inneren der Bücherei sind die Schmuckdecke und die originale Wendeltreppe aus dem Barock zu besichtigen.

Severinskirche

(4)

Keine Kölner Kirche steht auf einem archäologisch derart gut erschlossenen Boden wie St. Severin. Die Reste einer christlichen Friedhofskapelle aus dem vierten Jahrhundert sind noch unter dem Kirchenboden erhalten, umgeben von einem Labyrinth römischer, ubischer, fränkischer und christlicher Grabstätten, die freigelegt und zugänglich sind. Mindestens acht Etappen zählt die Baugeschichte bis zum heutigen Tag, und ihre Spuren sind an und in der Kirche zu entdecken. Wenngleich St. Severin eine deutlich gotische Gestalt hat, wird der Bau wegen des Grundrisses zu den romanischen Kirchen gezählt.

Der Namenspatron Severin wird als dritter Bischof in Köln gezählt. Da er für die Durchsetzung

Ausgrabungen in der Westapsis von St. Severin: die billigen Gräber in der hinteren Reihe.

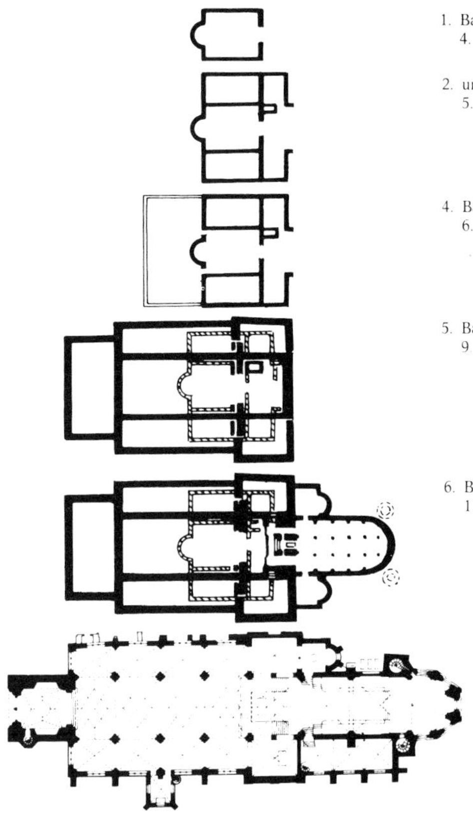

Die Kirche St. Severin kennt zahlreiche Baustufen seit der Errichtung der ersten Friedhofskapelle im 4. Jahrhundert.

der neuen Religion »Christentum« eine entscheidende Rolle gespielt haben soll, genießt er neben Ursula und Gereon besondere Verehrung in der Stadt. Im Chor der Kirche hängt ein zwanzigteiliger Bilderzyklus über den Heiligen, der um 1500 von einem nicht bekannten »Meister von St. Severin« gemalt wurde. Kurz der Inhalt der Legende:

Auf den ersten drei Bildern geht es um den Kampf gegen die sogenannte Irrlehre der Arianer, frühchristliche Häretiker, die den Sohn Jesus gleichberechtigt neben den Vater Gott stellten, mit dieser Theologie aber unterlagen und verfolgt wurden, als das junge Christentum zur Staatsreligion und damit selber zur Autorität avancierte. Nach der Legende waren die Arianer im Rheinland offensichtlich weit verbreitet, denn selbst Bischof Euphrates zählte zu ihren Anhängern. Aber der wird abgesetzt (Bild 1), und an seine Stelle rückt Severin (Bild 2), der umgehend dem Kirchenvolk den »rechten« Glauben predigt (Bild 3).

Als Belohnung für lebenslänglichen Verzicht darf der Rentner mit Severin am Tisch sitzen.

Die nächsten beiden Bilder stellen die Sequenz der Legende dar, nach der Severin in Köln den fernen Tod des Heiligen Martin visionär gesehen (Bild 4) und dessen »Himmelfahrt« durch Engel mitempfunden hat (Bild 5).

Es folgt die Geschichte von einem reichen jungen Mann, der eine schöne Braut bei der Hochzeit sitzen läßt (Bild 6) und als Belohnung für seine lebenslange sexuelle Askese als alter Mann an Severins Tisch geführt wird (Bild 7). Bild 8 zeigt den Heiligen als Zauberer, der Blinde, Lahme und Kranke heilt.

Der umfangreichste Teil ist die nun folgende Bordeaux-Geschichte: Severin träumt davon, in seine Vaterstadt Bordeaux zurückzukehren (Bild 9). Er tut es (Bild 10), vollbringt erneut Wunder (Bild 11) und stirbt bald darauf (Bild 12). Sein Kollege Bischof Amandus begräbt ihn (Bild 13), und schon bald erweisen sich die Reliquien als mächtige »Geheimwaffe« gegen Feind und Not. Als die Goten die Stadt angreifen und die Bordeauxer ihnen Severins Schrein entgegenhalten, verfinstert sich plötzlich der Himmel, und die Belagerer laufen panisch davon (Bild 14).

Die Bildergeschichte fährt fort mit einer neuen

Der Schrein erweist sich als Geheimwaffe, die Feinde ziehen ab.

Sequenz: Drei Jahre lang hat es in Köln nicht mehr geregnet, die Felder sind verdorrt, das Vieh verdurstet (Bild 15). Da träumt ein Domvikar, er solle die Reliquien Severins aus Bordeaux zu Hilfe holen (Bild 16). Die Franzosen lehnen natürlich entschieden ab (Bild 17). Schließlich bekommen die Kölner nach vielem Bitten und zahlreichen Geschenken den halben Bischof Severin (Bild 18). Sie bringen ihn sofort nach Köln, und tatsächlich beginnt es umgehend zu regnen (Bild 19). Zum Dank wird der Schrein im Chor der Severinskirche aufgestellt (Bild 20).

Die Lösung mit der halben Leiche ist clever gewählt, da die Kölner so einem Streit mit Bordeaux aus dem Wege gegangen sind, wo ebenfalls bis zum heutigen Tage ein Sarg mit den sterblichen Überresten eines Bischofs Severin gezeigt und verehrt wird. Während der Schrein in der französischen Kirche St. Amand in Bordeaux unter dem Hauptaltar liegt, steht der Kölner hinter dem Hochaltar auf vier romanischen Säulen, zwischen denen eine Bittprozession jeden Montagabend bei der sogenannten Hörnchensmesse unter dem Sarg hindurchgeht. In diesem Brauch lebt der Glaube von der »Ausstrahlung« der heiligen Kno-

In St. Amand in Bordeaux stößt man auch auf Severin – als Bischof und als Reliquie.

chen, durch deren Kontaminationsfeld man hindurch wollte, um so an ihrer »energetischen Kraft« zu partizipieren.

Severin war in ganz frühen Jahrhunderten die zentrale Propagandafigur im kölschen Olymp der Heiligen. Es gab in ganz Europa Altäre, Kirchen, Prozessionen und Figuren, die seinem Patronat gewidmet waren, und er lebt noch nachvollziehbar in dem dänischen Namen »Sören« oder »Sörensen« fort. Die Verbreitung hängt wohl damit zusammen, daß er, als Nachfolger des heidnischen Wettergottes, als zuständiger Heiliger für gutes Wetter und damit entscheidend für Ernten und Fruchtbarkeit verehrt wurde. Erst der Raub der Gebeine der Heiligen Drei Könige und deren neuer Kult im 13. Jahrhundert verdrängte Severin von der ersten Stelle der kölschen Patronate.

Bis zur Säkularisation gehörte die Kirche St. Severin zu einem vermögenden Herrenstift mit umfangreichem Grundbesitz innerhalb und außerhalb der Stadt. Der Kreuzgang und die Stiftsgebäude um einen stillen Innenhof im Norden sind teilweise noch erhalten. In der Mitte des südlichen Seitenschiffs erinnert in einer kleinen Gebetskapelle eine Gedenktafel an den von den Nazis 1939 im KZ ermordeten Kölner Katholiken und Professor Benedikt Schmittmann.

Kartäuserkloster / Der rote Pfarrer

5

In dem ehemaligen Kartäuserkloster befindet sich heute das Verwaltungszentrum der evangelischen Kirche Kölns mit Melanchthonakademie, Jugendpfarramt, kirchlichem Archiv und weiteren protestantischen Einrichtungen. In der angeschlossenen Gemeinde arbeitete in den 20er Jahren ein stadtbekannter Sozialist und Pazifist: der Pfarrer Georg Fritze. Schon vor dem Ersten Weltkrieg hatte Fritze sich in der Friedensbewegung engagiert und trat nach der Novemberrevolution der SPD bei. »Der rote Pfarrer«, wie er bald hieß, gründete den »Bund der religiösen Sozialisten« Kölns und engagierte sich in den politischen Auseinandersetzungen der Weimarer Republik. Als Antifaschist wurde er seit 1933 durch die Nazis denunziert, bespitzelt, öffentlich angefeindet und verfolgt. Am tiefsten allerdings traf ihn

Der »rote Pfarrer« Georg Fritze mit dem Fahrrad bei Hausbesuchen im Vringsveedel.

Evangelische Gemeinde Köln

5 Köln 1, den 22.1.1981
Antoniterstraße 14-16
Postfach 290224
Fernsprecher 212423 und 215568

Konten:
Stadtsparkasse Köln (BLZ 37050101)
Kto.-Nr. 7702012
Postscheckkonto Köln 5010-509

Erklärungen zu Pfarrer Georg Fritze

1. Beschluß des Presbyteriums vom 28./11.1980:

"Auch nach 40 Jahren kann das Presbyterium der Gemeinde Köln nur mit Beschämung an die Seite der damaligen Gemeindeleitung treten, wenn in unserer Gemeinde das Gespräch auf das Schicksal von Herrn Pfarrer Fritze kommt.

Wir erklären, daß es nicht recht war, die Entfernung aus dem Amt anzustreben, als Herr Pfarrer Fritze den "Eid auf den Führer" aus seiner religiösen und theologischen Überzeugung heraus verweigerte.

Zwar hat es seit 1945 immer wieder in unserer Gemeinde einzelne Stellungnahmen und Darstellungen über Pfarrer Fritze gegeben, doch können wir nun die Veröffentlichung eines Buches mit einer ausführlichen Darstellung und Würdigung dieses Pfarrers unserer Gemeinde nur begrüßen."

2. Beschluß des Presbyteriums vom 12./12.1980

Das Presbyterium beschließt einstimmig folgende Inschrift:

Bibeltext: 1.Tim. 6 Vers 12

Kämpfe den guten Kampf des Glaubens;
ergreife das ewige Leben
dazu du auch berufen bist
und bekannt hast das gute Bekenntnis
vor vielen Zeugen.

"In Dankbarkeit zur Erinnerung an Pfarrer Georg Fritze, der vom 24.04.1916 bis zu seiner unrechtmäßigen Entfernung aus dem Amt am 17.10.1938 in unserer Gemeinde den Dienst am Worte Gottes versah."

LASST UNS EINANDER LIEB HABEN 1. JOH. 4 V. 7 … KÖLN

Rainer Dieball, Pfarrer
Vorsitzender des Presbyteriums

der Verrat seiner eigenen Mitchristen. Ob Hakenkreuzfahne, Hitlergruß, Nationalismus in Predigt und Unterricht und schließlich den Eid auf den Führer – das meiste machten die evangelischen Amts-Brüder mit. Fritze wurde in den eigenen Reihen denunziert, verfolgt und schließlich krank vor Gram. Er starb nach der Amtsenthebung im Jahre 1939 an Herzversagen.

In den 80er Jahren diente der Gemeindesaal der Kartäuserkirche als Gründungsort und Treffpunkt der Kölner Friedensbewegung gegen die Stationierung atomarer Mittelstreckenraketen.

Der Weg führt weiter durch die Kartäusergasse, Ulrichgasse und den Kartäuserwall, um das Areal des Klosters herum, vorbei an den alten Ziegelmauern. An den vier Ecken erinnern Figurengruppen an die Grenzen des Immunitätsbezirks.

Kartäuserkirche – Bau eines strengen Ordens.

Am Haus Kartäusergasse 5 ist die Figur des »Heiligen Severin« zu sehen (der an dieser Stelle übrigens die Vision vom fernen Tod seines Freundes Martin hatte – sagt die Legende). Ein wenig von der Art der alten Kartause ist auf dem weiten Gelände noch zu erkennen. Die Neu- und Umbauten haben den historischen Charakter des Ortes nur wenig entstellt.

Kartäuser gelten als sehr strenge Ordensgemeinschaft, deren Mitglieder das »immerwährende Stillschweigen« geloben und ein Leben in völliger Armut führen müssen. Ihre Ordensregel verlangt eine weiträumige Anlage, denn die Mönche leben wie Einsiedler in separaten Zellen (Eremitagen), an die sich jeweils ein kleiner Garten anschließt. Hinzu kommen Gemeinschaftsräume wie die Kirche, der Kreuzgang um den Friedhof und der Kapitelsaal, der einzige Ort, an dem die Kartäuser miteinander sprechen dürfen.

Kartäuserwall 22

6

Die inneren Wallstraßen, die Gassen direkt hinter der Stadtmauer, waren im 19. Jahrhundert eine schlecht beleumdete Adresse. An den Festungsanlagen bei den Soldaten lebten die armen Leute, hier blühte die Prostitution, und hierhin kam als letztes die Straßenbeleuchtung. Das Haus am Kartäuserwall 22 dokumentiert einen letzten Rest davon. Bei der Restauration wurde das zweistöckige Arbeiterhaus von außen wieder in seinem alten Zustand hergestellt: unverputzte Ziegelwände, nur gekalkt, mit ungleichmäßigen Steinen – das war dritte Wahl. Damit sich das für den heutigen Hausbesitzer »rechnete«, durfte er bei

Die Armen wohnten in den billigen Häusern hinter dem Wall.

der Restaurierung drei Etagen in das hohe Dach obenauf setzen.

Elsaßstraße / Hochbunker und Elsaßkaserne

7

Durch die Brunostraße geht es quer über den Ring in die Neustadt. Dabei sieht man deutlich die Trennungslinie zwischen Alt- und Neustadt sowie den Unterschied zwischen der repräsentativen Bürgerhaus- und Villenbebauung an den Ringen (etwa entlang des Sachsenrings) und den Massenquartieren in den Straßen dahinter.

Auch Mietskasernen stehen heute unter Denkmalschutz: die Elsaßkaserne von F&G.

Die Häuser der Elsaßstraße dienten schon vor dem Ausbau der Neustadt als Arbeiterquartiere für die nahe Fabrik von Felten & Guilleaume. Mit der Nr. 61 bis 63 ist eine ehemalige F&G-Mietskaserne erhalten geblieben, die inzwischen unter Denkmalschutz steht. Auch zahlreichen anderen Häusern in der Straße ist ihre ursprüngliche Funktion als Arbeiterunterkunft anzusehen, wie z.B. auf der anderen Seite dem Haus Nr. 48 oder der Nr. 59, ebenso den Eckhäusern zur Merowingerstraße: Ziegelsteinfassaden mit einfachen Simsen und spärlichstem Dekor verraten die billige Bauweise. Bisweilen stehen diese Mietshäuser in einer Front mit den Bürgerwohnungen, doch man kann am Material oder am Fassadenschmuck deutlich die Unterschiede erkennen.

Mitten zwischen den Wohnhäusern der Elsaßstraße leuchtet die gelb gestrichene Betonwand eines Hochbunkers aus dem Zweiten Weltkrieg. Im Jahre 1986 wollten die Stadtteilpolitiker die damals noch graue Fassade bemalen lassen und schrieben einen Künstlerwettbewerb aus, wobei explizit »Friedenssymbole und der antifaschistische Kampf der Bevölkerung der Elsaßstraße« verlangt waren. Der Hintergrund: In dieser Straße hatte es am 3. März 1933, noch vier Wochen nach der Machtergreifung Adolf Hitlers, eine heftige Straßenschlacht zwischen Nazis und Anwohnern gegeben. Abends um sieben Uhr versuchte die SA, in die Straße einzumarschieren, um in diesem traditionell linken Wohngebiet zwei Tage vor der Reichstagswahl die Bevölkerung einzuschüchtern. Doch die Nazis wurden mit einem Hagel von Flaschen, Blumenvasen, Pißpötten und ähnlichen Wurfgeschossen aus den oberen Etagen der Häuser empfangen. Die begleitende Polizei eröffnete das Feuer auf Fenster und Dächer, setzte mehrere Überfallkommandos und einen Panzerwagen ein und riegelte das ganze Viertel ab. Der Kölner Polizeipräsident Lingens begab sich persönlich an den Ort des Geschehens. Bis Mitternacht dauerten die Kämpfe, dann hatte die Polizei über siebzig Personen verhaftet. Einige der Festgenommenen wurden später im KZ ermordet.

Aber die geplante Bunkerbemalung, die an diese Geschichte erinnern sollte, scheiterte. Nach dem zuständigen Bundesvermögensamt lehnte auch der Bundesfinanzminister einen preisgekrönten Entwurf ab, das Bild sei »zu

Augenzeugenbericht von Josef Oellers, geboren 1919 in der Elsaßstraße:

»Damals war ich 13 Jahre und ging noch zur Schule. Am 3. März 33 sprach sich wie ein Lauffeuer herum, daß am Abend erstmalig die SA durch unsere Straße ziehen wollte – mit einem Fackelzug. Es war bis dahin noch keinem Nazi gelungen, in die Elsaßstraße zu kommen, ohne schwer verprügelt zu werden. Einige hatten es schon mal versucht, mit Abzeichen unter dem Revers. Alles bereitete sich vor, so gut es ging. In die Wohnungen wurden die Ascheneimer heraufgeholt und Steine gestapelt. Einige wurden auf die Dächer geschickt. Da lag auch ich, als so um acht, halb neun der Fackelzug eintraf. An der Straßenecke standen die Boxer aus der Straße und sonstige Leute, die sich wehren konnten. Der Zug war fast bis zur Hälfte reingekommen, da gab es plötzlich eine wilde Keilerei. Plötzlich fiel ein Schuß – das war P., der damals ein ganz berüchtigter Polizist war –, und alles stob auseinander. Wir schmissen dann noch weitere Gegenstände aus den Fenstern und von den Dächern auf die SA. Aber dann kam ein Panzerspähwagen aus der Polizeikaserne am Zugweg. Mit Maschinengewehr. Die ganze Straße wurde unter Feuer genommen, in die Fenster rein – überall waren Einschüsse.«

Dreimal neu gemalt: Das Bild von Klaus Payer erinnert an die »Schlacht in der Elsaßstraße«.

politisch«. Der Bau wurde gelb gepinselt, bis sich kurze Zeit später der Künstler Klaus Payer ohne Auftrag und ohne Wettbewerb in einer Nacht ans Werk machte und die Fassade mit seiner Interpretation der Ereignisse vom 3. März schmückte. Die Behörden reagierten umgehend, das Bild wurde überpinselt, ein zweites Mal neu gemalt und wieder überpinselt. Und inzwischen ist die dritte Fassung zu sehen, nach öffentlichen Protesten und im Rahmen eines antifaschistischen Straßenfestes vor Hunderten feiernder Demonstranten erneuert.

Die sogenannte »Elsaßkaserne«, die Hausnummer 45/47, war die größte Wohnanlage für die Proletarier der Südstadt. Anfang der 90er Jahre wurden diese auch als »Kolonie« bezeichneten Bauten hergerichtet, saniert und mit Sozialwohnungen zum Festpreis ausgestattet. Vor 100 Jahren geplant und gebaut, war die »Elsaßkaserne« der eine Flügel einer hufeisenförmigen Anlage, über deren Hof heute noch die Reste der nahen Fabriken zu sehen sind.

Hier an der Elsaßkaserne an der Ecke Nr. 45/47 findet man auch eine Gedenktafel, die an die Straßenschlacht zwischen Anwohnern und Polizei erinnert.

Zugweg / Bonner Wall / Wasserwerk

8

Im Zuge der Stadterweiterung um die Neustadt herum mußten im letzten Jahrhundert Infrastruktureinrichtungen wie Schulen, Feuerwehr und auch das Elektrizitäts- und Wasserwerk am Zugweg geschaffen werden. Die erhaltenen technischen Gebäude des Werkes sind in der Industriearchitektur der Gründerzeit gestaltet und stehen sämtlich unter Denkmalschutz. Der umfas-

Prunkvolle Industriearchitektur des 19. Jahrhunderts: das Wasserwerk am Zugweg.

sende Gebäudekomplex ist überwiegend mit roten oder gelben Ziegeln gestaltet und knüpft in seiner Formensprache an sakrale, manchmal auch feudale Vorbilder von Kirchen und Burgen an. Vom Bonner Wall aus sind die neuromanischen Fenster zu sehen oder im Eingangsbereich am Zugweg ein Einlaufhaus (1900), das die mittelalterlichen Stadttore imitiert. Während die Industriearchitektur unseres Jahrhunderts sich eher an der Funktion der Gebäude orientiert und diese auch nach außen sichtbar werden läßt, wurden Gewerbebauten im letzten Jahrhundert eher nach Symbolen und ideologischen Metaphern errichtet.

Das Wasserwerk in der Südstadt ist heute noch in Betrieb, beschäftigt etwa 300 Menschen und versorgt die Innenstadt mit Trinkwasser.

Bonner Wall 114-120: Festungsgefängnis / Matrosenaufstand

Der Bonner Wall war im 19. Jahrhundert teilweise preußisches Festungsgelände und unter der Hausnummer 114-120 firmierte das »Festungs-Gefängnis«. Im Jahre 1917, im letzten Kriegsjahr, verbrachten hier Max Reichpietsch und Albin Köbis, zwei »Rädelsführer« der ersten Marinemeu-

Die Gräber der revolutionären Matrosen werden von der Bundeswehr behütet.

9

Albin Köbis' letzter Brief:

»Liebe Eltern, ich bin heute den 11.9.17 zum Tode verurteilt, nur ich und noch ein Kamerad, die anderen sind zu 18 Jahren Zuchthaus begnadigt worden. Warum es uns so ergeht, werdet Ihr ja gehört haben. Ich bin ein Opfer der Friedenssehnsucht, es folgen noch mehrere. Ich kann der Sache nicht mehr Einhalt gebieten, es ist jetzt 6 Uhr morgens, um 6.30 Uhr werde ich nach Köln gebracht und Mittw. d. 12.9. 4 Uhr morg. falle ich, ein Opfer der Militärjustiz. Ich hätte Euch gern noch mal die Hand zum Abschied gedrückt, aber ich werde stillschweigend erledigt. Tröstet Paula und meinen kleinen Fritz. Ich sterbe zwar nicht gern so jung, aber ich sterbe mit einem Fluch auf den deutsch. Militärstaat. Das sind meine letzten Zeilen. Vielleicht bekommst Du und Mutter diese einmal zugesandt. Auf immer Euer Sohn

Lieber Kamerad! Wenn Du solltest bald die Freiheit bekommen, so sende dieses an Herrn Karl Köbis. Berlin-Reinickendorf, Hauffestr. 16.«

terei aus Kiel, ihre letzte Nacht, bevor sie in der Wahner Heide, vor den Toren der Stadt, erschossen wurden.

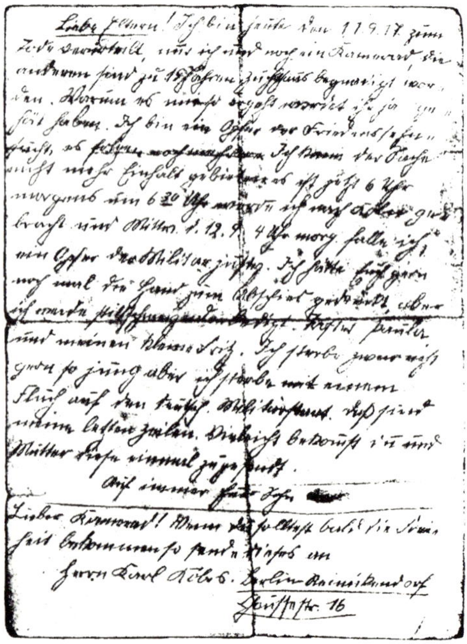

Ein Gedenkstein aus der Weimarer Zeit im Fliegerhorst Wahn. Damals waren beide noch bekannt.

Den Hintergrund für dieses Ereignis lieferten Hunger und Elend des »Kohlrübenwinters« 1916/17, bei dem Hunderttausende an Unterernährung und Seuchen starben. Im Frühjahr kam es in zahlreichen Großstädten zu Hungerdemonstrationen, die auf die Marine übergriffen. Das Flottenkommando ließ daraufhin zehn aufständische Matrosen verhaften und zum Tode verurteilen. Aber nur die Urteile gegen Max Reichpietsch (23) und Albin Köbis (25) wurden in Köln vollstreckt, die anderen Verurteilten in der Weimarer Republik rehabilitiert. Während in den 20er Jahren der Ort des Doppelmords in der Wahner Heide eine bekannte Gedenkstätte für Kommunisten und Sozialdemokraten war und einen eigenen Gedenkstein bekam, tut sich die Traditionspflege in der Bundesrepublik mit diesem Erbe einigermaßen schwer. Das Grab auf dem alten Militärfriedhof der Garnison Wahn gehört mittlerweile zum Kasernenbereich der Bundeswehr, und die achtet peinlich darauf, keine Besucher an die Gräber heranzulassen. Im Jahre 1958 gelang es allerdings einer kleinen Delegation von Jusos, Kriegsdienstverweigerern und Falken, ihre Kränze am Grab niederzulegen. Zur »Sicherheit« hatte der Standortkommandant vorher scharfe Munition an die Wachen ausgeben lassen, wie die Presse seinerzeit berichtete.

Hindenburg- alias Friedenspark

(10)

Der Weg führt jetzt am südlichen Rand der Neustadt entlang und folgt dem Bahndamm in Richtung Rhein. An der Ecke Alteburgerwall/Siegfriedstraße blickt ein steinernes Heldenpaar überlebensgroß auf die Wanderer hinab, eine Figurengruppe des Wohnhauskomplexes aus dem Jahre 1923. Auch dies wieder ein Beispiel dafür, daß heldische Ästhetik und Stimmungsarchitektur nicht erst 1933 mit der Machtergreifung begannen.

Markanter noch ist dieselbe Gesinnung am nahen »Hindenburgdenkmal« dokumentiert. Es stammt aus dem Jahre 1927 und ist ästhetisches Relikt der sogenannten »Befreiungsfeiern« nach dem Abzug der englischen Truppen 1926 aus Köln. Erst jetzt konnten in der Domstadt wieder nationale Denkmäler errichtet werden, wie dieses im Geist der »Dolchstoßlegende«. Die lateinische Inschrift unter dem Raubvogel, der aus Geschützen des Ersten Weltkrieges gegossen wurde, lautet »Numero Opressis – Mente Invictis«, zu deutsch: »Den von der Übermacht Geschlagenen – im Geiste Unbesiegten«. Und das ist genau die akademische Form der nationalistischen Lüge, die behauptet, die deutschen Soldaten seien nicht im Krieg geschlagen, sondern in der Heimat verraten worden. Mittelpunkt des Denkmals ist der sogenannte Ehrenhof mit Tafeln, die an die kölschen Kriegsregimenter erinnern. Inschriften wie: »Die Treue ist das Mark der Ehre«, »Sie suchten die Sonne« (zeitweilig darunter gesprüht: »und fanden den Tod«) oder »Im Tode für die Freiheit wurden sie frei« lassen diesen Ehrenhof zu einer Gruselstätte werden. Fundament des Denkmals ist das preußische Fort I, die südlichste Festung eines breiten Ringes von Militäranlagen um die Stadt herum, der im Norden mit dem noch voll

Der besondere Tip:

Bei Erschöpfung wird die Emporengaststätte in der nahen Großmarkthalle empfohlen; zu erreichen unter der Eisenbahn hindurch über die Bonner Straße rechter Hand: Marktstraße 10. Geöffnet ab 4 Uhr morgens bis 15 Uhr nachmittags. Ein Frühstück für etwa 20 Mark, das für zwei reicht. Der Sitz auf der Empore ist berühmt für den Blick auf das bunte Marktgewimmel.

Ein »deutsches« Paar am Alteburger Wall. Künstler unbekannt.

Ein »Heldenhof« feiert die sinnlos verheizten Opfer des Ersten Weltkriegs.

ständig erhaltenen Fort X endet. Nachdem sie ihre militärische Bedeutung verloren hatten, wurden die meisten abgerissen, einige umgebaut. Das frühere Fort I wurde schon 1914 in einen Park verwandelt, mit Rosen- und Steingärten auf den ehemaligen Wällen und in den Gräben. Heute treffen sich dort Bocciaspieler, der Motorradclub »Kuhle Wampe« hat hier sein Domizil, italienische Familien grillen im Sommer, und heimische Kletterer üben an den Mauern des Forts und am Denkmal alle alpinen Schwierigkeitsgrade. Einige ihrer Routen sind markiert wie: »der Hammer –

Das Fort als ideales Trainingslager für Kletterer.

Am Ende siegten die Kinder über die Soldaten. Heute ein Bauspielplatz.

Dir. FH III – Kombination kk – Traumtänzer – Schwarzes Loch – Radius 7«.

Mit der Gründung der Bundeswehr in den 50er Jahren kam am Denkmal eine alte Tradition der Kölner Kriegervereine wieder auf: die Heldengedenkfeier jährlich im November am Totensonntag. Aber im Jahre 1970 gab es Krach mit dem Stadtjugendring, der gegen den offensichtlich militaristischen Geist der alten und neuen Soldaten protestierte. Im darauffolgenden Jahr kamen die Jugendlichen der Heldenfeier mit einem taktischen Coup zuvor. Der Platz um das Denkmal herum wurde früh genug für einen Kindertag unter dem Motto »Wir bauen uns eine bunte Stadt« reserviert, und als die Krieger anmarschierten, die, auf ihr Gewohnheitsrecht vertrauend, die Feier nicht angemeldet hatten, fanden sie ihre Feierstätte besetzt. Seitdem feiert Mann in geschlossener Runde innerhalb der »Konrad-Adenauer-Kaserne« an der Brühler Straße, während aus der Aktion des Stadtjugendringes und einer Bürgerinitiative namens TRAB hier der erste Kölner Bauspielplatz entstanden ist. Später wurden auch die Räume im Innern renoviert und stehen den Kindern und Jugendlichen jetzt ständig zur Verfügung.

Der Name »Hindenburgpark«, der übrigens niemals offiziell beschlossen worden war, sondern sich durch die Schirmherrschaft des Reichspräsidenten bei der Einweihung 1927 eingebürgert hatte, wurde im Jahre der Friedensbewegung 1985 amtlich durch »Friedenspark« ersetzt.

Oberländer Wall 26

11

Gegenüber dem Kriegsvogel lebte in einem der sogenannten Professorenhäuser, die nach dem Ersten Weltkrieg für den Lehrkörper der nahen Universität errichtet wurden, in dem Haus Oberländer Wall 26 eine für Köln ungewöhnliche und trotzdem vergessene Frau: Amalie Lauer. Sie wurde 1882 in Frankfurt geboren, arbeitete als erste Handelslehrerin der Mainmetropole, promo-

Prof. Amalie Lauer, die erste Nationalökonomin Deutschlands, wohnte am Park.

vierte 1913 und übernahm im letzten Kriegsjahr 1917 die Leitung der Städtischen Wohlfahrtsschule in Köln. Prof. Dr. Lauer war die erste Nationalökonomin Deutschlands und saß für das Zentrum im Preußischen Landtag zu Berlin. Aber weder ihr Engagement in der christlichen Partei noch im katholischen Frauenbund hinderte sie an selbständigem und frauenspezifischem Denken. Ein Jahr vor der sogenannten Machtergreifung verfaßte sie als christliche Politikerin eine Schrift »Die Frau in der Auffassung des Nationalsozialismus«, in der sie die Leserinnen vor der biologistischen Bestimmung in der NS-Ideologie und vor der Rolle der Frau als »Gebärmaschine« warnte und insbesondere auf den zur Religion erhobenen Rassenfanatismus und das Herrenmenschentum mit seinen Haßgedanken hinwies. Die Nazis enthoben Frau Lauer 1933 ihres Postens, die Schrift wurde eingestampft, und sie lebte unter häufiger Bedrohung und Bespitzelung in Bensberg, wo sie ihren »Donnerstagszirkel« aufrecht erhielt, einen Diskussionskreis führender katholischer Frauen. Ansonsten lebte Amalie Lauer zurückgezogen und starb 1950.

Claudiusstraße / Alte Universität

(12)

Nordöstlich zwischen Friedenspark und Rhein liegt die »Alte Universität«. Geht man in der 600jährigen Universitätsgeschichte zurück, dann fällt eine große zeitliche Lücke auf: Von der Franzosenzeit (1794) bis zum Ersten Weltkrieg existierte keine Universität in Köln, die Preußen bevorzugten den Standort Bonn. Erst Konrad Adenauer setzte nach dem Ende der Preußenära und einer Unterbrechung von mehr als 120 Jahren die Wiedergründung durch. Neuer Sitz wurde die Handelshochschule, deren klassizistisches Gebäude 1905-07 von dem Architekten Ernst Vet-

Links oben die »Alte Universität«, rechts das »Siebengebirge« am Rhein, rechts unten das Hindenburg-Denkmal (Foto von 1930).

Ab 1934 residierte hier der Gauleiter: Aus seiner Zeit sind noch die Lampen an der Fassade übriggeblieben.

terlein entworfen worden war. Im Jahre 1933 ließ sich diese Universität unter freudiger Beteiligung zahlreicher Professoren und Studenten gleichschalten, und eine Reihe von Dozenten wurde aus rassischen oder politischen Gründen entlassen. Hier, auf der Claudiusstraße zwischen Park und Universität, fand auch Kölns erste Bücherverbrennung der neueren Zeit am 17. Mai 1933 statt, um die Studentenbibliothek von »undeutschem Schrifttum zu säubern«.

Mitte der 30er Jahre wurde eine neue Universität im Grüngürtel in Sülz gebaut, und in die »Alte Universität« zog die Gauleitung Köln/Aachen der NSDAP ein. Chef der Nazizentrale war der sogenannte »Gauleiter« Alfred Grohé. Dieser Teil der Geschichte des Hauses findet sich bislang in keinem Hinweis dokumentiert.

Trajanstraße / Irmgard Keun

13

Das Eckhaus Trajanstraße 10, »Haus Baden«, ist ein Wohnheim. Man erkennt es an der großen Klingeltafel mit über 80 einzelnen Namensschildchen. Hier lebte bis zu ihrem Tod im Jahre 1982 die Schriftstellerin Irmgard Keun. Der Kioskpächter auf der anderen Straßenseite erinnerte sich noch lange an die alte Dame, die gern flunkerte, Besucher und Journalisten zuerst nach einem Fläschchen Dornkaat schickte und deren

Die letzte Wohnung von Irmgard Keun in der Trajanstraße.

Antworten manchmal ganz andere Fragen voraussetzten als gestellt waren. Irmgard Keun wurde 1905 in Berlin geboren, wuchs aber in Köln auf und war in den 20er Jahren eine gefeierte Schriftstellerin mit ihren Romanen »Gilgi, eine von uns«, »Das kunstseidene Mädchen« und, wegen des Lokalkolorits für Köln hochinteressant, »Das Mädchen, mit dem die Kinder nicht verkehren durften«. 1933 mußte sie vor den Nazis ins belgische Exil fliehen, kehrte 1940 heimlich nach Deutschland zurück und lebte hier illegal bis zum Kriegsende. In der neuen Bundesrepublik wurde sie vergessen und lebte schlecht und ärmlich, bis es in den letzten Jahren vor ihrem Tod noch einmal zu einem literarischen Comeback kam.

Zu Köln hatte Irmgard Keun immer ein gemischtes Verhältnis, wie in ihrem Text von 1946:

»Die Ruinen und das Elend hier wären noch zu ertragen, aber die Luft wird immer stickiger. Der Parteikampf um Köln ist albern und grotesk, die Kirche dominiert. Alle Nazis strömen augenblicklich ernst und unbefangen in die Kirchen, als ob sie nie was anderes getan hätten. Wenn sie mit Leuten sprechen, behaupten sie, nie Nazis gewesen zu sein, und bedauern im gleichen Atemzug eifrig und naiv, den Krieg verloren zu haben.

Vom Fenster ging der Blick nach Osten auf den Rheinauhafen.

Leute, die angeblich früher keine Nazis waren, erklären dagegen offen, sie seien jetzt auf dem besten Wege, Nazis zu werden. Die Logik ist unklar. Wenn's mir schlechtgeht, ist das ja schließlich keine Veranlassung, nachträglich mit einem entlarvten notorischen Lustmörder zu sympathisieren. Es hat wenig oder gar keinen Sinn, einen Weg zu diesen Hirnen zu suchen.«

Ubierring / Bottmühle

(14)

Im dritten Stock des Hauses Ubierring 51, eines dreiachsigen Werksteinbaus aus dem Jahre 1906, waren Anfang der 30er Jahre Gau- und Ortsleitung der NSDAP untergebracht. Damals reichten noch die Räume einer einzigen Wohnung für die Verwaltung der Partei, die in Köln in den Jahren der Weimarer Republik zunächst im Schatten von Zentrum und SPD stand und nur wenige Wahlstimmen sammeln konnte. Erst nach der Wirtschaftskrise und den Wahlerfolgen 1931

Die einzige rote Fahne, die ständig über Köln weht: die Falken in der Bottmühle.

konnte die NSDAP ein ganzes Haus am Filzengraben beziehen und bezahlen.

Der grün bewachsene Turm (siehe Detailkarte rechts: A) nördlich des Ubierrings vor dem Stollwerckgelände, die sogenannte »Bottmühle«, beherbergt das Domizil der sozialistischen Jugendorganisation »Die Falken« und war ehedem eine Mühle, die auf erhöhtem Gelände unmittelbar hinter der Stadtmauer lag, selber aber nicht zur Stadtbefestigung gehörte. Der Turm wurde 1678 von dem renommierten italienischen Festungsbaumeister Johannes Pasqualini errichtet, der zu dieser Zeit gleichzeitig auch die Zitadelle in Jülich baute.

Stollwerckgelände: Severinswall / Annostraße / Dreikönigenstraße / Rheinufer

In einigen Jahren wird man die Lage der ehemaligen Schokoladenfabrik Stollwerck, die mehr als ein Jahrhundert lang Wirtschaft und Gestalt dieses Stadtteils bestimmte, nur noch an den Straßenfluchten nachvollziehen können. Es ist nahezu nichts von der Fabrik übriggeblieben, und

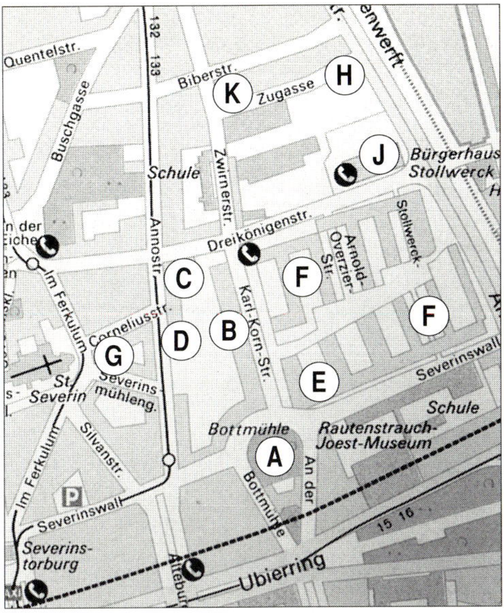

15

A: Bottmühle
B: Schokoriegel
C: Schornstein
D: Maschinenraum/ »Annosaal«
E: »Musterwohnung«
F: Neubauten
G: Direktorium
H: Zugasse
J: Bürgerzentrum
K: ehem. BISA-Laden

das wenige, was noch an Stollwerck erinnern könnte, wurde bis zur Unkenntlichkeit umgebaut, entstellt oder aus dem historischen Zusammenhang gelöst, wie der sogenannte »Schokoriegel« (B) – die Altbauten westlich der verlängerten Zwirnerstraße – oder wie der Stumpf eines Schornsteins (C) und die Schwungräder einer Ammoniak-Kühlanlage aus der legendären Maschinenhalle (D) über der Tiefgarage. Wenn historische Spurensuche heißt, Orte und Gegenstände in ihrem Umfeld aufzusuchen und aus dem Kontext zu begreifen, dann ist hier mit einer geradezu irrational anmutenden Besessenheit alles getan worden, die Spuren, die auf Zusammenhänge schließen lassen könnten, systematisch für die Nachwelt auszulöschen.

Die Süßwarenfabrik wurde nach 1860 im Viertel angesiedelt. Die Produktion expandierte schnell, so daß es zu hastigen Erweiterungen kam. Der deutsch-französische Krieg von 1870/71, bei dem Stollwerck mit Keks und Schokolade Generalausrüster der preußischen Armeen wurde, brachte einen enormen Aufschwung. Um die Jahrhundertwende war die Firma mit über 3.000 vor allem weiblichen Beschäftigten der größte Arbeitgeber im Kölner Süden. Dazu kamen zahlreiche Niederlassungen in aller Welt. Das Geschäft florierte auch im 20. Jahrhundert bis in die 50er Jahre. Erst in den 60ern schrieb Stollwerck rote Zahlen und wurde 1972 verkauft.

Ein Schornsteinstumpf als ästhetisches Objekt.

Zwei Spekulanten versuchten gleichzeitig, den Kuchen zu ergattern: Der eine war der stadtbekannte Großmakler Renatus Rüger, der andere ein Schokoladenfabrikant von der Mosel, Hans Imhoff. Noch bevor das Severinsviertel zum Sanierungsgebiet erklärt worden war, wußten beide davon (als dritter Beteiligter wurde in diesem Zusammenhang immer wieder der damalige Oberstadtdirektor Professor Heinz Mohnen (SPD) genannt) und begannen hastig, die Aktien des maroden Unternehmens aufzukaufen, deren Börsenkurs sich in wenigen Wochen Anfang 1972 mehr als vervierfachte. Sieger blieb dank der besseren Beziehungen zur Deutschen Bank Hans

Der Räderraum in der Maschinenhalle war das Kernstück der Fabrik.

Imhoff, aber Rüger verfügte mit einem Drittel der Anteile immerhin über eine beachtliche Sperrminorität. Eine Zeitlang machten sie sich gegenseitig Schwierigkeiten, bis sie beschlossen, sich zusammenzutun und gemeinsam den Steuerzahler auszunehmen. In einem gut getimten und klug eingefädelten Manöver – an welchem auch Heinz Mohnen beteiligt gewesen sein soll – trieben sie den Grundstückspreis von anfangs amtlich ermittelten 5 Millionen auf knapp 50 Millionen Mark hoch, schafften es, Grund und Fabrik für diesen

Geschichte besiegen heißt auch: Zusammenhänge zerstören.

Die drei Söhne Heinrich, Albert und Peter Joseph Stollwerck verteidigen die Freiheit der Schokoproduktion.

Preis der Stadt Köln anzudrehen, und Imhoff erreichte es, der öffentlichen Hand noch zusätzlich zwanzig Millionen an Beihilfen, Sanierungsgeldern, Umzugskosten und Darlehen für das »notleidende Unternehmen« abzulocken. Am Ende stand der neue »Schoko-Napoleon« Hans Imhoff mit einer kreuzgesunden neuen Stollwerckfabrik in Porz da, in der heute mit einem Zehntel der Belegschaft ein Vielfaches an Süßigkeiten produziert wird.

Der Kurs der Stollwerck-Aktien hat sich seitdem übrigens immer über dieser Marke bewegt – man sieht, die Börse honoriert unternehmerischen »Wagemut«.

Mit der Verlagerung der Fabrik nach Porz Anfang 1975 beginnt der dritte Teil der Geschichte:

»Von dem Augenblick an, als das Süßwarengewerbe Industrie wurde, begann das weibliche Element in der Produktion wesentlich zu werden. Das ist insofern ganz natürlich, als die Frau, die Hauptverbraucherin von Süßwaren, für deren Herstellung Verständnis und Interesse hat. Hinzu kommen die feinere Handfertigkeit der Frau und ihr Sinn für Form und Ausstattung.«
Bruno Kuske in »100 Jahre Stollwerck«, 1939.

die Sanierung des Stollwerckgeländes. Es gab bald Pläne, die Fabrik abzureißen, aber auch Gegenentwürfe der »Bürgerinitiative Südliche Altstadt« (BISA), die ehemaligen Produktionshallen zu Wohnungen umzubauen. Als viele Argumente nicht fruchteten und Rat, Verwaltung und Bauindustrie auf Abriß und Neubau setzten, mauerte die BISA auf eigene Kosten eine »Musterwohnung« im Verhältnis 1:1 in die leeren Hallen. Diese Wohnung lag schräg gegenüber der Bottmühle nach Nordosten, etwa dort, wo sich heute der Eingang zum Altenheim befindet (E). Sie war bald stadtbekannt, und Tausende Kölner wollten sie sehen. Es gab einen regelrechten Run auf Stollwerck, denn Wohnungskonstruktion, Preis und Größe waren überzeugend. Die Stadtspitze ließ sich jedoch nicht irritieren und bestellte drei Tage nach der Landtagswahl im Mai 1980 die Bagger – allen voran der damalige SPD-Vorsitzende Günther Herterich. In dieser Situation kam es zur größten Kölner Besetzung: Rund 500 Menschen lebten während des Mai und Juni 1980 für sechs

Hans Imhoff: Ein Mann braucht Freunde. Aktionärsversammlung 1980.

Dieter Göbel: Vom mauernden Fabrikbesetzer zum grünen Stadtrat – eine alternative Karriere.

Wochen in der ehemaligen Fabrik. Es war eines der größten sozialen Experimente in Köln, bei dem eine Fülle von Utopien und Lebensvorstellungen zusammenflossen, bei dem Altlinke und Punker, Feministinnen und Alkoholiker, Yunkies, Lehrer und ihre Schüler und Schülerinnen, Jusos und Anarchisten zusammenlebten und für eine kurze Zeit die Vision oder Realität einer herrschaftsfreien Zone schufen. Aber es war kein gewaltfreier Raum, was die Abwesenheit von Poli-

Tausende wollten Pfingsten 1980 die Musterwohnung sehen: groß, grün und billig.

Eines der vielen Feste: der Umbau der Fabrik schien möglich.

zei vielleicht suggerierte, und so brach die Besetzung nach einigen Wochen an den mitgebrachten Widersprüchen bei gleichzeitiger Räumungsdrohung von außen zusammen. Die »Stollwercker« wurden nicht fertig mit Alkohol, Drogen, Diebstahl, es kam zu mindestens einer Vergewaltigung, viele wollten sich »draußen« lieber um ihre Lebensexistenz kümmern. Am Ende gab es Verhandlungen mit der SPD, und es kam zu jenem legendären Stollwerck-Vertrag mit

Günther Herterich auf dem Stollwerckgelände. Damals trug er noch Bauch und seine Mam bügelte die Hemden.

II.1 Die Besetzer verlassen spätestens am Sonntag, den 6. Juli 1980, 16 Uhr das Stollwerckgelände. Näheres wird mündlich oder telefonisch vereinbart.

II.2 Das Bebauungsplanverfahren wird in der vom Städtebauförderungsgesetz vorgesehenen Form durchgeführt. Im Rahmen des Verfahrens wird durch ein Gutachten und Vorentwürfe sowohl für den Um- und Ausbau als auch für den Neubau geklärt.

II.3 Die SPD-Fraktion wird veranlassen, daß die Stadt Köln mit einem noch zu gründenden Kulturzentrum e.V. einen Zwischennutzungsvertrag für Teile des L-Gebäudes abschließt. Das Kulturzentrum e.V. ist dabei als organisatorisches Dach verschiedener Intitiativen zu verstehen. Die Laufzeit des Zwischennutzungsvertrages wird maximal bis zum Beginn von Baumaßnahmen zur Herstellung des endgültigen Zustandes entsprechend den Sanierungszielen dauern. Der Umfang des Raumes, der

Die Zwischennutzung der Palazzo-Schoko-Gruppe wird maximal bis zum Beginn von Baumaßnahmen zur Herstellung des endgültigen Zustandes entsprechend den Sanierungszielen fortgeführt.
Soweit es sich dabei um überwiegend gewerbliche Nutzung handelt, gelten dafür die üblichen Grundsätze der Stadt.
Der Reha-Autoklinik werden im Severinsviertel ausreichende Räume für die Fortsetzung ihrer Arbeit angeboten.

II.4 Die begonnene Musterwohnung im parallel zum Severinswall stehenden Gebäudeteil wird von der BISA fertiggestellt und der Öffentlichkeit 4 Wochen zugänglich gemacht (siehe Zusatzprotokoll).

II.5 Als Maßnahme der Jugendhilfe nach dem Jugendwohlfahrtsgesetz wird die Stadt obdachlosen Jugendlichen kurzfristig ein oder zwei Planungshäuser, die z.Zt. nicht belegt sind und in den nächsten zwei Jahren nicht benötigt werden, zur Verfügung stellen. Die Miete für diese Häuser wird entsprechend ihrem Zustand angemessen sein. Dabei werden eventuell erbrachte oder zu erbringende Eigenleistungen in Rechnung gestellt.
Die Mietverträge werden auf zwei Jahre befristet.

II.6 Die Stadt Köln wird alle Anzeigen wegen Hausfriedensbruch, die nach dem 20. Mai 1980 gegen Besetzer des Stollwerckgeländes erstattet worden sind, gegenüber solchen Personen zurückziehen, die das Gelände bis 6. Juli 1980, 16 Uhr freiwillig verlassen haben.

Dem »Stollwerckvertrag« vom 5. Juli 1980 zwischen Besetzern und SPD folgte der Vertragsbruch per Amt und Mandat.

SPD-Chef Günther Herterich, bei dem die Besetzer freiwillig die Fabrik verließen und dafür den Erhalt von zwei Dritteln der Fabrikbauten einhandelten. Der Vertrag wurde jedoch in nahezu allen Punkten von SPD und Stadtverwaltung gebrochen. Stollwerck wurde nach und nach abgerissen und neugebaut, und nur ein autonomes Kultur- und Künstlerzentrum »Palazzo Schoko« entstand zwei Jahre später um die Maschinenhalle (D) und den Annosaal herum. Als in den Jahren 86/87 die Bagger näher rückten, kam es noch einmal zu heftigen Protesten und zahlreichen Aktionen. Aber auch sie konnten den Restabriß nicht verhindern. Ein Teil der Stollwerck-Künstler fand ein neues Domizil im »Rhenania-Haus« im nahen Rheinauhafen (siehe S. 16).

Stollwerck war später ein traumatisches Thema in Köln, für die herrschende SPD ebenso wie für die alternative Szene. Beide begriffen das Resultat bzw. die Besetzung als Niederlage, nur hatten die Sozialdemokraten den Vorteil der Macht, die das Trauma kompensieren half.

Identifizierung mit dem ursprünglichen Bau ausgeschlossen. Der »Schokotrakt«, der einzige Fabrikteil, der stehenbleiben durfte.

Der Weg außen um das ehemalige Stollwerckgelände herum, über Severinswall, Rheinuferstraße, Dreikönigenstraße und Annostraße, führt an der alten Firmengrenze entlang. Viele Stichstraßen und Passagen gehen nun in die Neubaugebiete (F) mit ihren Stadthäuschen, Plätzen und Grünanlagen hinein. Das frühere Direktions- und Verwaltungsgebäude an der Severinsmühlengasse (G) wurde weder besetzt noch abgerissen. Es steht heute unter Denkmalschutz.

Zwirnerstraße / Zugasse / Biberstraße: Sanierungsgebiet

16

Das Fabrikgelände war nur ein Teil des Sanierungsgebietes, das fast das gesamte Vringsveedel und ein Stück der Neustadt jenseits der Ringe umfaßte. Während an den Ringen und an den Geschäftsstraßen die privaten Hausbesitzer und Eigentumsbewohner nach Städtebauförderungsgesetz zuschlagen durften, wurde im nördlichen Bereich eher vorsichtig saniert. Die meist ausländischen Bewohner blieben hier wohnen, und nur die notwendigsten Renovierungen ließ man machen, um die Miete nicht in die Höhe zu treiben. Vor allem die »Zugasse« (H) entlang der Mauer macht bei schönem Wetter mit dem Straßenleben, den bunten Fenstern und ein wenig Grün einen akzeptablen Eindruck. Auf der anderen Seite der Mauer liegt in einer früheren Wagenhalle ein schön gebauter Hort, gegenüber in einem ehemaligen preußischen Zeughaus das »Bürgerzentrum Stollwerck« (J) und dazwischen die Grünanlage, Spiel- und Lebensplatz vor allem der türkischen Familien. Er wurde nach der Volksschauspielerin Trude Herr benannt, die ja nicht weit entfernt in den 70er Jahren auf der Severinstraße ihr Volkstheater betrieb.

Die Zwirnerstraße 12 (K) war einst besetzt und wurde legalisiert. Hier hatte der Stadtteilladen der Bürgerinitiative BISA jahrelang sein Quartier. Nicht nur dies primitive Backsteingebäude, sondern auch die handtuchschmalen Fassaden in der Biberstraße – 15 Häuser auf 100 Metern – dokumentieren noch den ärmlichen Charakter des Viertels mit den ehemaligen Arbeiterwohnungen.

Buschgasse / An der Eiche

17

Die Buschgasse ist die uralte Querverbindung von der Stiftskirche zum Rheintor und zu einem früheren Kloster an der Seyengasse (welches, nebenbei erzählt, im Jahre 1613 durch den Erzbischof geschlossen wurde, weil die Sitten der dort lebenden Zisterzienserinnen als zu frei galten. Ob sich danach viel änderte, mag indes bezweifelt werden, zog doch ein Doppelkonvent aus Frauen und Männern hier ein!). Das Geländer von Grünanlage und Spielplatz an der Buschgasse stammt aus dem Jahre 1890, der Zeit der bürgerlichen Prosperität, und wird als »Denkmal« erhalten; ebenso das frühere Verwaltungszentrum der »Gas- und Elektrizitätswerke« in der Quentelstraße aus derselben Zeit mit seiner bescheiden dekorierten Backsteinfassade. Hier sind gut restaurierte Wohnungen entstanden.

Der besondere Tip:

Vogelmarkt: Sonntags von 8-13 Uhr an der Ecke Annostraße/Rosenstraße in der Gaststätte »Zur Taubenbörse« – einmaliger und lebhafter Taubenmarkt – Treffpunkt privater Vogel- und Kleintierzüchter aus Köln und dem Umland.

Der Platz »An der Eiche« hat sich durch Erneuerung und Umbauten mit Spielplatz, Bänken und Bäumen wieder zu einem kommunikativen Mittelpunkt entwickelt. Einiges hat dazu ein Brunnen auf dem flachen Hügel am Platz beigetragen, der als einer von wenigen öffentlichen Brunnen Kölns Trinkwasser bietet. Seinerzeit hatte der gestaltende Künstler Jürgen Schreiber (»Gorgonzola«) eine abenteuerliche Odyssee durch Sanierungsbeirat, Bauamt und Gesundheitsamt unternommen, bis er das Trinkwasser endlich durchgesetzt hatte.

Exkurs: Elendskirche / An St. Katharinen

Die Christen des Mittelalters beerdigten ihre Toten auf Friedhöfen in der jeweiligen Pfarrei, insgesamt neunzehn im Stadtgebiet Kölns. Fremde, Ungläubige oder »Unehrenhafte« durften dagegen nicht in einem christlichen Gottesacker liegen, sie kamen in ungeweihten Boden, oft am Rande der Stadt. Diese Grabstätten hießen »Elendsfriedhöfe«, denn als »elend« galt einer, der in der Fremde lebte. In dem althochdeutschen Wort für Fremde, »ali-lenti«, kann man das »andere Land« noch entdecken und das »Elend« heraushören. Allmählich hat sich der Begriff von »fremd« über »ausgestoßen«, »krank« und »Not« zur heutigen Bedeutung »arm« verändert.

18

Einer dieser Elendsfriedhöfe lag schon im frühen Mittelalter am Katharinengraben. Hier wur-

Die Elendskirche auf dem Friedhof der »Fremden«.

den Tote aus verschiedensten Ländern begraben, seien es Pilger, seien es Kaufleute; seit dem 16. Jahrhundert auch Hingerichtete. Zur gleichen Zeit etwa wurde der Elendsfriedhof auch von vornehmen evangelisch-reformierten Familien, vornehmlich aus den Niederlanden, genutzt, bis sie eine eigene Begräbnisstätte weit vor der Stadt erhielten, den noch bestehenden »Geusenfriedhof« an der Ecke Kerpenerstraße/Weyertal. Als der Friedhof an St. Katharinen auf die Familie de Groote überging, ließ diese 1678 eine Kapelle bauen, deren Nachfolger, die spätbarocke Saalkirche, bis heute die einzige private Familienkirche in der Stadt ist. An oder in der de Grooteschen Kapelle spielte eines der amourösen Abenteuer des italienischen Lebemannes Giacomo Casanova. Anfang 1760 war der Italiener auf der Durchreise in Köln und lernte hier bei einer Komödie die Frau des damaligen Bürgermeisters, Maria Ursula Columba de Groote, kennen. Beide gefielen einander, machten sich schnell Avancen und verabredeten ein heimliches Rendezvous in einer Wohnung de Grootes, in der man durch zwei vergitterte Fenster der Messe beiwohnen konnte und die durch einen Gang von der Elendskirche aus zu erreichen war. Casanova schreibt in seinen Memoiren:

»Die Tür war so gut in die Wand eingefügt, daß sie nicht zu sehen war. Der Teufel, der bekanntlich in der Kirche ein weit stärkerer Versucher ist als anderswo, gab mir in diesem Augenblick den

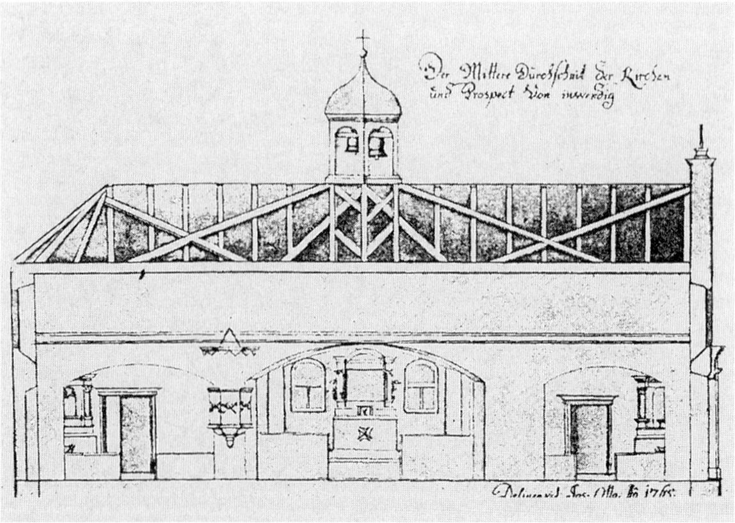

Die alte Kirche im Elend zu Köln: Innenansicht, links hinten Tür zur Sakristei, rechts hinten die Tür zum Küsterhaus.

Plan ein, ganze Nächte in ihren Armen zu verbringen, indem ich über diese glückbringende Treppe zu ihr hinaufstieg. Um vier Uhr ging ich hin, kauerte mich in den dunklen Beichtstuhl und empfahl mich Gott. Um fünf Uhr verließ der Mann mit dem Schlüssel nach einem kurzen, gewohnheitsmäßigen Rundgang die Kirche und sperrte die Tür zu. Da stieg ich heraus und setzte mich in eine Bank; als ich durch das Gitter ihren Schatten erblickte, war ich sicher, daß sie mich gesehen hatte. Sie schloß die Läden (...) Um zehn Uhr kam sie, mit einer Kerze in der Hand, um mich aus der mißlichen Lage zu befreien, die ich nur ihretwegen erduldete. Man mag sich ungefähr vorstellen, welche Wonne wir miteinander in dieser glücklichen Nacht erlebten, aber man wird sie schwerlich in allen Einzelheiten erraten. Sie sagte, sie habe mir ein kleines Abendbrot bereitet; aber ich verspürte keinen anderen Appetit als den, den ihre Reize in mir erweckten; außerdem hatte ich um vier Uhr gegessen. Wir verbrachten sieben Stunden in trunkenem Glück und füllten die seltenen Pausen mit verliebten Worten, die uns zu neuen Wonnen anspornten.«

Im 18. Jahrhundert diente der Friedhof dann ganz profan als Garnisonsfriedhof der Kölner Stadtsoldaten, der »Funken«. Im Inneren und Äußeren der Kirche erinnern einige Gedenktafeln an Personen oder Ereignisse, die mit diesem Ort in Verbindung gebracht werden (allerdings gibt es keine Tafel, auf der Casanova oder Maria von Groote genannt wären): Im Atrium erinnert eine Platte an den Kölner Jesuiten und späteren Mandarin am Hofe des chinesischen Kaisers, Johann Adam Schall von Bell (1592-1666); eine andere an den in der nahe gelegenen Große Witschgasse 2 geborenen, bedeutendsten niederländischen Barockdichter Joost van den Vondel (1587-1679). Am Außenchor kennzeichnen eine Eisenmarke und ein lateinisches Chronogramm fast zwei Meter über dem Erdboden die Höhe des Eisgangs vom 28. Februar 1784. Ein paar übriggebliebene Grabsteine und Kreuze stehen in der kleinen Grünanlage im Innenhof. Heute residiert in einer Seitenkapelle eine fromme und erzkonservative katholische Sekte, die sogenannten »Schönstätter«, die hier ein »Gnadenheiligtum« verehren, während in der Hauptkirche jeden Freitag mit »bischöflicher Erlaubnis« eine gregorianische Messe nach vorkonziliarem Ritus gefeiert wird.

Giacomo Casanova, 1760 auch in Köln.

Maria de Groote.

Exkurs: Severinstraße 199 / Volkshaus

(19)

Nur wenige Schritte weiter um die Ecke auf der Severinstraße, wo die Auffahrt zur Severinsbrücke beginnt und heute ein großes Hotel steht, stand bis zum Zweiten Weltkrieg das sogenannte »Volkshaus«, die Zentrale der freien Gewerkschaften. Schon vor dem Ersten Weltkrieg – wie etwa 1910 als hier Clara Zetkin vor mehr als zehntausend Demonstranten gegen das preußische Drei-Klassen-Wahlrecht sprach –, aber vor allem in der Weimarer Republik war das Volkshaus Ort zahlloser Versammlungen und Aktionen der Arbeiterbewegung, vieler Demonstrationen und Aufläufe, bis die Nazis am 2. Mai 1933 das Gebäude besetzten. Die Gewerkschaften wurden an diesem Tag in ganz Deutschland überrannt, aufgelöst, ihr Vermögen beschlagnahmt, viele Funktionäre verhaftet und das Haus von der »Deutschen Arbeitsfront« übernommen. Im Krieg fiel es den Bomben zum Opfer und wurde, wie so viele nichtsakrale Denkmäler der Stadt, nicht wieder aufgebaut.

1912 – Eine der vielen Demonstrationen vor dem Volkshaus in der Severinstraße.

Wirtschaft alternativ

(20)

Der Rückweg kann über die Severinstraße gehen, diese uralte Einkaufstraße im Veedel. Immer noch dominiert hier der Einzelhandel, und zäh hängen die Kaufleute an ihren alten Läden, auch wenn hin und wieder Filialgeschäfte großer Ketten zu finden sind. Aber man kann tatsächlich alles kaufen für den »täglichen Bedarf« vom Zooartikel über Lampenfasssungen, zwei delikate Fischgeschäfte, Bäcker- und Metzgereien und ein Wildgeschäft findet man hier, es gibt Buchhandlungen und Teesortimente, Kioske, türkische Gemüseshops und Bioläden. Und so ist es kein Wunder, daß man bisweilen samstags mittags auf Ureinwohner trifft, die längst weggezogen sind aus der Südstadt, zum Einkaufen aber treu zurückkehren.

Oder man wählt den Weg vom Platz »An der Eiche« durch das Severinsklösterchen, übrigens eine der Lieblingsgassen des Schriftstellers Heinrich Böll, der nicht weit entfernt in der südlichen Neustadt, Ecke Alteburger-/Teutoburger Straße, am 21.12. 1917 geboren wurde. Heute befindet sich in dem Geburtshaus eine Moschee, die »Vaycel Carami Canii«. Durch das Severinsklösterchen geht es weiter, vorbei an der alten Kathedrale St. Severin durch die Silvanstraße zum Gastronomie-Zentrum an der Alteburger Straße. In den 80er Jahren entwickelte sich hier das Eldorado der Szenekneipen, die der Südstadt nach der Stollwerck-Besetzung das Image vom Alternativviertel bescherten. Angefangen hatte das alles mit dem legendären »Chlodwig-Eck« des Victor Böll am Chlodwigplatz und weitete sich dann metastasenartig aus. Entweder waren es Stammgäste, denen der eigene Bierausschank billiger wurde und die eigene Kneipen gründeten, oder ehemalige Kellner, die sich selbständig machten oder einfach auch die Expansion erfolgreicher Szenegastronomen, die mit ihren Gewinnen und dem Segen der Brauereien neue Läden gründeten. »Opera« oder »Schröders«, »Null Zwei«, »Spielplatz« oder »Chlodwig-Eck«, später auch »Chins«, »Linus« und »Wippenbekk« und wie sie sonst heißen, die meisten existieren immer noch, teilweise schon eine halbe Generation lang. Aber inzwischen hat sich der Boom gelegt, auch nach manchen Streitereien mit der wieder aktivierten BISA und Anwohnern um Lärm, Parkplätze oder Nachtlizenzen.

Die Südstadt ist ruhiger geworden, vielleicht auch weil die gastronomischen Unternehmer hier wohnen, und »alternativ« ist längst zum nichtssagenden Klischee verkommen. Im Gegenteil: Wer heute intellektuelle Anregungen sucht, politische Aktivitäten, Künstler und Künste, die innovativ wirken oder provozieren, der findet das eher in Ehrenfeld, Mülheim oder Kalk. Aber man ißt gut im Vringsveedel und trinkt in bekannter Gesellschaft. Prost.

Tips zum Ausruhen:

Lecker und anspruchsvoll – Park, Restaurant und Bar – direkt neben dem SCHULZ – Kartäuserwall 14, Tel. 316117 – Di bis So von 18 bis 1 Uhr – eine wunderbar klare und geschmacksichere Küche – zum Glück kein Szenelokal, sondern normales Ambiente – dabei für die hohe Qualität noch zivile Preise. (Stankowskis persönliche Empfehlung!)

Gut und billig – Chlodwig-Grill, türkischer Schnellimbiß, Chlodwigplatz 15 – täglich von 9 bis 2 Uhr, samstags bis 3 Uhr – mit einigen ungemütlichen Sitzplätzen, aber fantastischer Pansensuppe, immer frischem Brot und gutem Lammfleisch.

Kölsch – »Früh em Veedel«, eine Filiale von Früh-Kölsch neben dem Severinstor, Chlodwigplatz 28 – von Ureinwohnern auch Invalidendom genannt – Brauhaus mit gemischtem Publikum, kölscher Speisekarte, täglich frischen Rievkooche in 7 Variationen – frischem Kölsch und eigenem Schnaps – von 11 bis 1 Uhr geöffnet (Küche bis 24 Uhr) – sonn- und feiertags geschlossen.

1. **Hohenzollernbrücke**
   Autostraße / Naturfreundehaus
2. **Bahnhof Deutz**
   Eisenbahn in Preußen / Otto-Motor und Autoindustrie
3. **Kasemattenstraße**
   August Bebel / Soldatenunterkünfte und Arbeiterleben
4. **Deutzer Freiheit**
   Kneipen und Vergnügen / Jüdische Kaffeehausmusiker / Jacques Offenbach
5. **Reischplatz**
   Judenvertreibung in Deutz / SEK der Polizei
6. **Lorenzstraße**
   Der Schneider und der »Düxer Bock«
7. **Tempelstraße**
   Heim für »gefallene Mädchen« / Randale und Protest in den 70ern
8. **Druckhaus Deutz**
   SPD-Druckzentrale / Ornamente mit Hakenkreuz
9. **KölnArena / Deutz-Kalker Bad**
   Show, Sport und Spiele / Neues Leben auf der Schäl Sick
10. **Jüdischer Friedhof**
    Ältester Friedhof der Synagogengemeinde / Offenbach, Rindskopf und Moses Hess
11. **Das Deutzer Ufer**
    Altstadtpanorama / Römerbrücke / Nazi-Baupläne
12. **Kriegerdenkmal**
    Preußensoldaten / Kirmes-Revolte / Kölner Demokraten in der Revolution: Josef Moll und Karl von Bernigau
13. **Landschaftsverband**
    Psychiatrie und SSK / Brauweiler / Der Erfolg der Reformbewegung
14. **Hotel Hyatt**
    Klüngel am Hotel / »Schöner schlafen« am Strom
15. **Messe**
    Messelager / Kriegsgefangene und Häftlinge / KZ-Außenstelle von Buchenwald / Bombenräumer und Trümmerkommandos / Deportation von Zigeunern und Juden / Ford im Dritten Reich
16. **Rheinpark**
    Nackte Frauen in der Bundesgartenschau / Die konservierten 50er
17. **Hafen und Brücke**
    Reparaturwerft / Hafenreste und Jugendpark / Rheinseilbahn

Das Deutzer Ufer

Von Barbaren, Soldaten und Glücksspielern

Start auf der Hohenzollernbrücke – Dauer zwischen 2 und 4 Stunden, diverse Pausen nicht gerechnet

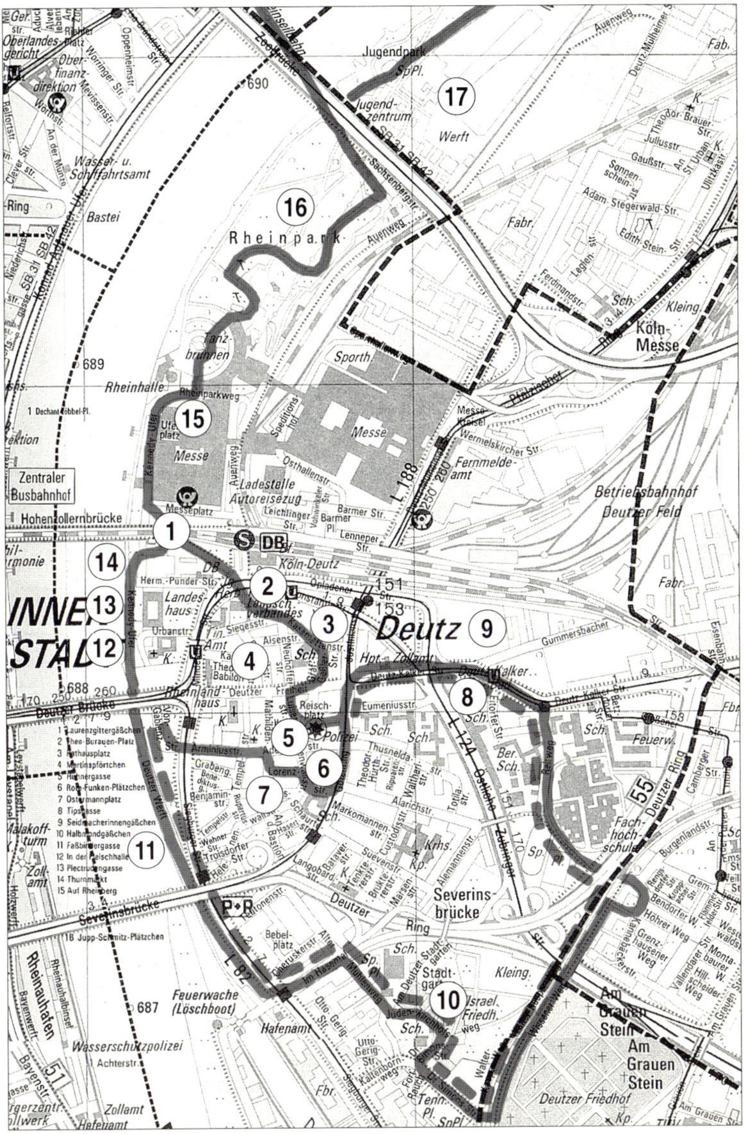

Diese Wanderung führt auf die andere Rheinseite: nach Deutz. Hier geht es um das Gegenstück zu Köln, das optische wie das geografische, von hier aus hat man Köln immer »im Blick«. Die Wanderung ist sowohl zu Fuß wie auch mit dem Fahrrad möglich, denn es bietet sich eine Exkursion ins Hinterland per Rad an. Als schönste Tageszeit wird der frühe Morgen empfohlen, nach einem Regen und bei klarem Wetter.

Im Jahre 1954 erklärte der Stadtrat Deutz zu einem Teil der Altstadt und damit des Stadtzentrums von Köln. »Es bietet sich die einmalige Chance«, betonte eine Denkschrift, »auch in der Stadteinteilung das Trennende des Rheins an einer Stelle zu beseitigen. Der Rhein fließt dann mitten durch das Herz von Köln.« Vor dieser Kosmetik am Herzen der Stadt liegt indes die lange Geschichte der kleinen Ortschaft Deutz im Schatten des unduldsamen Köln.

Für viele Jahrhunderte definierte sich die »Freiheit Deutz« in Abhängigkeit von der mächtigen Metropole auf der anderen Rheinseite. Nachdem die Römer ihre rechtsrheinischen Eroberungspläne aufgegeben und den Strom zur Grenze gemacht hatten, errichteten sie im Jahre 310 unter Kaiser Konstantin einen militärischen Brückenkopf auf dem anderen Ufer: das Kastell Divitia, aus dem der Name Deutz entstand. Die Wahrnehmung der anderen Seite als feindliches Ufer blieb aber bis in unsere Tage, wenn von der »Schäl Sick«, der schielenden Seite, die Rede ist. (Der Begriff wird populär von den Treidelpferden abgeleitet, die die Schiffe den Strom hinauf nach Süden zogen, dabei gegen die Sonne mit Augen- oder Scheuklappen geschützt wurden und oft zu »schielen« begannen.) Die Ablehnung der anderen Seite ist von einer römischen Grabinschrift des 4. Jahrhunderts mit dem Begriff »Barbarenland« für die Deutzer Garnison ebenso überliefert wie vom Heiligen Bonifatius, der im 8. Jahrhundert noch vom »Heidenland« spricht; sie setzt sich fort in einer Warnung des Stadtrates von 1596 vor »Saufereien im ausländischen Deutz«, wo man Schaden erleide an »Witz, Verstand und Gesundheit«, und endet sicher noch nicht mit dem Kölner Oberbürgermeister Konrad Adenauer, von dem kolportiert wird, daß für ihn in Deutz der Bolschewismus beginne oder hinter Braunschweig die Walachei, und von dem in Köln erzählt wird,

er habe auf seinen Reisen ins ferne Berlin die Abteilvorhänge zugezogen, sobald die Bahn den Rhein überquert habe.

Deutz hat in seiner Geschichte immer die Rolle eines marginalen Subortes spielen müssen. Für viele Jahrhunderte haben die Kölner mit Erfolg jede Art von Befestigung, oft sogar massivere Steinbauten verhindern können. Die Folge: Oft wurde der Flecken von Soldaten, Banden oder fremden Mächten heimgesucht, die gegen Köln

Plündern, morden, brennen: In Deutz fanden Soldaten und Banden immer ihre Opfer. Köln verhinderte jede Befestigung.

nichts ausrichten konnten und sich an Deutz und seinen Bewohnern schadlos hielten. In der Neuzeit unterband Köln die Entwicklung einer wirtschaftlichen Konkurrenz, bis der Ort 1888 schließlich endgültig eingemeindet wurde.

Hohenzollernbrücke

(1)

Die Wanderung beginnt mit dem Fußweg über die Eisenbahnbrücke, also mit dem Blick auf das Deutzer Panorama. Am Ostufer der Brücke ist noch die alte Rampe der Autostraße zu erkennen, die bis zum Zweiten Weltkrieg neben den Eisenbahnschienen verlief. An beiden Seiten der Auffahrt standen früher hohe Brückentürme. Im südlichen Turm der Deutzer Seite lag die erste Jugendherberge Kölns. Hier trafen sich in den 20er Jahren die Mitglieder der proletarischen Jugendorganisation »Naturfreunde«, die für die Jugendbewegung in der Weimarer Zeit eine wichtige Rolle spielten.

Jugendherberge und Naturfreunde im Turm der Eisenbahnbrücke.

Bahnhof Deutz

(2)

Vor dem Deutzer Bahnhof mit seinem monumentalen Kuppelbau aus dem Jahre 1913 erinnern eine Plastik und der Name »Ottoplatz« an den Erfinder des gasbetriebenen Verbrennungsmotors, Nicolaus August Otto. Zusammen mit dem Ingenieur Eugen Langen, Sohn eines Zuckerfabrikanten, gründete der Tüftler und vormalige Handlungsreisende in Reis, Tee und Rosinen 1864 die erste Motorenfabrik der Welt, die dank des genialen Erfinders des Viertaktmotors rasch expandierte. 1869 siedelten Langen und Otto nach Deutz über, wurden hier später unter dem Namen

Ein kleines »Pantheon« am Rhein. Der Bahnhof Deutz mit Kuppelbau (1913).

»Klöckner Humboldt Deutz« (KHD) zum größten Arbeitgeber und trugen entscheidend zur Industrialisierung des rechtsrheinischen Köln bei. Das Denkmal aus dem Jahre 1931 schmückt ein originaler »atmosphärischer Motor«. Früher war in dem Hochhaus gegenüber – heute der Landschaftsverband – auch die Verwaltungszentrale von Ford, ein weiteres Indiz, wie Automobilindustrie und Fahrzeugbau die Industriegeschichte Kölns im 20. Jahrhundert mitgeprägt haben.

Kasemattenstraße / August Bebel

3

Der Weg führt zwischen Finanzamt und Jugendherberge hindurch in die Sieges- und von dort in die Kasemattenstraße. Der Name und die wallartig erhöhten Wohnhäuser erinnern an die preußischen Militäranlagen, die im 19. Jahrhundert ganz Deutz beherrschten. In den Kasematten wurde am 22. Februar 1840 August Bebel »in einer spärlich erleuchteten großen Stube mit grauen Wänden« geboren, im einzigen Raum der Unteroffiziersfamilie Bebel. Schon als Kind lernte er die proletarischen Zustände und den militärischen Charakter des preußischen Ständestaats kennen. Als Vierjähriger verlor er den Vater, der verbittert als preußischer Unteroffizier Dienst tat. Immerhin, etwas vom Geist des alten Bebel scheint der Junge mitbekommen zu haben: »Wenn es losgeht, die erste Kugel, die ich verschieße, gilt einem preußischen Offizier«, wird vom Vater überliefert. Nach seinem frühen Tod zieht die Mutter mit der Familie nach Brauweiler, ihr zweiter Mann ist dort Gefangenenaufseher im Arbeitshaus. Bebel lernt das Drechslerhandwerk,

Der Tip zur Rast:

Gaststätte Lommerzheim – Siegesstraße 18 – schäbige Fassade, aber pralles Ambiente – beliebtes Vorortlokal bei heimischen Fressern und Säufern – Päffgen Kölsch vom Faß und Spitzen-Hämchen – immer voll.

macht sich später in Leipzig selbständig, engagiert sich in der Arbeiterbewegung und gehört bald zu den führenden Köpfen der jungen Partei. In der Zeit der Sozialistenverfolgung unter Bismarck wird August Bebel zu einer der zentralen Persönlichkeiten der deutschen Sozialdemokratie. Am Haus Nr. 8 erinnert eine Tafel an seinen Geburtsort, wohin er 1893 als Vorsitzender der SPD zurückkehrt. In einer Parteitagsrede erinnert Bebel an die Reihe der prominenten Sozialisten, die hier gewirkt und gelebt haben, und meint – wie üblich kölsch übertrieben – unter dem Beifall der heimischen Sozialisten: »Wenn eine Stadt in Deutschland, so weit das überhaupt möglich ist, für sich die Ehre in Anspruch nehmen kann, sich als Geburtsstätte des Sozialismus zu betrachten, so ist das Köln.« No comment!

Deutzer Freiheit

4

Der Weg kreuzt die »Deutzer Freiheit«, im 19. Jahrhundert lagen hier rechts und links bis hinunter zum Rheinufer zahlreiche Gaststätten und Kneipen. Allein auf der »Freiheit« im Jahre 1844: »Heidelberger Faß«, »Hoffstadt«, »Guttmann«, »Schwarzer Bär«, »Landkrone«, »Schloß Bensberg«, »Grüner Wald«, »Neues Haus«, »Bergischer Hof«, »Goldener Hut«, »Stadt Kevelaer«. Kneipen und Vergnügungsstätten waren schon lange der Wirtschaftsfaktor Nummer eins auf dieser Rheinseite. In den eigenen Mauern offenbar kleingehalten, strömten die Kölner in Scharen ins benachbarte Deutz. Es gibt Dutzende von Mahnungen, Erlassen, Verboten des Stadtrates, die das Vergnügen einschränken wollten. Ohne Erfolg. Das Sündenbabel war stärker. Hermann Weinsberg etwa schreibt Anfang des 16. Jahrhunderts in seinem berühmten Tagebuch, daß sich sogar der Domküster, Graf Solms, »in seinem Lusthaus zu Dutz« aufgehalten habe und nur zum Kirchendienst in einem eigenen Nachen über den Strom kam. Die Attraktion war neben der Gastronomie das Glücksspiel, das in Köln strikt

Die Lezim, die jüdischen Musikanten, haben eine lange Tradition.

Jacques Offenbach (1819-1880).

verboten war, aber in Deutz 1753 vom Kurfürsten genehmigt und vom Gemeinderat überwacht wurde. In der preußischen Zeit kamen die Freiluftetablissements, Gärten, Ausflugslokale und vor allem die Tanzsäle dazu.

Eine Besonderheit war die in Deutz oft gerühmte »gefällige Tanzmusik« jüdischer Orchester. Es gab hier in der großen Judengemeinde einige jüdische Gastwirte und eine Reihe jüdischer Unterhaltungsmusiker. Einer war ein Kantor namens Isaac Juda Eberst aus Offenbach. Der hatte als reisender Spielmann, sogenannter Lezim, nicht nur in Synagogen musiziert, sondern auch auf Tanzböden und in Wirtshäusern. In

Deutz fand er ein anregendes Pflaster und verliebte sich in die junge Marianne Rindskopf. Die jüdischen Musikanten hatte der Kölner Kurfürst schon früher als unentbehrliche Animateure für das Vergnügungsgeschäft in Schutz genommen und 1778 auswärtigen Konkurrenten das Musizieren mit »Violin, Hackbrett und Maß« auf den Deutzer Judenhochzeiten untersagt. 1819 wurde dem jungen Paar ein Sohn geboren, Isaac, der später als Komponist und Musiker unter seinem Künstlernamen Jacques Offenbach weltberühmt werden sollte.

Reischplatz 6 / Juden in Deutz

5

Nach langen Jahren der Verfolgung waren im Jahre 1424 die jüdischen Einwohner Kölns endgültig aus der Stadt vertrieben worden und fanden zum Teil in Deutz eine neue Heimat. Bereits zwei Jahre später, 1426, wird die Gegend um die heutige Mindener Straße (früher Vocher Gasse) als »Judenviertel« bezeichnet. 1663 lebten in Deutz 497 Einwohner, darunter 65 Juden, also mehr als ein Zehntel. Bis Ende des 18. Jahrhunderts hatte sich die jüdische Gemeinde auf 163

Julius Simons, Deutzer Rabiner und Lehrer mit seinen Religionsschülern. 1944 in Auschwitz ermordet.

Mitglieder fast verdreifacht. Wie falsch das Klischee von einer reichen jüdischen Schicht ist, belegt die Sozialstatistik der Deutzer Juden von 1765: Sechs Metzger waren darunter, fünf Kaufleute, vier Handwerker, ein Krämer, ein Uhrmacher, ein Rabbiner, ein Vorsänger, ein Schulmeister, die schon erwähnten Wirtshausgeiger und natürlich deren zum Teil große Familien.

Das Haus der Deutzer Polizeiwache: ehemals die Synagoge am Reischplatz.

Die Gemeinde besaß eine Synagoge in der Gegend der heutigen Auffahrt zur Deutzer Brücke an der Siegburger Straße, die 1784 beim großen Eisgang zerstört, aber wiederaufgebaut wurde und 1914 dem Brückenbau weichen mußte. Ihre dritte Synagoge errichtete die Gemeinde dann am Reischplatz zusammen mit einer Grundschule, die schon wenige Jahre später von den Nazis bei dem Novemberpogrom am 9. November 1938 zerstört wurden.

Im Haus Reischplatz 6 mit der Deutzer Polizeiwache war bis Anfang der 80er Jahre das »Sondereinsatzkommando« (SEK) der Kölner Polizei untergebracht. Diese paramilitärische Eingreiftruppe tat sich in den 70er Jahren auch bei der Räumung besetzter Häuser hervor und residiert heute in der Polizeikaserne an der Bonner Straße in Raderthal.

Lorenzstraße / »Düxer Bock«

6

An der Ecke Lorenzstraße/Gotenring schaut in einer kleinen Grünanlage von einer hohen Säule ein Ziegenbock herab, gestaltet von dem in Köln häufiger vertretenen Bildhauer Gerhard Marcks (1963). Die Tierplastik zitiert eine Deutzer Legende, nach der ein armer Schneider mit seinem Nachbarn, einem betrügerischen Finanzbeamten, aneinandergeriet, weil der Schneider in aller Frühe, wenn der Beamte noch verkatert im Bett lag, seine Kanarienvögel zwitschern ließ. Der Finanzler, als er gerichtlich nichts dagegen unternehmen konnte, hängte einen laut meckernden Ziegenbock in einem Käfig über der Haustür auf, um den Schneider zu verspotten und lächerlich

Gerhard Marcks' Bock auf der Säule (1963).

zu machen. Das Ergebnis im Nachbarnstreit: Der edle, aber arme Schneider zog fort, der Bock blieb. Doch Jahre später, nach dem Tod der beiden Kontrahenten, gab es ein Happy-End zwischen der schönen Schneidertochter und dem Beamtensohn. Zur Erinnerung an die frühere Familienfehde blieb der mittlerweile in Holz geschnitzte Bock über der Tür hängen. Da die Deutzer sich offensichtlich mit der Geschichte identifizierten – vielleicht gab es auch eine größere Anzahl von Schneidern am Ort –, existiert bis heute im Deutzer Schützenverein eine Fahne mit dem Motiv von Bock und Schneider.

Tempelstraße / Heim für »gefallene Mädchen«

Das Mädchenhaus in der Tempelstraße 33, heute als »Jugendschutzstelle und Aufnahmeheim« bezeichnet, hat eine berüchtigte Vorgängerin. In den 70er Jahren gehörte es mit geschlossenem Trakt, blinden Scheiben, Gittern und mit der auf Drohung und Strafe beruhenden »Pädagogik« zu

den in Köln heftig umstrittenen Fürsorgeeinrichtungen. Kampf gegen Anstalten, Heime und Psychiatrie waren die Stichworte in dieser Auseinandersetzung, und auch die Tempelstraße, in der Hand eines evangelischen Trägervereins, wurde von innen und außen attackiert. Die kritisierten Zustände waren für die Insassen verheerend, Selbstmordversuche häufig die Folge. Hier gab es Aus- und Zusammenbrüche, Flugblätter und Demonstrationen, und 1979 mußte das Haus geschlossen werden. Später wurde es unter neuer Leitung und nach pädagogischen Gesichtspunkten renoviert wiedereröffnet.

7

Von hier aus führt die Wanderung die Arminiusstraße entlang durch ein Viertel, das im Weichbild der großen Einkaufsstraße noch ein wenig von dem Charakter der kleinbürgerlichen, fast dörflichen Struktur des Stadtteils atmet. Der Weg geht hinunter bis zum Rhein.

Druckhaus Deutz

Eine Alternative ist möglich als Exkurs vom Gotenring, am ehemaligen »Druckhaus Deutz« vorbei, zum alten jüdischen Friedhof und zurück zum Rhein. Per Fahrrad ca. 15 bis 20 Minuten und zu Fuß etwa 45 bis 60 Minuten.

8

In der Verlängerung der Deutzer Freiheit steht das ehemalige »Druckhaus Deutz«, derzeit Sitz einer Versicherung und bis Anfang der 80er Jahre Produktionszentrum der sozialdemokratischen und gewerkschaftlichen Presse. Hier wurde seinerzeit der »Vorwärts« gedruckt, die NRZ, die »Quelle« oder die »Welt der Arbeit«. Das Druckhaus geriet mit fast allen sozialdemokratischen Medien in den Strudel der miserablen Pressepolitik der Partei, wurde nach und nach verkleinert und 1980 endgültig dichtgemacht. 600 Arbeitsplätze blieben dabei auf der Strecke.

Die Hakenkreuze in den Rauten sind bei feuchtem Wetter noch zu erkennen.

Das Haus stammt aus den Jahren 1931/32, entworfen von dem Architekten Hagelücken. Anfang März 1933 raubten die Nazis die Parteidruckerei und produzierten hier ihre eigene Zeitung, den »Westdeutschen Beobachter«. Sie ließen auf die Hausecke ein weiteres Geschoß mit Hakenkreuzornamenten in den auf die Spitze gestellten Quadraten aufsetzen. Nach dem Krieg wurden die Nazi-Symbole ausgemauert, sind aber bei starkem Kontrast, z.B. nach Regen, noch zu erkennen.

KölnArena / Deutz-Kalker Bad

9

Es geht weiter die Deutz-Kalker Straße entlang. Links liegt der ehemalige Friedhof von Deutz, heute eine kleine und gepflegte Parkanlage, die sogar weitgehend hunde(scheiße)frei ist. Dahinter entsteht auf dem Areal bis zur Bahn eine neue Mehrzweckhalle, die »KölnArena«. Über 850 Millionen Mark werden hier verbaut sein, wenn Anfang 1999 die Halle eröffnet wird für Sport, Musik und Unterhaltung, dazu die Rahmenbebauung mit über 100.000 qm Büros. Hier wird das neue »Technische Rathaus« der Stadt Köln einziehen. Das Ganze ist nicht unumstritten. Einmal befürchten Anwohner eine starke Zunahme von Verkehr und damit auch von Lärm, Gestank, Abgasen usw. und beklagen den Wegfall eines geplanten Grünzuges vom Rhein bis an den Rand der Messe. Zum anderen wird die indirekte Subvention der Stadt in Höhe von rund 30 Millionen Mark kritisiert, obwohl doch das ganze Unternehmen von einer privaten Gesellschaft gebaut und vermarktet wird. Aber die Spitzen der Stadt wollten dieses Prestigeobjekt auf jeden Fall, zur Aufwertung des rechtsrheinischen Kölns und als Standortvorteil im Konkurrenzkampf mit anderen Großstädten. So wird es hier demnächst internationale Rockgrößen neben Tennisturnieren, Europameisterschaften neben Weltkongressen geben. Sport, Musik, Politik oder Religion, alles ist möglich. Aber keiner weiß, ob sich das jemals rechnet. Oder nur für wen?

Das Deutz-Kalker Bad auf der anderen Straßenseite des Parks zählt zu den ältesten Hallenbädern der Stadt. Doch es rottet vor sich hin ohne Wasser und Schwimmbetrieb. Der Bau vom Ende des 19. Jahrhunderts steht unter Denkmalschutz, und wenn man es schafft, einen Blick hineinzuwerfen, ahnt man ein wenig von der Atmosphäre der dampfenden und schwitzenden Erholung jener Zeit: weiße und blaue Kacheln, die Farben von Wasser und Licht, Kabinen bis an den Beckenrand und rundherum eine Galerie. Aber nicht nur um Erholung ging es damals, sondern auch um Hygiene, denn die meisten Wohnungen hatten weder Bad noch Dusche, so daß die Menschen in diese damals ganz modernen öffentlichen Bäder gingen, um sich zu säubern. Inzwischen wird nur noch ein kleiner Teil des Baus genutzt von einem Boxsport- und einem Judoverein.

Judenfriedhof

10

Mit dem Fahrrad oder auf einem längeren Spaziergang geht es dann rechts ab auf dem Reitweg zwischen Fachhochschule und Sportplätzen hindurch, an Grünanlagen vorbei, unter dem Deutzer Ring hindurch und über den Autobahnzubringer hinweg zum alten jüdischen Friedhof. 1699 wurde hier der erste Tote begraben. Heute ist der Friedhof fast zu einem Teil der Natur geworden. Die Gräber sind überrankt, die Grabsteine verwittert und oft von ihrem eigenen Gewicht in den Boden gedrückt. Jüdische Friedhöfe sind auf Ewigkeit hin angelegt, sie kennen keine begrenzten »Liegezeiten«, sondern sie wachsen über Generationen und werden nicht wie christliche Friedhöfe gärtnerisch gepflegt. Vergessen sind sie dennoch nicht. Viele jüdische Besucher legen kleine Steinchen auf die Grabsteine. Diese Tradition stammt aus der Zeit, als das Volk Israels durch die Wüste zog und die Verstorbenen mit Steinen bedeckt werden mußten.

Die Grabsteine haben durch die Jahrhunderte gelitten, aber die hebräischen Buchstaben und

Die Grabsteine auf dem jüdischen Friedhof mußten liegen, damit die preußischen Soldaten freies Schußfeld hatten.

die Ornamentik sind gut zu entziffern: Segnende Hände sagen uns, daß der Tote ein Priester war oder aus einer Priesterfamilie stammte; eine Kanne weist auf den Leviten hin, der am Feiertag Wasser über die Hand des Priesters goß; der geknickte Baum ist bei Männern und Frauen zu finden, die in der Blüte ihrer Jahre starben; Tiere illustrieren häufig den Namen des Verstorbenen (Löw, Baer, Hirsch), wie hier in Deutz der Rinderschädel bei der Familie Rindskopf.

Die ältesten Gräber aus dem frühen 18. Jahrhundert befinden sich hinter dem Eingang links. Davor liegen die Gräber des 19. Jahrhunderts, wo auch der Musiker Isaac Offenbach ruht, der Vater des Komponisten. Hier sind auch zweisprachige Grabsteine zu finden sowie die eingefaßte Grabstätte der Familie Oppenheim, deren Grabmal von der Denkmalpflege im klassizistischen Stil erstaunlich farbenfroh restauriert wurde.

Charakteristisch für den neueren Teil auf der anderen Seite des Hauptwegs sind die liegenden Grabsteine. Mitte des 19. Jahrhunderts verboten die preußischen Militärs, die Steine aufrecht zu stellen, damit sich kein Feind heimlich den Bastionen und Forts nähern konnte.

Moses Hess, einer der ersten deutschen Kommunisten: in Paris gestorben und in Köln begraben.

Moses Hess

Der wohl prominenteste Tote dieses Teils, dessen Grab rechts neben dem Hauptweg liegt, dessen sterbliche Überreste jedoch im Jahre 1961 nach Israel geschafft wurden, ist Moses Hess, ein Freund von Marx und Engels, einer der ersten Kommunisten in Deutschland, Mitbegründer der Rheinischen Zeitung in Köln, später überzeugter

Lassalleaner und Begründer des sozialistischen Zionismus, auf dessen Theorien und Utopien sich zum Teil bis heute die radikalen Kibbuzim in Israel beziehen. Hess wurde zwar 1812 in Bonn geboren und ist 1875 in Paris gestorben, ließ sich aber auf eigenen Wunsch auf diesem Friedhof in Deutz neben seiner Mutter begraben. Köln war seine Lieblingsstadt, und er ist so etwas wie ein »Adoptivsohn«.

Der Exkurs führt über den Judenkirchhofsweg, geht unter der Severinsbrücke hindurch und stößt am Ufer des Rheins in der Nähe des Deutzer Hafenbeckens wieder auf die kürzere Route.

Das Rheinufer / Römerwall und Nazipomp

(11)

Auch dieses Ufer harrt wie das gegenüberliegende am Rheinauhafen der touristischen Aufwertung, für die die Stadtverwaltung schon manche Vorstellungen und Pläne entworfen hat. Eine Idee war, die Deutzer Hafen- und Kaianlagen in eine Park- und Gastronomielandschaft umzufunktionieren.

Vom Ufer aus hat man ständig den berühmten Blick auf die Altstadt, den so viele Maler und Zeichner des Kölnpanoramas eingenommen haben. Aus Deutzer Perspektive hat diese Sichtweise jedoch auch zu solcher Arroganz geführt, wie sie etwa in Victor Hugos Worten zum Ausdruck kommt: »Lieber in Deutz wohnen und Köln sehen, als in Köln wohnen und Deutz sehen.«

Am Uferstück zwischen Deutzer Brücke und Hohenzollernbrücke liegt der älteste Teil von Deutz. Hier zwischen dem Lufthansa-Hochhaus und der alten Abteikirche stand der Brückenkopf der steinernen Rheinbrücke, die im 4. Jahrhundert über den Rhein geschlagen wurde, später aber verfiel. Hin und wieder fördern Taucher und Baggerschiffe Holz- und Steinteile dieser ersten festen Brücke ans Licht, und in Köln gehören die Eichenreste mit zu den lokalen Reliquien, aus denen alle möglichen Utensilien, vom Brieföffner bis zur Zigarrenkiste, angefertigt wurden. Das Osttor des früher fast 20.000 Quadratmeter großen Kastells ist konserviert und zwischen Lufthansa und Altersheim zu sehen, so wie man anhand der dunklen Platten vor dem früheren Abteigebäude zum Rhein hin den Grundriß des römischen Militärbaus verfolgen kann.

Der Tip zur Rast:

Restaurant Oasis im Lufthansahochhaus, Kennedy-Ufer 1 – eine griechische Kneipe mit Terrasse und weitem Blick über den Rhein – Restaurant bis 24 Uhr geöffnet – Leckere Speisen zwischen 17,- und 28,- Mark – nachmittags Kaffee und Kuchen!

Den römischen Soldaten folgten die fränkischen Eroberer, und im 5. Jahrhundert wurde aus dem Kastell ein Königshof. Die Franken wurden dann, wie so oft in Köln, von der Kirche abgelöst. In oder auf den Trümmern der Altanlage gründete Erzbischof Heribert ein Benediktiner-Kloster und weihte 1019 die Kirche ein. Der Nachfolge-

Das Deutzer Zentrum zwischen Eisenbahn und Deutzer-Brücke sollte abgerissen werden. Ein Gauforum als Pendant zum Dom.

bau St. Heribert wurde während des Krieges weitgehend zerstört und erst Anfang der 90er Jahre wieder vollständig hergestellt. Heute dient er der Griechisch-Orthodoxen Gemeinde mit ihren fast 10.000 Mitgliedern in Köln als Gotteshaus und trägt den Namen »Die Entschlafung der Mutter Gottes«.

Das Gelände zwischen den beiden Brücken bis weit über Deutz hinaus nach Osten war im Dritten Reich zum Abriß vorgesehen. Nach den Plänen des Kölner Architekten Clemens Klotz sollte hier ein »Gauforum« entstehen, ein gewaltiges Aufmarschfeld mit flankierenden Parteibauten und einem alles beherrschenden »Haus der Arbeit« im Mittelpunkt – quasi das faschistische Pendant zum Dom. Das Forum war als Flügel einer dominierenden Ost-West-Achse geplant, auf deren anderer Seite am Aachener Weiher ein »Haus der Rheinischen Kunst« entstehen sollte. Hätten die Pläne sich verwirklichen lassen, wäre Köln zu einer städtebaulichen Hochburg des Nationalsozialismus geworden. Klotz avancierte mit seinen Ideen zu einem der Architektenlieblinge Hitlers und erhielt einen Professorentitel.

Kürassiere und Dragoner

(12)

Der große Lanzenreiter von 1928 auf dem Denkmalsockel am Rheindamm erinnert an die preußischen Soldaten, die an dieser Stelle nach der Auflösung des Benediktinerklosters Anfang des 19. Jahrhunderts angesiedelt wurden. Bekanntlich bauten die Preußen die Stadt Köln zur stärksten Festung des Westens aus und rüsteten von An-

Der Lanzenreiter von Abel (1928): Wo bleibt die Erinnerung an Moll, Bernigau oder Jansen?

fang an die Grenze gegen den alten und neuen Erbfeind Frankreich auf. Das Militär gab hier in Deutz lange den Ton an und stellte mit über 1.000 Soldaten und fast ebenso vielen Militärbeamten rund ein Drittel aller Bewohner. In die Abteigebäude zog eine Artilleriewerkstatt ein, daneben baute man eine neue Kaserne für berittene Soldaten und Ställe für 600 Pferde. Die hier stationierten Dragoner machten sich in Köln unbeliebt, als sie bei einer Kirmes im gegenüberliegenden Martinsviertel im August 1846 die Randale einiger Jugendlicher hoch zu Roß blutig zusammendroschen. Der Regierungspräsident hatte das Werfen von Feuerwerkskörpern untersagt, und wie so manches Mal schon in Köln drohte aus dem öffentlichen Fest ein Aufstand zu werden. Das Resultat nach der Intervention des Militärs: ein Toter, der Faßbindergeselle Statz, sowie zahlreiche Verletzte. Zwei Jahre später wurde das unbeliebte Regiment verlegt.

Im Frühjahr 1850 folgte das 8. Kürassierregiment, schwerbewaffnete Reiter, die zuvor an der Niederschlagung der demokratischen Revolution beteiligt gewesen waren; zuerst beim Aufstand in Erfurt und dann vor allem bei der letzten großen

Die Dragoner stürmten über die Deutzer Brücke. Der Faßbinder Statz blieb tot auf der Strecke.

bewaffneten Auseinandersetzung in Baden 1849. Diese Kürassiere wurden zur Belagerung von Rastatt eingesetzt, während auf der anderen Seite viele rheinische Demokraten und Sozialisten mitmachten, wie z.B. das Kölner Paar Franziska und Fritz Anneke, der Kölner Kommunist und Marx-Freund Wilhelm Wolff, Friedrich Engels, die Bonner Gottfried Kinkel oder Carl Schurz. Schurz war übrigens eine legendäre Flucht aus der belagerten Festung Rastatt durch die Abwässerkanäle gelungen, wahrscheinlich unter den Füßen dieser wackeren 8. Kürassiere hindurch.

Josef Moll

Ein Kölner, der bei der großen Schlacht an der Murg bei Rastatt Ende Juni 1849 ums Leben kam und an den keine Tafel, keine Straße und auch keine Ratsturmfigur in seiner Heimatstadt erinnert, war der Uhrmacher Josef Moll, 1812 geboren, in der Emigration zuerst in Paris Mitglied im »Bund der Gerechten«, dann im Kommunistenbund in London und 1848 wieder in Köln. Später kämpfte er im aufständischen Heer in der Pfalz. Friedrich Engels, der mit ihm befreundet war, über Moll: »Flüchtig in London, seit dem Kölner Septemberkrawall von 1848, kam er bald unter falschem Namen nach Deutschland zurück, agitierte in den verschiedensten Gegenden und übernahm Missionen, deren Gefährlichkeit jeden anderen zurückschreckte. In Kaiserslautern traf ich ihn wieder. Auch hier übernahm er Missionen nach Preußen, die ihm, wäre er entdeckt worden, sofortige Begnadigung zu Pulver und Blei zuziehen mußten. Von seiner zweiten Mission zurückkehrend, kam er durch alle feindlichen Armeen glücklich bis Rastatt, wo er sofort in die Besanconer Arbeiterkompanie (unter Willich) ein-

In der Nähe von Liebknecht und Karl Marx: eine Straße für Moll in Berlin-Ost.

trat. Drei Tage nachher war er gefallen. Ich verlor in ihm einen alten Freund...«

Karl von Bernigau

Ebenfalls als Teilnehmer am badischen Aufstand vergessen ist der Kölner Karl von Bernigau, der als Leutnant des 25. Regiments auch in Deutz stationiert war. Er gehörte zu einer kleinen Gruppe demokratischer Offiziere, die versuchten, die Revolutionsideale auch in der preußischen Armee zu verwirklichen, und natürlich alle gefeuert wurden. Er engagierte sich im Arbeiterverein und in der Demokratischen Gesellschaft, ging dann als Offizier zu den Revolutionstruppen nach Baden, wurde festgenommen und am 20. Oktober 1849 im Alter von 34 Jahren in Rastatt standrechtlich erschossen. Mit ihm starben 18 weitere Revolutionäre, darunter Bernigaus Adjutant, der Geometer Jansen, ebenfalls ein Kölner. Von ihm kennen wir nicht einmal mehr den Vornamen.

Die Gegner all dieser Revolutionäre sind auf dem Denkmalsockel am Rheindamm verewigt. Der Aspekt ihrer Geschichte, der mit der Zerstörung der demokratischen Freiheiten für lange Jahrzehnte in Deutschland eng verknüpft ist, bleibt jedoch unerwähnt. Den eingemeißelten Beinamen »Graf Geßler« erhielt das Regiment erst später nach der Beteiligung am Krieg gegen Frankreich 1870/71. Daß dabei von den 8. Kürassieren mehr Soldaten durch Syphilis und Ruhr auf der Strecke blieben als auf dem Feld der Ehre, mag die Ambivalenz des denkmalgeschützten Heldentods illustrieren.

Landschaftsverband

(13)

Die preußische Herrschaft im Rheinland hat ein politisches Relikt hinterlassen, das bis heute wirksam ist: den »Landschaftsverband Rheinland« (LVR), der hier am Ufer residiert und den es in dieser Funktion nur noch in Westfalen mit Sitz in Münster gibt. Zwischen kommunale und staatliche Behörden eingeschoben, werden im LVR Autobahnen geplant und Freilichtmuseen verwaltet, psychiatrische Kliniken unterhalten oder Baudenkmäler konserviert. Vor allem in Fragen der Psychiatrie gab es in den 70er Jahren um den Landschaftsverband Rheinland heftige Streitereien, entfacht von den »Beschwerdezentren«, deren Ursprung auf den SSK zurückgeht (siehe S. 135). Der Vorwurf zielte auf die völlig rechtlose Stellung der Patienten in den Landeskrankenhäusern und die Dominanz einer vor allem ruhigstellenden, chemischen Medizin. Manche Menschen waren seit Jahrzehnten in Kliniken verschwunden und wußten nicht einmal, warum. Die Beschwerdezentren, die sich wachsam um alle rheinischen Landeskrankenhäuser gruppierten – in Köln die Klinik Merheim – übernahmen eine Art Patenschaft für die Insassen und schafften es, eine Reihe der sogenannten »Irren« wieder bemündigen zu lassen und herauszuholen. Durch die Veröffentlichungen der unglaublichen Zustände in den Anstalten, die bis zu Todesfällen durch Medikation führten, erreichten sie, daß die Klinik Brauweiler für immer geschlossen werden mußte. Heute ist Brauweiler eher wegen seiner romanischen Benediktinerkirche sowie als Sitz der Kulturverwaltung des Landschaftsverbandes

Im Streit mit dem Landschaftsverband ging es in den 70ern vor allem um »Irrenanstalten« und Psychiatrie.

Protokoll zur Situation im LKH Brauweiler

Ich, Karl-Heinz Denne, erkläre das ich Prof. Dr. Stockhausen betrunken während seiner Dienstzeit angetroffen habe. Im einzeln heißt daß, wenn Prof. Dr. Stockhausen um 8[oo] Uhr Morgens zum Dienst kam war er schon angetrunken, er konnte die Tür von seiner Privatstation (F 7), nicht aufschließen. Ich als Patient mußte ihm die Tür aufschließen. Das war kein Einzelfall er wurde häufiger von mir betrunken angetroffen Auf seiner Privatstation F 7 schlief Dr. Stockhausen regelmäßig sein Rausch aus.
Da ich Beifahrer war mußte ich Prof. Dr. Stockhausen mit Wein und Sekt und andere Spirituosen aus dem Magazin beliefert, Er bekam Mittwoch über den LKH Großeinkauf (Metro) seine Spirituosen. Die ich bei der Privatsekretärin Frau Maria Lange abgegeben habe.

bekannt. Von der Säkularisation an hatte das frühere Kloster jedoch eine wechselvolle Nutzung als Arbeitshaus, Zuchthaus (in dem der junge Bebel seine Kindheitserfahrungen machen mußte), als Gefängnis, KZ-Außenkommando und schließlich als Irrenanstalt.

Am Ende wurde die Anstalt Brauweiler geschlossen.

Was die Psychiatrie im Rheinland angeht, hatte der öffentliche Druck durch die Beschwerdezentren seinen vielleicht nachhaltigsten Erfolg darin, daß sich die Anstalten nicht länger den Methoden der sozialen Psychiatrie verschließen konnten. Der SSK allerdings verstand seine Angriffe fundamentaler. Die Forderung »Schafft endlich den Landschaftsverband ab!« war in und vor diesem flachen Bau am Deutzer Ufer häufig zu hören oder zu lesen.

Hotel Hyatt

14

»Das schönste Grundstück am Rhein in der schönsten Stadt am Rhein bekommt das schönste Hotel am Rhein«, versprach der aufregendste Oberstadtdirektor am Rhein, Kurt Rossa, als der US-Konzern Hyatt im Jahre 1985 seine Pläne vorstellte. Über die Schönheit des fertigen Baus läßt sich trefflich streiten, aber ganz sicher ist es eine der opulentesten Herbergen mit Zimmerpreisen ab 300 DM und einer Luxussuite für 2000 DM pro Nacht. Viele Kritiker halten dieses 300-Betten-Bauwerk für ein stilistisches Sammelsurium, das ohne Konzept im Inneren und Stil im Äußeren ein Potpourri aller Geschmäcker vereint. Motor für den Bau waren ja auch nicht stadtgestalterische

Alle lieben Hyatt! Werbung des Konzerns mit den Repräsentanten der Stadt OB Burger und Oberstadtdirektor Rossa.

Hotel Hyatt: Einblicke unmöglich. Wer drinnen ist, soll den Überblick bewahren.

Überlegungen oder architektonischer Ehrgeiz, sondern das Verwertungsinteresse eines holländischen Pensionsfonds und der Klüngel in der heimischen Stadtspitze.

Das Hyatt-Hotel wurde 1988 eröffnet, und gleich gab es Streit, weil ein alter Eisenbahndamm mit zahlreichen Bäumen an der Rheinpromenade weichen mußte, um den Hotelgästen den Blick auf das berühmte Köln-Panorama freizugeben.

Messe

15

Zwischen Messeturm und Rheinufer findet man in der Grünanlage ein Denkmal aus Ziegelstein, das der Oberbürgermeister am 26. Januar 1993 der Öffentlichkeit übergab: ein Mahnmal zur Erinnerung an die Opfer des Nationalsozialismus. Nach jahrzehntelangem Verdrängen wurde damit auf die Tausende von Menschen aufmerksam gemacht, die im »Dritten Reich« im Messegelände dem Gewaltsystem der Nationalsozialisten ausgeliefert waren und teilweise ums Leben kamen. Eine Tafel nennt die unterschiedlichen Funktionen, die das Gelände hatte als Lager und Deportationsstelle, »ein zentraler Ort der nationalsozialistischen Gewaltherrrschaft in Köln«. Schon zu »Friedenszeiten« wurden hier deutsche Männer gemustert oder Lehrer ideologisch geschult; mit Kriegsbeginn dienten die Hallen als Kriegsgefangenenlager, 1940 als Deportations- und Sammelstelle für Zigeuner, später als Ausgangspunkt für Judentransporte; ab 1942 waren auf dem Gelände Zwangsarbeiter untergebracht, und es gab ein »Arbeitserziehungslager« sowie ein Ba-

Messe 1940: Zigeuner warten auf die Deportation.

rackenlager, in dem 1944 die Politiker der Weimarer Parteien eingesperrt wurden, die man nach dem Hitler-Attentat noch verhaften konnte. Vor allem dieser letzte Abschnitt kam anfangs in Köln öffentlich zur Sprache, weil bekannte Frauen und Männer aus dem Zentrum und aus kirchlichen Kreisen interniert wurden wie Konrad Adenauer, der Kolpinggeschäftsführer Theo Babilon, der Zentrumspolitiker Leo Schwering oder der Priester Heinz Richter. Einige überlebten die Haft, andere wurden von den Nazis ermordet wie Otto Gerig, Wohnungsbaupolitiker und Zentrumsabgeordneter, der am 3. Oktober 1944 im KZ Buchenwald starb. Hanna Gerig, die Witwe, die nach 1945 zu den Mitbegründern der CDU zählte und im Kölner Stadtrat saß, sprach als eine der ersten über die Zeit im Messelager, als ihr Mann hier inhaftiert war: »Natürlich stand jeder von uns, der sich um die Häftlinge kümmerte, selbst in höchster Gefahr. Und es war auch so, daß alle damals Typhus hatten. Ich habe die Wäsche der Typhus-Kranken nach Hause geholt und sie gewaschen, was ich in meinem Leben noch nie getan hatte, und Nachrichten weitergegeben an die Verwandten, an die Familien. (...) Es passierte mir nach dem Tod meines Mannes folgendes: Als ich trotzdem in einem bewußt bunten Kleid noch einmal das Lager aufsuchte, um Nachrichten weiterzugeben usw., jagte man die Bluthunde hinter mir her, die Scheinwerfer wurden eingeschaltet, das ganze Gelände taghell beleuchtet. Nur weil ich das Gelände so gut kannte, gelang es mir, auf Bahngeleise zwischen Holzstößen auszuwei-

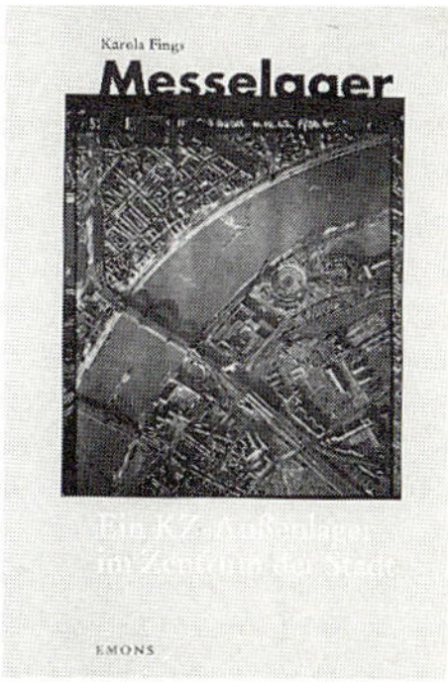

»Messelager Köln« ein KZ-Außenlager im Zentrum der Stadt, von Karola Fings. (Emons-Verlag)

Kinder, Gepäck, Instrumente – alles kam nach Osten.

chen und mir einen Schal in den Mund zu stecken, um mich nicht durch Atem den Hunden zu verraten.«

Der umfangreichste Komplex des Themas Messelager war jedoch in Köln lange kein Gegenstand öffentlicher Aufarbeitung. Die Messe war von 1942 bis 1945 unter der Bezeichnung »SS-Baubrigade III« eine Außenstelle des KZ Buchenwald. Mehrere tausend vor allem polnische und russische Häftlinge, aber auch deutsche Gefangene mußten Trümmer räumen, Bunker bauen, Blindgänger freigraben und Bomben entschärfen. Von Deutz aus wurden zahlreiche Ar-

Stacheldraht, SS-Wachen, Hunde – so sieht ein Zeichner 30 Jahre später das KZ-Messelager.

Messe 1936: Hitler zu Besuch.

beitskommandos in anderen Städten und Industriebetrieben des Rheinlands eingerichtet, von hier rückten Kommandos in die größeren Kölner Betriebe aus, alles organisiert von der Kölner Stadtverwaltung. Daneben gab es 1944 bzw. noch 1945 eigene kleinere Außenkommandos des KZ Buchenwald bei Ford und Westwaggon (später KHD). Gerade Ford profitierte von dem Gewaltsystem der Nazis, waren doch von 1942 bis 1945 teilweise die Hälfte aller Beschäftigten Zwangsarbeiter, darunter viele Frauen aus den überfallenen Ländern des Ostens. Und gerade Ford zählt bis in die Gegenwart zu den Unternehmen, die sich weigern, die eigene Geschichte aufzuarbeiten und den damaligen Beschäftigten irgendeine Form finanzieller Entschädigung zu leisten. Verständlich, daß Ford über seine Rolle im »Dritten Reich« keine Rechenschaft ablegen will: ein amerikanischer Konzern, der für die deutsche Rüstung produzierte, nie bombardiert wurde, aber auch während des Krieges seine Gewinne über die Schweiz in die USA transferieren konnte.

Im Frühjahr 1944 kamen die meisten Messe-Häftlinge nach Nordfrankreich, um dort Abschußrampen für die »Wunderwaffe« V2 zu bauen. Das Lager mitten in der Stadt Köln bestand bis zum März 1945, und zahlreichen Kölnern muß der Anblick der gestreiften Häftlinge unter SS- oder Polizeibewachung in den Trümmern geläufig gewesen sein. Ein polnischer Häftling mit der

»Zwangsarbeit bei Ford« – eine Dokumentation der »Projektgruppe Messelager«.

KZ-Häftlinge arbeiten unter Bewachung vor dem Rathaus. Der Anblick der Gestreiften war alltäglich.

KZ-Nr. 17061 schrieb 1963: »Noch heute fröstelt uns polnische Gefangene des 'Dritten Reiches' bei der Erinnerung, wie wir in diesem Kölner Trümmerhaufen in einer Menschenbrühe wühlen mußten, um an die anderen Überlebenden heranzukommen und sie unter eigener Lebensgefahr auch zu retten. Das, was an unseren zerschlissenen Häftlingsuniformen, an unseren Händen und Holzgaloschen klebte, das war Blut, war polnisches Blut und Blut von Deutschen, deren Passivität wir unser Sklavendasein zu verdanken hatten. Aber warum diese Bitternis, das deutsche Volk in seiner Mehrheit ist heute genauso passiv wie damals ...«

Deutz-Tief

Unmittelbar an das Messegelände grenzt der Bahnhof Deutz, von dessen Bahnsteig »Deutz-Tief« die Waggons mit Zigeunern und Juden Richtung Osten abfuhren. In der Stadt Köln lebten bis Mitte des Krieges rund zehntausend jüdische Bürgerinnen und Bürger, die nicht mehr rechtzeitig fliehen konnten und bis auf ganz wenige Ausnahmen von hier aus in den Tod geschickt wurden. Heute wird das Gleis zeitweilig noch für Massentransporte genutzt, wie etwa beim Abtransport von Wehrpflichtigen oder für Autoreisezüge.

SAMMY MAEDGE

Postfach 270481
5000 KÖLN 1

Liebe Messebesucher !

Liebe Besucher der Photokina !

Bitte bedenken Sie bei Ihrem Besuch der Kölner Messen, daß in diesen Messehallen in der NS-Zeit ein Außenlager des KZ Buchenwald untergebracht war, durch das viele Menschen in den Tod geschickt wurden.

Außerdem befand sich ein Fremdarbeiterlager der Deutschen Arbeitsfront in diesen Gebäuden. Viele aus ihren Heimatländern in ganz Europa zwangsverschleppte Bürger waren hier interniert und fanden durch die Kölner Gestapo im EL-DE-Haus den Tod.

Eine Gedenktafel werden Sie an der Messe vergeblich suchen - es gibt keine. Auch die Festschrift zum 5o-jährigen Jubiläum der Kölner Messe verschweigt die aufgeführten Tatsachen.

Bitte fordern Sie mit uns eine angemessene Gedenktafel für die unzähligen Opfer in der Kölner Messe.

Denn die Opfer zu vergessen, heißt, sie ein zweites Mal zu vernichten!

Дорогие посетители выставки "Фотокина"!
Знайте, что в этих павильонах во времена нацизма был размещен один из концентрационных лагерей Бухенвальда, через который посылали на смерть тысячи людей. В этих же стенах находился лагерь для принудительных работ - сюда сгоняли людей со всей Европы. Многие из них, в том числе около тысячи советских граждан, были замучены кёльнским гестапо.
Напрасно вы будете искать здесь мемориальную доску, её нет. О происходившем на этом месте во времена фашизма умалчивает и юбилейная книга, выпущенная к 50-летию кёльнской выставки.
Присоединяйтесь к моему требованию соорудить на территории кёльнской выставки мемориальную доску, посвященную памяти многочисленных жертв фашизма. Эти жертвы не должны быть преданы забвению!

Flugblatt für die Messebesucher der Photokina 1980.

Hausrat und Möbel der vertriebenen oder deportierten Juden wurden ebenfalls in der Messe gelagert, und ausgebombte Kölner, vor allem diejenigen mit Parteibeziehungen, konnten sich hier neu eindecken. Man wußte damals sehr wohl, aus welchen Quellen die Sachen stammten. Vielleicht wird so auch der historische Blackout verständlich, denn mitbekommen haben viele Menschen in der Stadt, was sich um und im Messegelände abspielte. Erst 30 Jahre später kam der Ort erstmals öffentlich ins Gerede. Als das offizielle Köln vom Messelager nichts wissen wollte,

Messe 1981: Enthüllung der ersten Gedächtnistafel am Messeturm durch den Oberbürgermeister.

verteilte Sammy Maedge, ein Kölner, der schon häufiger mit unkonventionellen Methoden gegen die alten und neuen Nazis hervorgetreten ist, zur Photokina 1980 Flugblätter an die internationalen Gäste: auf französisch, russisch, englisch und persisch machte er auf die verdrängte Lagergeschichte aufmerksam. Ein erster »Erfolg« war eine kleine Gedenktafel, allerdings an der Rückseite des Messeturms. Erst die Initiative einiger engagierter Kölner, die im Mai 1989 ein »Internationales Symposion« in der Messehalle veranstalteten und dazu überlebende Häftlinge aus der damaligen Sowjetunion, aus Polen und Frankreich einluden, konnte die Mauer der jahrelangen Verdrängung durchbrechen. Davon zeugt nicht nur das neue Denkmal am Rheinufer, sondern auch ein jährliches Besuchsprogramm der Stadt Köln, bei dem, von dieser Initiative mit Namen »Projektgruppe Messelager« betreut, frühere KZ-Häftlinge und Zwangsarbeiter für eine Woche nach Köln eingeladen werden. Sie besuchen die Orte ihrer Haft und Arbeit, berichten von ihren Erfahrungen und tragen so als Zeitzeugen zur Dokumentation und Sicherung der Kölner Geschichte bei.

Rheinpark

(16)

Zweimal fand die Bundesgartenschau in Köln statt, und beide Male wurde der Rheinpark dafür hergerichtet. Die Spuren sind an vielen ästhetischen Details der Anlage, der Gebäude und der Gartengestaltung auszumachen. Deutlich werden sie an den Freiplastiken zwischen den Bü-

»Sinnende« von Ludwig Kaspar (1943).

schen und auf den Wiesen. 1957 zur ersten Bundesgartenschau gab es da so etwas wie das erste Freilichtmuseum der bildenden Künste für die Kölner. Es dominiert ein klassischer, weitgehend naturalistischer, in Ansätzen schon abstrahieren-

Was andernorts gesammelt und ausgestellt wird ...

»Stehende« von Fritz Behn (1936).

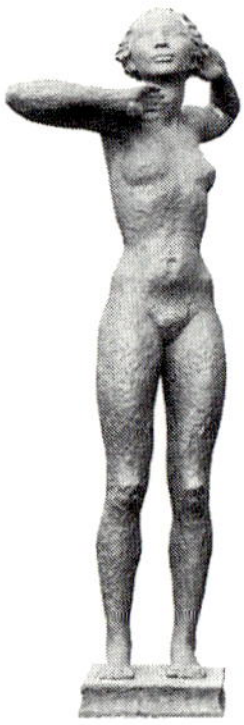

»Schauende« von Hermann Haller (1922).

der Stil. Die meisten Plastiken sind in den Nachkriegsjahren entstanden, als zahlreiche Maler und Bildhauer wieder frei arbeiten konnten, nachdem sie lange von der internationalen Kunstentwicklung abgeschnitten waren. Der vorherrschende Stil drückt beide Komponenten ihrer Entwicklung aus: Es dominiert die »ewig« weibliche Figur, vor allem die nackte: ganz gleich ob es sich um die »Schauende« (Hermann Haller) oder die »Sinnende« (Kaspar Ludwig) handelt, ob die »Stehende« (Fritz Behn), die »Sitzende« (Kurt Lehmann), »Eva« (Gerhard Marcks) oder die »Schreitende« (Richard Scheibe) dargestellt wird, es sind zunächst einmal »nackte Weiber«. Hinzu kommt, dem Wert und Bedürfnis der Zeit entsprechend, allenfalls mal ein nackter Jüngling wie der »Narziß« (Hildegard Domizlaff) oder der »Schreitende« (Richard Scheibe). Ansonsten dominieren Tierplastiken.

Die Rolle der nackten Frauen wird verständlicher, wenn man sich der prüden 50er Jahre erinnert, in der solche »lizensierte Sexualität« öffentliches Anschauungsmaterial darstellte. Sexfilme, Pornohefte und Illustrierte gab es noch nicht fürs breite Publikum. Im Zuge der zweiten Gartenschau 1971 wurden ganz andere Kunstprodukte aufgestellt: filigrane Windplastiken, eher technische Materialwerke, von denen nur noch ein Teil erhalten ist wie die »Rotierende Windrose« der Gebrüder Baschet oder »Der Tanz« von Alexander Sorda. Die gegenständliche Kunst war überholt, Materialexperimente, das Spiel mit den Ele-

... aus den 50er Jahren, ist hier ...

... en masse erhalten und immer zugänglich.

menten und die völlige Abstraktion standen im Vordergrund.

Der Rheinpark, obwohl nah an der Innenstadt gelegen, groß und gepflegt, ist kein überlaufener Park. Wer also Ruhe sucht oder auf Entdeckung gehen möchte, der findet im Rheinpark noch eine Reihe typischer Bauelemente der 50er Jahre in den Gartenanlagen, an Brunnen oder bei den Bauten, die mit freischwebendem Beton, Stahlträgern, Metallbändern und Ornamenten eine Fülle von architektonischen Formen dieser Zeit bewahrt haben. Dem Verdikt des mangelnden Interesses unterliegen auch die beiden Cafés, die im Sommer locken, aber meist menschenleer bleiben.

Der Tip zum Blick:

Messeturm – der schönste Blick über die Stadt aus der Vogelperspektive – hier malte Oskar Kokoschka sein Kölnbild – Restaurant von 12-22 Uhr, Sa 19-22 Uhr – Sonntagsmenü für 42,50 Mark – nachmittags billiger bei Kaffee und Kuchen.

Hafen, Strom und Rheinseilbahn

17

Der Rheinpark zieht sich am Fluß entlang, unter der Zoobrücke hindurch und reicht fast bis nach Mülheim. Rollschuh- und Rollstuhlfahrer, Skateboarder, Wanderer, Kinder, Radfahrer oder Jogger, alle Frischluftfreunde können sich hier zu Hause fühlen. Einen Blick auf das vom Fluß dominierte frühindustrielle Leben erlaubt am Rande der Mülheimer Hafen. Der Charme der weiten

Meere auf Gartenlaubenniveau spiegelt sich in einer alten Schiffswerft ganz am Ende des Hafenbeckens. Auch von der Zoobrücke herunter läßt sich aus dem vorbeifahrenden Auto ein Blick auf alte Kähne, Wracks und Eigenbaumodelle erhaschen. Die ans Ufer gezogenen Boote strecken ihre Bäuche wie erlegte Fische in den Himmel. Bis in die 60er Jahre arbeiteten die Werften »Sachsenberg« und »Berninghaus« im Mülheimer Hafen mit fast 200 Beschäftigten. Heute ist nur eine kleine Reparaturwerft mit einem Bruchteil der alten Belegschaft übriggeblieben. Ein weiter Weg an der nostalgischen Herrlichkeit vorbei führt immer am Ufer entlang bis zur Spitze der langgestreckten Halbinsel, über die hochgeschwungene Fußgängerbrücke an der Hafeneinfahrt, hinüber auf das befestigte Ufer und dann die Hafenstraße und den Auenweg zurück, vorbei am gewerblichen Mix vergammelter Industriehalden, kleiner Handwerksbetriebe und modernem Jachtzubehör. Unter der Zoobrücke findet man auch von der Landseite her Zugang zum Hafen, um Patina der Industrie und Wildwuchs der Natur näher zu betrachten.

Zurück bietet sich eine Fahrt mit der Rheinseilbahn über den Fluß an, die im Park auf der einen und vor dem Zoo auf der anderen Seite ihre Haltestellen hat. Seit über 25 Jahren gondeln die Kabinen über Fluß und Stadtautobahn hin und her – ohne Unfall bislang. Von hier oben genießt man einen letzten Blick auf das Rheinpanorama, und bei klarer Sicht kann man bis zum Siebengebirge blicken. Am Zoo warten dann die Straßenbahnlinien nach Süden und Norden, vor allem aber zurück ins Zentrum.

Stichworte

Die Wege, die »Der Andere Stadtführer« vorschlägt, sind die Wege, die wir als Einheimische oder Fremde auch sonst in der Stadt zurücklegen. Sicherlich, diesmal gibt es Seiten- und Abwege oder Abstecher in die Hinterhöfe und auf die Abstellplätze der Stadtgeschichte, aber wir bleiben in der Stadt, wie wir sie kennen. Die Strecken der Wanderung richten sich nicht nach kunstgeschichtlichen Schnitten a la »Bauten der 50er Jahre« oder politischen Epochen wie »Die Franzosen in Köln«. Wir erleben die Stadt ja auch sonst als ein Amalgam von Ereignissen, Themen und Gegenständen, die in vielen Schichten über-, neben- oder untereinander lagern.

Aber natürlich gibt es auch den Wunsch nach thematischen Überblicken und systematischer Vollständigkeit, der darauf zielt, die Stadt und ihre Geschichte unter speziellen Aspekten zu erfahren. Im folgenden sind deshalb unter sechs Stichworten, die am meisten nachgefragt werden, aus beiden Bänden des »Anderen Stadtführers« alle entsprechenden Punkte herausgelöst und neu zusammengestellt worden.

Zu den drei Themen: »Frauen«, »Juden« und »Köln im Nationalsozialismus« werden zudem neue Wanderungen angeboten, die in der Reihenfolge der aufgeführten Punkte auch zu gehen sind. **Näheres zu den jeweiligen Stichworten und Punkten ist auf der in Klammern angegebenen Seite zu finden. I bezieht sich auf den ersten Band, II entsprechend auf den zweiten.** Taucht kein Verweis auf, wird der entsprechende Ort auch in keinem der beiden Bände erwähnt, war aber wichtig genug, hier aufgeführt zu werden. Ich denke, daß gerade Lehrer, die bei meinen Stadtführungen häufig nach Überblicken dieser Art fragen, hiermit arbeiten können.

Kirchen

Köln galt wegen seiner mehr als einhundert Kirchen, Klöster und Kapellen einstmals als das »Rom des Nordens«. Durch die Säkularisation gerieten viele kirchliche Bauten in den Kreislauf der Spekulation und sind heute nicht mehr erhalten, aber es gibt immer noch eine erhebliche Zahl sorgfältig restaurierter Kirchen in Köln. Berühmt sind neben dem Dom vor allem die großen romanischen Bauten, darüber hinaus sind viele andere kunstgeschichtlich oder historisch wichtige Gotteshäuser zu finden, die oft weniger bekannt sind. Dazu zählen auch Synagogen und Moscheen.

- Agnes (II, 56)
- Neu St. Alban (II, 116)
- Antoniterkirche (I,83)
- Aposteln (I, 122)
- Dom (I, 143 ff)
- Elendskirche (II, 186)
- Gereon (II, 102)
- Alt St. Heribert (II, 208)
- Kartäuserkirche (II, 159)
- Kolumba oder Madonna in den Trümmern (I, 196)
- Kunibert (II, 44)
- Maria im Kapitol (I, 89)
- Maria in der Kupfergasse (I, 118)
- Mariä Himmelfahrt (I, 184)
- Maria Lyskirchen (II, 21)
- Maria vom Frieden (II, 141)
- Groß St. Martin (II, 35)
- Minoritenkirche (I, 192)
- Moschee Vaycel Carami Canii (II, 191)
- Pantaleon (II, 138)
- Severin (II, 154)
- Synagoge in der Roonstraße (II, 132)
- Ursula (II, 74)
- Ursulinenkirche in der Machabäerstraße (II, 69)

Heidentümer

Das junge Christentum hat in grauer Frühgeschichte, wo immer es erfolgreich auftrat, die vorhandenen Religionen und Kulte bekämpft und doch zugleich vieles von ihnen übernommen. Was wir gewöhnlich als »heidnisch« bezeichnen, sind meist vorchristliche Religionsformen – in unseren Breiten eben römische, keltische, germanische oder fränkische, z.T. auch mystische Kulte, für die wir überhaupt keinen Namen haben. Heute will die Kirchengeschichte nichts mehr davon wissen, obwohl es interessant ist, solche vorchristlichen Spuren und Kulte aufzustöbern, die bis heute in den Kirchen materiell und symbolisch vorhanden sind. Im folgenden einige Punkte:

- Kampf des Gallus gegen die Kölner Heiden (I, 72)
- Reinigungsritual und Wassersymbolik in der jüdischen Mikwe (I, 73)
- Maria als Fortsetzung römischer Göttinnen bei »Maria im Kapitol« (I, 89)
- Herman Josef als Paris mit dem Apfel (I, 93)
- Fruchtbarkeitsglaube bei »Maria in der Kupfergasse« (I, 118)
- Aphroditetradition in der Figur der Heiligen Kolumba (I, 197)
- Kultische Waschungen am Tag vor der Sonnenwende am Rhein (II, 28)
- Die Sachsenmissionare Ewaldi (II, 44)
- Fruchtbarkeitszauber im Kunibertspütz (II, 46)
- Eine Bärengöttin und die Heilige Ursula (II, 80)
- Germanischer Ehrenhof im Gerling-Konzern (II, 107)
- Kontaminationsfeld der Heiligenknochen (I, 26 u. II, 77; 157)
- Severin als Wettergott (II, 158)

Legenden

In Köln sind zahlreiche Legenden und Geschichten bekannt, die hier gespielt haben oder von Kölnerinnen und Kölnern erlebt wurden. Kein Platz, kein Bau, keine Kirche und kein Turm, der ohne Legende wäre. Einige sind in diesem Buch kurz und knapp nacherzählt. Wer es gerne ausführlicher haben möchte, sei auf die beiden Bücher »Sagen und Legenden von Köln« von Tilman Röhrig und »Der Löwe von Köln« von Martin Stankowski verwiesen.

- Der Kampf des Bürgermeisters mit dem Löwen (I, 64)
- Platzjabbek und Kaiser Karl (I, 67)
- Jan und Griet (I, 69)
- Der Apfel des Herman Josef (I, 93)
- Der Ring der Richmodis (I, 129)
- Kolumba und die Bärin (I, 196)
- »Sankt« Siegfried als Nationalheiliger (I, 208)
- Die Strafe des Erzbischofs Anno (I, 161; 209)
- Nikolaus hilft einem jüdischen Kaufmann (II, 21)
- Katharina bekehrt heidnische Philosophen (II, 23)
- Ein Brötchen in der Weckschnapp (II, 46)
- Ursula und ihre elftausend Freundinnen (II, 74)
- Der kölsche Boor und der preußische Kaiser (II, 81)
- Gereon der Kriegsdienstverweigerer (II, 102)
- Die Schlacht an der Ulrepforte (II, 142)
- Der halbe Bischof Severin (II, 154)

Frauen

Mit der neuen Frauenbewegung ist seit den 70er Jahren auch eine Neuinterpretation historischer Prozesse unter dem Stichwort »Frauengeschichte« verbunden. Das meint weniger die Ergänzung der Liste historischer Männerfiguren durch herausragende Frauen, sondern eine Neuinterpretation aller überlieferten Ereignisse, Gegenstände oder Orte aus der Sichtweise von Frauen, durch die weibliche Brille sozusagen.

Die Wanderungen dieses Köln-Führers sind von einem Mann geschrieben, der natürlich keine weibliche Sichtweise haben kann. Dennoch habe ich versucht, möglichst viele Orte, Personen oder Themen aufzunehmen, die für Frauen und ihre Geschichte in Köln wichtig sind. Die Informationen und Anregungen hierzu stammen überwiegend von Irene Franken, einer Freundin und Historikerin, die im Rahmen des Kölner Frauengeschichtsvereins (Marienplatz 4, 50676 Köln, Tel/Fax: 0221/248265) spezielle Frauenführungen in Köln veranstaltet. Siehe auch: Irene Franken, Köln – Der Frauen-Stadtführer, Verlag Kiepenheuer & Witsch, Köln 1995.

Die 30 Punkte zur Frauengeschichte sind im folgenden zu einer neuen und separaten Wanderung zusammengestellt, die in der vorgeschlagenen Reihenfolge gelaufen werden kann. Sie beginnt beim ehemaligen Frauenzentrum und führt über die Altstadt ins Stadtzentrum, von dort über das Eigelsteinviertel und die Ringe zurück in die Südstadt. Die Wanderung dauert etwa 3-4 Stunden, ist aber gut zu teilen, die Mitte wäre etwa beim Dom.

1. Eifelstraße: Erstes Kölner Frauenzentrum (II, 146)
2. St. Pantaleon: Kaiserin Theophanu – neuer Wind aus Konstantinopel (I, 138 u. II, 138)
3. Krummer Büchel: Anna Maria van Schürmann – das Genie von Köln (I, 85)
4. Sternengasse: Maria Medici – eine unglückliche Königin im Exil (I, 86)
5. St. Maria im Kapitol: Plectrudis, Ida und ein Damenstift (I, 89)
6. Irene-Ludwig-Tunnel: süßes Geld im Ufertunnel (II, 26)
7. Kölner Pegel: Waschungen vor dem Tag der Sonnenwende (II, 28)
8. Fischmarkt: Marktweiber und Fischfrauen (II, 33)
9. Seidmacherinnengäßchen: Frauenzünfte im Mittelalter (I, 45f; 99)
10. Rathaus: Mikwe – das jüdische Reinigungsbad (I, 73)
11. Prätorium: Agrippina die Stadtgründerin (I, 11)
12. An Farina: erste Kölner Frauenplastik (I, 75)
13. Brückenstraße: Kolumbakirche – eine junge Frau und die Bärin (I, 197)
14. Mariengartengasse: Beginen im Mittelalter (I, 34; 190)
15. An den Dominikanern: Hexenverfolgung in Köln (I, 180)

Mögliche Pause

16. Dom: Südturm – Meister Gerhard und seine listige Frau (I, 148)
17. Domhof: Gefängnis und Hexenurteile (I, 150)
18. Am Alten Ufer: Franziska Anneke – Revolutionärin von 1848 (II, 40)
19. St. Kunibert: Fruchtbarkeitsglaube am Kunibertspütz (II, 46)
20. Machabäerstraße: erste höhere Mädchenschule der Ursulinen (II, 69)
21. Stavenhof: Prostitution (II, 53)
22. St. Ursula: eine frühe Feministin in Köln (II, 74)
23. Altengrabengäßchen: Hurengasse im Mittelalter (I, 104)
24. St. Gereon: die »Immakulata« gegen die demokratische »Bedrohung« (II, 102)
25. Auf dem Berlich: Das Haus der schönen Frauen (I, 119)
26. Maria in der Kupfergasse: Ein schwarze Göttin als Madonna (I, 118)
27. Kleine Brinkgasse: Bordelle im Zentrum (I, 121)
28. St. Maria Lyskirchen: Katharina – eine Frau überzeugt die Philosophen (II, 21)
29. Trajanstraße: Irmgard Keun – die wilde Schriftstellerin (II, 173)
30. Oberländer Wall: Professor Amalie Lauer – die erste Nationalökonomin Deutschlands (II, 171)

Juden

Köln gilt als Ort der ältesten jüdischen Siedlung Deutschlands. Seit dem 3. Jahrhundert sind jüdische Bürger nachgewiesen, und bis ins 11. Jahrhundert haben christliche, jüdische und andere Kölner »normal« nebeneinander und miteinander gelebt. 1424 aber wurden nach mehreren vorausgegangenen Pogromen alle Juden aus der Stadt vertrieben und ihr Vermögen konfisziert. Bis zum Einmarsch der französischen Revolutionstruppen im Jahre 1794 durften keine Juden in Köln wohnen. Die nächste Welle der Verfolgung, diesmal mit dem Versuch der völligen Vernichtung, fällt in die Zeit des Nationalsozialismus.

Aus der langen und wechselvollen Geschichte der Juden in Köln gibt es eine ganze Reihe von Erinnerungspunkten, die jedoch selten »Denkmäler« sind und erst aus dem Zusammenhang und der Umgebung erschlossen bzw. erklärt werden müssen; die Ausrottung oder Vertreibung durch die christlichen Mitbürger war allzu gründlich. Im folgenden sind in neuer Reihenfolge wichtige Punkte zusammengestellt, ergänzt um die Orte, die in den Wanderungen selbst nicht vorkommen, der Vollständigkeit halber aber auch hierher gehören.

Wanderung A beginnt am Dom und führt über die Ringe und das Griechenmarktviertel zurück zum Rhein: Dauer ca. 1,5 Stunden.

Wanderung B (rechtsrheinisch) führt von Deutz nach Mülheim und ist in 1,5 Stunden zu Fuß zu bewältigen.

Wanderung C ist Sonntagnachmittags per Fahrrad in 2-3 Stunden abzufahren.

Die jüdischen Friedhöfe sind – mit Ausnahme des Bocklemünder – alle geschlossen. Besuch und Zugang sind möglich nach Absprache mit der Synagogengemeinde, Roonstraße 50, 50674 Köln, Tel.: 0221/9215600.

Wanderung A (linksrheinisch)

1. Jüdisches Zentrum um Rathaus, Mikwe und Synagoge (I, 73)
2. Dom: Judenprivileg, antisemitische Schnitzereien und der »bekehrte Jude« Victor Carden (I, 168)
3. Machabäerstraße: Streit um eine jüdische Konvertitin (II, 69)
4. Unter Sachsenhausen: Straße jüdischer Bankiers im 19. Jahrhundert (I, 46)
5. Zeughausstraße, Stadtmuseum: Vitrine und Sammlung »Jüdisches Leben in Köln« (siehe Köln-Service, S. 264)
6. Glockengasse: die große Synagoge und die Reichspogromnacht (I, 116)
7. St.-Apern-Straße: Synagoge und Schule der Adass Jeschurun (I, 116)
8. Hohenzollernring 81: antisemitische Buchhandlung (II, 112)
9. Utrechter Straße 6: Reichsvereinigung und jüdische Ärzte im Nationalsozialismus (II, 122)
10. Neustadt und Belgisches Viertel: Wohnschwerpunkt der großbürgerlichen jüdischen Familien
11. Lützowstraße: Jüdische Volksschule und Kinderheim (II, 126)
12. Roonstraße: Synagoge (II, 132)
13. Marsilstein und Griechenmarkt: Geschäfts- und Wohnviertel der armen ostjüdischen Händler und Handwerker
14. Richmodstraße 6: Büro einer zionistischen Vereinigung Anfang des Jahrhunderts
15. Josef-Haubrich-Hof, Stadtbibliothek: Bibliothek Germania Judaica (Köln-Service)
16. Schildergasse: Kaufhaus Tietz zwangsarisiert – heute Kaufhof (I, 82)
17. St. Maria Lyskirchen: Legende vom Heiligen Nikolaus und dem jüdischen Kaufmann (II, 23)

Wanderung B (rechtsrheinisch)

1. Deutz, Judenkirchhofsweg: Jüdischer Friedhof aus der Zeit der Emigration und Siedlung in Deutz mit Gräbern vom 16. bis 20. Jahrhundert (II, 205)
2. Reischplatz – Polizeiwache: ehemalige jüdische Synagoge in Deutz (II, 200)
3. Deutzer Freiheit: Kneipen, jüdische Musiker und Jacques Offenbach (II, 198)
4. Bahnhof Deutz-Tief: Abfahrtsgleis der Transportzüge in die Vernichtungslager (II, 218)
5. Messegelände: Sammelpunkt der Kölner Juden zur Deportation, Lagerung jüdischer Möbel und Wohnungseinrichtungen für ausgebombte Kölner (II, 214)
6. Mülheimer Freiheit 78, Hinterhaus: ehemalige jüdische Synagoge in Mülheim; 1938 zerstört (Gedenktafel)
7. Mülheim, Am Sprinhorn/Ecke Cottbuser Straße jenseits der Bahn: jüdischer Friedhof

Wanderung C (Stadtteile)

1. Ehrenfeld, Körnerstraße 93: ehemalige Synagoge, im »Dritten Reich« zerstört (heute Bunker)
2. Ehrenfeld, Nußbaumerstraße/Ecke Ottostraße: ehemaliges jüdisches Krankenhaus »Israelitisches Asyl«, ab 1946 der erste Betsaal nach der Zeit des Faschismus (später belgisches Militärlazarett)
3. Ehrenfeld, Weinsbergstraße/Nordwestecke des Melatenfriedhofs: Friedhof der ehemaligen jüdischen Gemeinde Ehrenfeld
4. Bocklemünd, Venloer Straße: Jüdischer Friedhof (19. umd 20. Jahrhundert) mit einem Kriegerdenkmal für die jüdischen Gefallenen des Ersten Weltkrieges, das noch am 8.7.1934 eingeweiht wurde.
5. Müngersdorf, Walter-Binder-Weg: Gedenkstein auf dem Gelände der Kasematten des Forts V, in denen die Kölner Juden vor der Deportation kaserniert waren.
6. Braunsfeld, Aachener Straße 443: Abraham Frank Haus, ehemaliges jüdisches Waisenhaus (Gedenktafel)
7. Lindenthal: ehemaliger jüdischer Friedhof an der Decksteiner Straße, hinter dem evangelischen Friedhof
8. Lindenthal, Herbert-Lewin-Straße (vorher nach dem Arzt und NS-Protagonisten: Haedenkampstraße): benannt nach dem Chefarzt am »Israelitischen Aysl« in Köln, Arzt im Ghetto Lodz und in Auschwitz, erster Vorsitzender der Kölner Synagogengemeinde 1946.
9. Bayenthal, Gelände des Bahnhofs Bonntor: im Mittelalter der »Judenbüchel«, Friedhof der Kölner Juden bis zu ihrer Vertreibung 1424; später Hinrichtungsstätte der Stadt Köln. Einzelne erhaltene Grabsteine und Reste auf dem neuen Friedhof in Bocklemünd.
(I, 36,164)

Köln zwischen 1933 und 1945

Was haben die Nazis in Köln eigentlich getrieben? Wer war beteiligt? Wie ging es der Jugend? Was geschah mit den Juden? Wo saß die Gestapo? Wer hat opponiert oder Widerstand geleistet und wo? Solche und ähnliche Fragen werden häufig gestellt. Es gibt zwar viel zu erzählen über die faschistische Epoche in Köln, aber wenig zu sehen. Trotzdem kommen in den Wanderungen zahlreiche Fakten aus dieser Zeit vor, wann immer sich dafür ein Ort finden ließ. Im folgenden sind alle diese – und noch ein paar zusätzliche – Informationen herausgezogen und zu vier neuen Themengruppen zusammengestellt:

Zeugnisse vor 1933
- die aber schon auf die Nazizeit hinweisen und die wir heute als Vorboten interpretieren;

Alltag und Verfolgung bis 1939
- also in der sogenannten Friedenszeit;

Dokumente zu Städtebau und Architektur
- die in Überresten oder in ihren Folgen zu erkennen sind;

Zerstörung und Widerstand im Krieg
- zwischen 1939 und 1945.

Diesmal sind die Punkte nicht geographisch, sondern thematisch geordnet, um eine sinnvolle Einarbeitung und Vorbereitung zu ermöglichen. Einen ausführlichen »Antifaschistischen Stadtführer« mit dem Titel »Köln unter dem Hakenkreuz« verbreitet die VVN als Stadtplan mit Texterläuterungen (bei: VVN, Senefelder Straße 38, 50825 Köln, Tel.: 0221/5501041 gegen DM 5,- in Briefmarken).

Sämtliche ca. 60 Orte der nationalsozialistischen Verfolgung, an denen Gedenktafeln an die Opfer erinnern, sind zu finden in dem Band: Puvogel/Stankowski, »Gedenkstätten für die Opfer des Nationalsozialismus«, Bonn 1995, hrsg. von der Bundeszentrale für politische Bildung, Bonn – wird kostenlos abgegeben.

Zeugnisse bis 1933

1. Ubierring 51: Erste Adresse der Parteileitung (II, 176)
2. Filzengraben: Zweite Adresse der Parteileitung (I, 97)
3. Hohenzollernring: antisemitische Buchhandlung (II, 112)
4. Hindenburgpark: Dolchstoßlegende und Kriegerdenkmal (II, 168)
5. Bahnhauptverwaltung: Soldatenpathos und Heldentod (II, 43)
6. Rathenauplatz: Streit im Rat um Namensgebung (II, 133)

7. Zeughausstraße/Helenenstraße: SA-Kneipen (I, 117)
8. Unter Sachsenhausen/Bankhaus Stein: Finanziers der Nazis (I, 108)
9. Lindenthal, Stadtwaldgürtel 35: Villa Schröder, Geheimtreffen Hitlers mit von Papen

Alltag und Verfolgung bis 1939

1. El-De-Haus: Gestapo-Zentrale (I, 112)
2. Regierungspräsidium: Berufsverbote im »Dritten Reich« (I, 110)
3. Herman Göring besucht Kardinal Schulte (I, 106)
4. Kampf zwischen Kommunisten und SA am Eigelstein, Hinrichtung im Klingelpütz, »NS-Märtyrer« Winterberg und Spangenberg (II, 55, 93)
5. St. Mariä Himmelfahrt: Pater Spieker predigt gegen die Nazis (I, 184)
6. An den Dominikanern: Haus der Deutschen Arbeitsfront (I, 178)
7. Druckhaus Deutz: von den Nazis beschlagnahmt (II, 203)
8. Hohe Pforte 12: antifaschistische Druckerei (I, 89)
9. St. Maria im Kapitol: Treffen katholischer Jugendlicher in der Krypta (I, 93)
10. Kaufhof: Zwangsarisierung des Kaufhaus Tietz (I, 82)
11. Krebsgasse: Polizeipräsidium und Gestapo-Stelle (I, 115)
12. Neumarkt: Gesundheitsamt – Aussonderung und Ausmerzung (I, 130)
13. Rudolfplatz: Im »Dritten Reich« nach dem »NS-Märtyrer« Albert Leo Schlageter benannt (II, 121)
14. Mozartstraße: Parteizentrale »Braunes Haus« (II, 129)
15. Volkshaus Severinstraße 199: Am 2. Mai 1933 beschlagnahmt (II, 190)
16. Kartäuserkirche: der »Rote Pfarrer« Georg Fritze (II, 159)
17. Alte Universität, Claudiusstraße: Gauleitung der NSDAP (II, 172)
18. Elsaßstraße: Schlacht mit der SA (II, 162)
19. Porz, Ecke Frankfurter Straße/Maarhäuser Weg: In den noch bestehenden Gebäuden der ehemaligen Munitionsfabrik an der Straßenkreuzung gegenüber der Fernfahrerkneipe »Am Hochkreuz« unterhielt die SA zu Beginn des Nationalsozialismus ein lokales Konzentrationslager (Keine Erinnerungstafel).
20. Bocklemünd, Venloer Straße (Westfriedhof): Am Rande des Friedhofs errichtete die Gestapo ein eigenes Gräberfeld für ihre Opfer. Heute ein Gedenkstätte. Vor allem Zwangsarbeiter und Häftlinge aus dem El-De-Haus, dem Klingelpütz und dem Messelager sind hier verscharrt worden.

Städtebau und Architektur

1. An wenigen Gebäuden lassen sich noch Dekorationen im NS-Stil ausmachen:

   – Haus der Deutschen Arbeitsfront (I, 183)

   – Druckhaus Deutz (II, 203)

   – Polizeikaserne Bayenthal, Bonner Straße/Ecke Sinziger Straße (Adler auf dem alten Eingangsportal)

2. Stadtplanung der Ost-West-Achse und Hahnenstraße und der N-S-Fahrt (I, 58)

3. Planung eines Aufmarschgebietes und Gauforums Deutz und dazu Aufriß am rechten Rheinufer (II, 208)

4. Sanierung der Altstadt und Siegfried-Figur (I, 208)

5. Höhenhaus, Finnensiedlung. Gegen Ende des Krieges von Zwangsarbeiterinnen erbaute Holzhaussiedlung, der Grundriß der Siedlung ähnelt angeblich einem Finnenloch.

6. Friesenviertel, Gerling-Verwaltung : Ehrenhof, Planung und Relief von Arno Breker (II, 106)

Zerstörung und Widerstand im Krieg bis 1945

1. Hansa-Hochhaus: Zwangsarbeiter bei der Bahn (II, 86)

2. Messelager: KZ-Außenlager und Deportationsort (II, 214)

3. Kalker Hauptstraße 13, 185, 216, 274 und 296: Zwangsarbeiterlager. In Köln gab es rund 250 Lager für Zwangsarbeiter und Zwangsarbeiterinnen, von denen hier nur einige genannt sind.

4. Autobahnkreuz Köln-Gremberg, Gremberger Wäldchen: Kriegsgefangenenlager. Hier befand sich zunächst ein Arbeitslager der Deutschen Arbeitsfront, später ein Lager für sowjetische Kriegsgefangene, von denen 74 während der Gefangenschaft ermordet wurden. (Gedenkplastik des Bildhauers Klaus Balke)

5. Dom, Nordturm: Die Ziegelsteinplombe erinnert an den Bombentreffer von 1944 (I, 157)

6. St. Gereon, Christophstraße: Eine Taube an der Nord-West-Ecke des Dekagon markiert die Stelle eines Bombentreffers (II, 102)

7. St. Georg, Severinstraße: Friedhof im Innenhof der Kirche mit verschiedenen Kriegs»opfern«: Zwangsarbeitern, Kriegsgefangenen, Polizisten und Gestapo-Leuten

8. Westfriedhof Bocklemünd: Gräberfelder der Bombenopfer des Zweiten Weltkrieges

9. Brückenstraße, Kolumbakapelle: Trümmerreste der Kolumbakirche als Erinnerung an Krieg und Zerstörung (I, 199)

10. Walter-Binder-Weg, Müngersdorf: Das ehemalige preußische Fort V diente von 1941 bis 1944 zur Internierung der Kölner Juden.

11. Deutz-Bahnhof: Gleis Deutz-Tief, Abfahrtsort der Deportationszüge für Kölner Juden und »Zigeuner« (II, 218)

12. Ehrenfeld, Venloer Straße/Ecke Bartholomäus-Schink-Straße: Gedenktafel zur Erinnerung an die öffentliche Hinrichtung von sowjetischen Zwangsarbeitern und Kölner Edelweißpiraten am 25.10. und 10.11.1944

13. Sülz, Sülzgürtel 8: ab 1943 Zentrale der Kölner Gruppe des »Nationalkomitee Freies Deutschland« (NKFD), ca. 200 Mitglieder, vor allem Kommunisten, bürgerliche Antifaschisten und sogenannte Ostarbeiter

14. Großer Griechenmarkt: militärische Auseinandersetzungen zwischen Widerstandskämpfern und Gestapo (I, 137)

15. Niehl, Rheinufer: Durch den Düker, der von hier aus unter dem Rhein auf die andere Seite nach Stammheim führt, flohen am 4. März 1945 der letzte kommissarische Oberbürgermeister Robert Brandes und die letzten NS-Führer vor den einrückenden Amerikanern auf die andere Seite, wo sie sich noch für 3 Wochen halten konnten.

Register

KÖLN-SERVICE

zusammengestellt von Irmgard Scholten

INHALT

AN- UND ABREISE

Köln ist mit dem Zug von allen deutschen und vielen europäischen Großstädten im Direktverkehr zu erreichen; ebenso mit dem Flugzeug (s.a. Flughafen) und natürlich auch aus allen Himmelsrichtungen mit dem Auto.

Mitfahrgelegenheiten vermitteln die folgenden Mitfahrzentralen:

Citynetz Mitfahrzentrale
Saarstraße 22, 50859 Köln
☎ 194 44

Mitfahrzentrale
Maximinenstraße 2, 50668 Köln
☎ 194 40

McShare Mitfahrzentrale
Trierer Str. 47, 50674 Köln
☎ 92 12 40-20

Für StudentInnen (s.a. Universität) lohnt es sich ebenso, an den schwarz-grünen Brettern die Angebote zu studieren oder eigene Aushänge zu machen; eine wichtige Adresse dazu:

AStA-Haus
Universitätsstraße 16, 50937 Köln
☎ 470 29 92/93

Ausgangspunkte zum Trampen:

— in Richtung Süden der Verteilerkreis Militärring/Bonner Straße, Bahn/Bus Linie 132, Haltestelle Arnoldshöhe

— in Richtung Westen stadtauswärts die Aachener Straße, KVB Linie 1, Haltestelle Stadion

— in Richtung Norden Raststätte am Zubringer zur Auffahrt Köln-Mülheim, mit der Straßenbahn 5 oder 4 Keupstraße, dann Bus 152/153 (Richtung Flittard) bis Von-Lohe-Straße, ca. 400 m laufen

— in Richtung Osten die rechtsrheinisch gelegenen Autobahnauffahrten entlang der Olpener Str., Bahn/Bus Linie 1, Haltestellle Brück, Mauspfad

ARCHIVE UND BIBLIOTHEKEN

Historisches Archiv der Stadt Köln
Severinstraße 222-228, 50676 Köln
☎ 221 44 50
Mo-Do 9.00-16.30, Fr nur bis 12.00, Sa 9.00-13.00 Uhr
Dokumente und Schriften der Stadt Köln seit dem 12. Jh.

Feministisches Archiv und Dokumentationszentrum
Bayenturm, 50678 Köln
☎ 931 88 10
nach Absprache
Bestand: ca 9.000 Dokumentationen (Bücher, Aufsätze), 220 Pressedokumentationen, 428 nationale und intern. Frauenzeitschriften-Titel, rund 2.000 Flugblätter und Plakate
Sammelschwerpunkte: Die neue Frauenbewegung (ab 1971), Die alte Frauenbewegung (ab 1848), aber durchaus auch alle Stationen der Menschengeschichte

Köln-Archiv
Entstanden aus dem Redaktionsarchiv des Kölner Volksblatt, sammelt das Köln Archiv e.V. alle Materialien, Flugblätter, Plakate, Fotos, Bücher und Objekte der sozialen und politischen Opponenten in Köln, insbesondere der Protestbewegungen nach 1968. Die Bestände sind im Historischen Archiv (s. dort) und dort im Lesesaal ausleihbar.

Rheinisches Bildarchiv
Kattenbug 18-24, 50667 Köln
☎ 221 23 54
Di-Fr 10.00-12.00, Do 16.30-18.00 Uhr
Ca. 400.000 Bildvorlagen und Fotos zur Kunstgeschichte und Architektur mit den Schwerpunkten Köln und Rheinland

BIBLIOTHEKEN

Zentralbibliothek
Josef-Haubrich-Hof 1, 50676 Köln
☎ 221 38 94
Di und Do 11.30-20.00, Mi und Fr 9.00-18.00, Sa 10.00-15.00 Uhr
Die zentrale Bibliothek mit großem Lesesaal, Tageszeitungen, Lesegeräten, Internet-Terminals, Kopierern, einer Kinderlese- und Kinderhörabteilung, einem Riesenbuchbestand und freundlichem Personal

Germania Judaica
Josef-Haubrich-Hof 1, 50676 Köln
☎ 240 69 63/ 23 23 49
Öffnungszeiten wie Zentralbibliothek
Sammelschwerpunkt: Geschichte des deutschen Judentums; hier die größte deutschsprachige Bibliothek

Bibliothek des Kölnischen Stadtmuseums
Zeughausstraße 1-3, 50667 Köln
☎ 221 37 29
nach telefonischer Voranmeldung
Präsenzbibliothek, alle wichtigen Bücher zur Geschichte Kölns und zur Rheinischen Landesgeschichte, wenig Publikum

T.t. Embargo-Bibliothek
Förder- und Trägerverein selbstverwalteter Bibliotheken und Archive
Melchiorstraße 3-5 (Alte Feuerwache), 50670 Köln
☎73 17 98
Öffnungszeiten telefonisch erfragen
Alternative Bibliothek. Hier sind etwa 5.500 Bücher frei ausgestellt und mit Ausnahme einiger Serien kostenlos nutzbar und entleihbar. Ein Archiv (Zeitungsausschnitte, Flugblätter) dient mit dazu, die Bibliothek zu einem Treffpunkt werden zu lassen.
Sammelschwerpunkte: neue soziale Bewegung in der BRD, linke Bewegungen und Anarchismus in den letzten 150 Jahren, Belletristik, Osteuropa, Drogen

BAHNHOF

Der Kölner Hauptbahnhof, zentral am Rheinufer neben dem Kölner Dom gelegen, ist die Drehscheibe für den gesamten Zugverkehr der Stadt. Die Fahrkartenausgabe in der Eingangshalle ist Mo-Fr von 6.00-23.00 Uhr und Sa, So von 6.00-23.30 Uhr geöffnet, ebenso die Kundendienststelle auf Gleis 1, die ausschließlich Auskünfte über Verspätungen erteilt.
Telefonisch ist die Reiseauskunft unter ☎ **194 19** zu erreichen; automatische Fahrplanauskunft hat die Rufnummern:

☎ 115 31 Abfahrten Richtung Düsseldorf/Ruhrgebiet von 0.00-13.00 Uhr
☎ 115 32 Abfahrt Richtung Amsterdam, Brüssel, Paris von 13.00-24.00 Uhr
☎ 115 33 Abfahrten Richtung Hamburg
☎ 115 34 Abfahrten Richtung Hannover
☎ 115 35 Abfahrten Richtung Frankfurt
☎ 115 36 Abfahrten Richtung München
☎ 115 37 Abfahrten Richtung Basel/Italien

Die Gebühren für Gepäckaufbewahrung in Schließfächern betragen DM 4.- für 24 Stunden Lagerdauer, maximal 72 Stunden. Wie in jedem Bahnhof, so ist auch im Kölner Hauptbahnhof noch vieles außerhalb der normalen Öffnungszeiten möglich; der Service im Hauptbahnhof umfaßt:

— die Bahnhofsbuchhandlung Ludwig: ☎ **13 20 01**, umfangreiches Taschenbuchsortiment, Reiseliteratur zu Köln, deutsche und ausländische Presse, aktuelle Fachzeitschriften, täglich von 6.00-24.00 Uhr geöffnet (Buchhandlung bis 22.00 Uhr)

— die Wechselstube der DVKB: Umtausch, Reiseschecks, Eurocheques und Überweisungen, täglich von 7.00-21.00 Uhr geöffnet

Wer außerhalb der üblichen Geschäftszeiten in Köln ankommt, kann sich in den Geschäften im Hauptbahnhof — Lebensmittel, Bäckerei, Drogerie u.v.m. — mit dem Nötigsten eindecken. Die Öffnungszeiten sind unterschiedlich, generell von 7.00-22.15 Uhr, die Preise allerdings höher als in normalen Läden.

Wer in Schwierigkeiten ist, kann sich an die Bahnhofsmission wenden, die in akuten Notsituationen rund um die Uhr zur Verfügung steht. Für Kleinkinder ist ein Wickelraum vorhanden.

Hinter dem Hauptbahnhof, am Breslauer Platz, liegt der Busbahnhof. Hier verkehren die Busse im Regionalverkehr, unter anderem auch der Flughafenbus (s.a. Flughafen). Der Infoschalter für Busse, mit den Dienstleistungen Reiseauskunft und Fahrkartenverkauf, ist unter ☎ **12 44 12** zu erreichen und Mo-Fr 7.15-19.45 Uhr geöffnet.

Etwas unterhalb des Busbahnhofs befindet sich das Büro der Deutschen Touring GmbH. Hier gibt es Auskünfte und Karten für den Europabus, einer preiswerten Alternative zur Bahn: täglicher, europaweiter Linienverkehr mit Bussen — zum Beispiel Köln-Paris Hin/Rückfahrt 120.- DM. Das Büro ist Mo-Fr 9.00-18.00, Sa 9.00-12.30 Uhr geöffnet und telefonisch unter ☎ **12 48 03/04** erreichbar.

BEHINDERTE

Die Stadt Köln gibt einen »Ratgeber für Behinderte« heraus; er ist kostenlos bei den Bezirksstellen und im Bürgerbüro erhältlich und aufgrund der vielen Informationen unbedingt zu empfehlen. Dem Buch ist ein Innenstadtplan, Maßstab 1:10.000, mit Hinweis zur behindertengerechten Gestaltung der Umwelt beigefügt. Wichtig ist auch der regelmäßige Mittwochstreff ab 18.30 Uhr im:

Club 68 e.V.
Wormser Str. 45, 50677 Köln
☎ 38 06 05

Zentrum für Selbstbestimmtes Leben e.V.
Jakobstraße 22, 50676 Köln
☎ 32 22 90
Mo-Do 9.00-16.00, Fr 9.00-14.00 Uhr
Beratungsstelle für Behinderte, deren Mitarbeiter ebenfalls behindert sind. Beratung zu: Recht und Finanzen, Beruf, Ausbildung und Schule, Urlaubsmöglichkeiten, Mobilität, Schwerbehindertenbetreuung, Einführung in computergestützte Hilfsmittel.
Der Behinderten-Fahrtendienst verkehrt Mo-Do von 9.00-23.00, Sa, So und an Feiertagen von 9.00-24.00 Uhr; Auskünfte erteilt das Sozialamt unter ☎ 221 7415/19/23/25/28 und ☎ 221 75 24 zu den normalen Öffnungszeiten.

CAMPING

Besucher/innen können unter vier Campingplätzen, davon drei in unmittelbarer Rheinnähe, auswählen:

Bootshaus Berger
Uferstraße 71, 50996 Köln (Rodenkirchen)
☎ 39 22 11
1. März-31. Okt. geöffnet
Bahn/Bus Linie 130, Endhaltestelle Uferstraße

Campingplatz Waldbad
Peter-Baum-Weg 9, 51069 Köln (Dünnwald)
☎ 60 33 15
ganzjährig geöffnet
Bahn/Bus Linie 4, Haltestelle Leuchterstraße

Städtischer Familienzeltplatz
Weidenweg 46, 51105 Köln (Poll)
☎ 83 64 27
1.März-30.Nov.geöffnet
Bahn/Bus Linie 7, Haltestelle Salmstraße

Städtischer Jugendzeltplatz
Alfred-Schütte-Allee 131, 51105 Köln (Poll)
☎ 83 59 89
während der Sommerferien geöffnet
Bahn Linie 7 bis Salmstraße, dann Bus 159 bis Endstation

Die Gebühren pro Nacht betragen auf allen Plätzen im Schnitt:
ca DM 7.- Zelt oder Caravan
DM 4.- bis 7.- Auto
DM 5.- bis 6.- Erwachsene
DM 4.- bis 5.- Kinder

Wenn auf der Reise etwas kaputtgehen sollte oder Wichtiges vergessen worden ist, dann gibt es die Ausrüsterläden, von denen wir aufgrund ihres Angebots und ihrer fachlichen Beratung empfehlen:

Mobilé
Hohenstaufenring 8 , 50674 Köln
☎ 21 51 99

Out-Fit
Lungengasse 31, 50676 Köln
☎ 240 10 04

Trans Globe
Zülpicher Str. 38, 50674 Köln
☎ 23 93 98

EINKAUFEN

Das Haupteinkaufsgebiet von Köln liegt im Zentrum zwischen Rhein und Ringen. In den beiden bekanntesten, dafür jahrmarktgleichen Geschäftsstraßen, Hohe Straße und Schildergasse, befinden sich auch die großen Kaufhäuser. Die edlere Geschäftsszene hat sich nach Westen, in die Breite Straße und die Mittelstraße sowie in das Gebiet nördlich des Neumarkts, verschoben. Wem es denn gefällt, für den sind auch die sechs größten Ladenpassagen von Köln interessant, die jeweils eine Vielzahl von kleinen und größeren Geschäften, Cafés und Restaurants bieten. Dazu gehören: Bazar de Cologne, Mittelstraße; Kölner Ladenstadt (genannt Schweizer Ladenstadt), Glockengasse; Neumarktpassage, Neumarkt; Olivandenhof, Zeppelinstraße; Richmod's Passage, Neumarkt; WDR-Arkaden, Breitestraße; Wer sich auf den »Ein-

kaufsrummel« dort nicht einlassen will, wird sich eher in den Einkaufsstraßen, den Plätzen und Märkten in Kölner Stadtvierteln wohlfühlen: der Severinstraße in der Südstadt, der Neusser Straße in Nippes oder auf der Frankfurter Straße in Mülheim. In der Innenstadt noch einigermaßen erträglich ist die Ehrenstraße, von den Preisen her erschwinglich ist es am Eigelstein und in der Weidengasse. Zu empfehlen ist ein Besuch der Kölner Wochenmärkte, die an unterschiedlichen Tagen von 7.00-13.00 Uhr stattfinden:

Der bunteste und auch vielseitigste Markt wird täglich außer sonntags von 7.00-13.00 Uhr auf dem Wilhelmplatz in Nippes veranstaltet.

dienstags und freitags:

Altstadt, Apostelnkloster und Sudermanplatz
Brück, Olpenerstraße, zwischen Pohlstadtsweg und Am Gräfenhof

Ehrenfeld, Neptunplatz
Lindenthal, Gleueler Str./Lindenthalgürtel
Mülheim, Schützenplatz/Berliner Str.
Poll, Siegburger/Rolshover Str.
Sülz, Auerbachplatz und Hermeskeiler Platz
Vingst, Ostheimer/Sigrid-Undset-Str.

freitags:
Deutz, Unter der Rampe der Severinsbrücke
Alter Markt, Innenstadt

dienstags und samstags:

Braunsfeld, Aachener Str./Gelände Gbf. (auch Do)
Porz, Friedrich-Ebert-Platz

mittwochs und samstags:

Bickendorf, Venloer Str./Vitalisstraße
Buchforst, Waldecker Str.
Heimersdorf, Haselnußhof
Höhenhaus, Wupperplatz
Klettenberg, Siebengebirgsallee/Klettenberggürtel
Longerich, Gartenstadt Nord, Schlack- / Johannes-Ring-Str.
Mülheim, Stegerwaldsiedlung/An St. Urban
Riehl, Riehler Gürtel/Garthestraße

ÖKO-Märkte

Mi (11.00-18.00), Sa (8.00-14.00) Rudolfplatz
Fr (11-18.00) Severinskirchplatz

Bio- und Naturkostläden sind in fast jedem Stadtteil zu finden. Neben dem nützlichen Angebot für eine gesunde Ernährung sind sie oft auch Szenetreffpunkt mit Tips und Informationen.

Wer Bummeln und Einkaufen, Kurioses und Schnäppchen in dieser spezifischen Verbindung schätzt, sollte einen der Kölner Flohmärkte besuchen. Sie werden an Wochenenden veranstaltet — entweder samstags von 9.00-18.00 oder sonntags von 11.00-18.00 Uhr. Hier nur eine kurze Auswahl:

1. Sonntag alle 2 Monate: Südstadt, Stadion Süd
2. Sonntag in ungeraden Monaten: Kölner Ladenstadt, Breite Str.
Jeden Fr und Sa: Weidenpesch Rennbahn, Scheibenstraße
4. Sonntag im Monat: Nippes, Wilhelmplatz

Ein Attraktion ist der allsonntägliche Vogelmarkt in der Annostraße/Ecke Rosenstraße, zwischen 8.00-13.00 Uhr. Tauben und Kleintiere werden aus dem Kofferraum des Autos heraus angeboten. Hier tummelt sich Multi-Kulti.

Eine weitere Attraktion ist der Blumenmarkt auf dem Neumarkt, der von Mitte April bis Mitte Mai täglich von 9.00-18.00 Uhr stattfindet. Kaum zu empfehlen ist ein Besuch der Weihnachtsmärkte und des Mai- und Herbst-Trödelmarkts auf dem Neumarkt — zu viel Rummel, Nepp und überhöhte Preise!

Köln kennt übrigens eine Fülle von guten, speziellen, absurden, geheimnisvollen oder einfach gemütlichen Geschäften für Pferdefleisch, Honig und Kaffee, Sekt, Zigarren und selbstgebrannten Weinbrand, Postkarten, Glühbirnen, Eisenwaren, Filz oder Gummi, Übergrößen und Luftballons und sehr viele Secondhand-Läden für Kleidung, Hausrat und Möbel. Man/frau muß sie selber suchen und wird einige auch sicher finden, z.B. in den Seitenstraßen der mittleren Ringe, in der Südstadt, in Sülz oder hinter dem Neumarkt und am Eigelstein.

ESSEN UND TRINKEN

Angesichts zahlloser Wirtschaften, Bistros, Restaurants, Pizzerias, Cafés oder Kebabstuben ist es vielleicht vermessen, einzelne gleichsam objektiv und besonders hervorzuheben. Es kann sich immer nur um völlig subjektive Tips handeln.

Empfehlenswert in Überblick und Stil ist die jährliche Spezialausgabe der Stadt Revue mit dem Titel »Tag + Nacht« Essen, Trinken, Tanzen in Köln (9,- DM am Kiosk).

FRÜHSTÜCK

Bürgerzentrum Alte Feuerwache
Melchiorstraße 3, 50670 Köln (Nordstadt)
☎ 73 73 93
täglich von 10.00-13.00 Uhr, Sa, So bis 15.00 Uhr
eher alternativ

Café im Schokoladenmuseum Imhoff Stollwerck
Rheinauhafen
täglich von 10.00-18.00 Uhr, Sa, So bis 19.00 Uhr
Wunderbarer Blick aufs Wasser und guter Kakao (kein Wunder)

Café Reichard
Unter Fettenhennen 11, 50667 Köln (Altstadt)
☎ 257 85 42
Direkt gegenüber dem Dom gelegen, kann man á la carte von 8.30-11.30 Uhr frühstücken.

Central Café-Restaurant
Jülicher Str. 1, 50674 Köln (Innenstadt)
☎ 207 15 20
Frühstück auch für Frühaufsteher, von 7.00-12.00 Uhr ab DM 16.- und reichhaltig

Moderne Zeiten
Auf dem Berlich/Breite Str. 100, 50667 Köln (Innenstadt)
☎ 257 51 71
Vom frühen Morgen bis spät in der Nacht (3.00 Uhr)

Nullzwei
Karl-Korn-Str. 18, 50678 Köln (Südstadt)
☎ 32 19 88
täglich von 9.30-13.00 Uhr

Wunderbar
Marktstraße 10, 50968 Köln (Raderberg)
☎ 38 34 44
Di-Sa 4.00-13.00 Uhr, So 4.00-9.00 Uhr, Mo Ruhetag
Frühstück in der Großmarkthalle

RESTAURANTS

Alcazar
Bismarckstraße 39, 50672 Köln (Innenstadt)
☎ 51 57 33
Mo, Di, Do 12.00-2.00, Mi, Fr, Sa 18.00-3.00, So 18.00-2.00 Uhr
gute Küche ab 10,90 DM

Bali
Brüsseler Platz 2, 50672 Köln (Innenstadt)
☎ 52 29 14
täglich 18.00-23.00 Uhr
sehr gute indonesische Küche, Reservierung erforderlich

Beim Franzosen
Antwerpener Str. 6, 50672 Köln (Innenstadt)
☎ 51 79 24
täglich 19.00-1.00 Uhr, Di Ruhetag
Reservierung empfohlen
deftige Regionalküche

Bieresel
Breite Str. 114, 50667 Köln (Innenstadt)
☎ 257 60 90
täglich 10.00-0.30 Uhr, So Ruhetag
Muschelhaus mit reichhaltiger Fischkarte

Bizim
Weidengasse 47, 50668 Köln (Nordstadt)
☎ 13 15 81
Di-Sa 12.00-15,00 und 18.00-23.00 Uhr
Familienbetrieb in der lebendigen Weidengasse, der die Feinheiten der türkischen Küche mit dem Ambiente eines Mittelmeerlokals mischt. Gut, aber teuer!

Café Especial
Neuhöfferstraße 32,50679 Köln (Deutz)
☎ 81 47 55
täglich 10.00-1.00 Uhr
Traditionelles mexikanisches Lokal mit Happy-Hour

Daitokai
Kattenbug 2, 5067 Köln (Innenstadt)
☎ 12 00 48/49
täglich 12.00-15.00 und 18.00-24.00 Uhr
japanische Küche

Em Golde Kappes, Brauhaus
Neusser Str. 295, 50773 Köln (Nippes)
☎ 73 49 32
täglich 10.00-24.00 Uhr, So Ruhetag
späte Küche, sehr preiswerte Fleischgerichte

Fischers
Hohenstaufenring 53, 50674 Köln (Innenstadt)
☎ 923 15 23
täglich 12.00-15.00 und 18.30-24.00 Uhr, So Ruhetag
exklusive Vorspeisen, wunderbare Fischgerichte, erlesene Weine

Früh em Veedel Brauhaus, vormals Hermann's Brennerei
Chlodwigplatz 28, 50678 Köln (Südstadt)
☎ 257 78 79
täglich 11.00-1.00 Uhr
Brauhaus mit deftiger Küche

Galestro
Im Ferkulum 32, 50678 Köln (Südstadt)
☎ 32 86 33
täglich 18.30-0.30 Uhr
typische italienische Trattoria, prima Essen, gute Atmosphäre!

Hotelux
Rathenauplatz 21, 50674 Köln (Innenstadt)
☎ 24 11 36
täglich 18.00-1.00 Uhr, Fr, Sa bis 3.00 Uhr
traditionelle Rezepte aus den GUS-Ländern

Kleinmann
Zülpicher Str. 9, 50674 Köln (Innenstadt)
☎ 23 23 46
täglich 12.00-14.30 und 18.00-22.00 Uhr, Sa Ruhetag
eher proletarisch als bürgerlich

Le Moissonnier
Krefelder Str. 25, 50670 Köln (Nordstadt)
☎ 72 94 79
täglich außer So/Mo 12.00-15.00, 19.00-24.00 Uhr
Reservierung erforderlich
Charme und sehr gute Qualität zeichnen die französische Küche aus. Hervorragende französische Weine. Prominententreff.

L'Imprimerie
Cäsarstraße 65, 50968 Köln
☎ 348 13 91
Di-Sa 12.00-14.30 und 18.00-1.00 Uhr, Sa nur 18.00-1.00 Uhr
hier wird französische Küche auf klassische Art serviert

Lommerzheim
Siegesstr. 18/gegenüber der Jugendherberge,
50679 Köln (Deutz)
☎ 81 43 92
täglich 10.45 - 14.00 Uhr, 16.30-0.30 Uhr, Di Ruhetag
Legende in Deutz

Mainzer Hof
Maternusstraße 18, 50678 Köln (Südstadt)
☎ 31 25 49
täglich 12.00-15.00, 18.00-1.00, Sa, So 18.00-1.00 Uhr
ungezwungene Atmosphäre, aber ein bißchen laut, täglich wechselnde Speisekarte, guter Mittagstisch

Melisse (vegetarisch)
Dellbrücker Mauspfad 305, 51069 Köln (Dellbrück)
☎ 68 74 38
täglich 12.00-15.00, 18.00-23.00 Uhr, Mo Ruhetag
Bahn/Bus Linie 3 u. 15, Haltestelle Dellbrücker Mauspfad

Merhaba
Florastr. 33, 50733 Köln (Nippes)
☎ 76 41 18
Di-So 18.00-23.00 Uhr
türkische Spezialitäten, gute Atmosphäre bei zivilen Preisen

Olé
Pfälzer Str. 1, 50677 Köln (Innenstadt)
☎ 24 43 58
täglich 17.00-3.00, So ab 12.00 Uhr
gutes Essen, auch zu vorgerückter Stunde

Park
Restaurant und Bar
Kartäuserstr. 14, 50678 Köln
☎ 31 61 17
Di-So 18.00-1.00 Uhr
hohe Qualität zu zivilen Preisen

Peters Brauhaus
Mühlengasse 1, 50667 Köln (Altstadt)
☎ 257 39 50
täglich 11.00-24.00 Uhr
gute Küche und Peters Kölsch

Pitsch-Rodenbusch
Pferdemetzgerei & Restaurant
Alexianerstraße 12, 50676 Köln (Innenstadt)
☎ 21 32 60
16.00-23.00 Uhr,Mo-Di Ruhetag
Karge kölsche Wirtschaft mit vorwiegend einheimischem Publikum, in der es nur Pferdefleisch gibt: zart abgehangen und nicht zu teuer. Sauerbraten mit Klößen, z.B. DM 10,90; Filetsteak mit Pommes Frittes, DM 23,80.

Sion Brauhaus
Unter Taschenmacher, 50667 Köln
☎ 257 85 40
täglich 10.00-0.30 Uhr

Spielplatz
Ubierring 58, 50678 Köln (Südstadt)
☎ 31 47 50
täglich 11.00-1.00 Uhr
Ältester Freßladen der Szene, immer noch (meistens) gut und günstig.

Sprößling (vegetarisch)
Mozartstraße 9, 50674 Köln (Innenstadt)
☎ 23 21 24
täglich 12.00-15.00, 18.00-23.00 Uhr, Di Ruhetag
Sonntags gibt es hier von 10.00- 14.00 Uhr einen vegetarischen Brunch (29,50 DM).

Trattoria Romana
Bonner Wall 39, 50677 Köln (Südstadt)
☎ 37 22 05
täglich 11.30-23.30 Uhr, Mo Ruhetag
typisch italienische Regionalküche

Vietnam
Palmstraße 20, 50672 Köln (Innenstadt)
☎ 25 36 31
täglich 12.00-14.30 und 18.00-24.00 Uhr, Fr, Sa bis 1.00 Uhr
Das einzige seiner Art in Köln.

Zikade
Kurfürstenstraße 2a, 50678 Köln (Südstadt)
☎ 31 15 91
☎ Mo-Sa 8.30-21.00 Uhr, So 9.30-20.00 Uhr
vegetarischer Imbiss

KANTINEN

Wer billig und doch gut essen möchte, vielleicht in einer Pause zwischen den Touren, sei auf die folgenden Kantinen in der Innenstadt verwiesen, die auch für Gäste offen sind:

Kantine beim Regierungspräsidenten (Innenstadt)
Zeughausstraße, 50667 Köln
Mittagstisch von 11.30-14.00 Uhr, Stammgericht 5.- DM, Auswahlgerichte zwischen 5.- und 8.50 DM.

Kantine des Finanzamtes Köln-Süd (Innenstadt)
Am Weidenbach, 50676 Köln
Mittagstisch von 12.00-13.30 Uhr, vier Menüs zur Auswahl zwischen 5,00 und 8,50 DM.

Kantine im Polizeipräsidium
Waidmarkt, III. Etage, 50676 Köln (Innenstadt)
Mittagstisch von 11.40-14.30 Uhr, Gerichte von 5.- bis 8.50 DM. Kein Aufschlag für Betriebsfremde. Zutritt für jedermann/frau.

Zentral im Universitätsbereich gelegen und nur für Kölner Studenten bestimmt:

Universitäts-Mensa
Zülpicher Str., 50937 Köln
Mittagstisch von 12.00-14.00 Uhr. Preise von 2.50 bis 3.50 DM.

AUF DEM RHEIN

Bootshaus Alte Liebe
Rheinufer Rodenkirchen, kurz hinter der Brücke: rot-weiß-quergestreift
☎ 39 23 61
12.30 bis max. 24.00 Uhr (je nach Wetter), Mo Ruhetag

Marienburger Bootshaus
Rheinufer Marienburg in Höhe des Militärrings
Straßenbahn 15, 16
Haltestelle Marienburg
12.30-23.00 Uhr, Mo Ruhetag
Bei gutem Wetter kann es außerordentlich entspannend sein, sich auf dem Rhein zu wiegen und vorbeifahrende Schiffe und Boote zu beobachten. Während die Alte Liebe sich eher als Kaffee-Ausflugslokal und weniger wegen ihrer Mittagskarte empfiehlt, hat sich das Marienburger Bootshaus stärker auf die Küche kapriziert: Rinderkraftbrühe, DM 6.-; gefüllte Aubergine in Hackfleischsoße, DM 10.-; Lachs DM 15.- und ähnliches mehr.

BIERGÄRTEN

In den letzten Jahren gibt es eine Fülle neuer Biergärten, und zahlreiche Kneipen haben inzwischen Außengastronomie (bei schönem Wetter). Also Augen auf. Hier nur wenige Tips:

Päffgen Brauhaus
Friesenstraße 64, 50670 Köln (Innenstadt)
☎ 13 54 61
täglich 10.00-24.00 Uhr

Rennbahn
Scheibenstraße 40, 50737 Köln (Weidenpesch)
☎ 740 83 00
12.00-23.00 Uhr, Mo ab 17.00 Uhr
insgesamt 3.000 Plätze, davon 1.400 im Freien
Bahn/Bus Linien 6, 9, 10, 12 und 19, Haltestelle Scheibenstraße

Stadtgarten-Restaurant
Venloer Str. 40, 50672 Köln (Innenstadt)
☎ 95 29 94 20
täglich 12.00-1.00 Uhr, Fr-Sa bis 2.30 Uhr, So Frühstück 10.30 - 14.30 Uhr
insgesamt 690 Plätze, davon 600 draußen im Biergarten

Volksgarten-Restaurant
Volksgartenstraße , 50677 Köln (Südstadt)
☎ 38 26 26
täglich 11.00-1.00 Uhr im Sommer
insgesamt 500 Plätze

Zu erwähnen sind auch die Gartenlokale im innenstadtnahen Stadtwald — vom Charakter her eher als Ausflugslokale zu bezeichnen. Wer beim Spaziergang im Stadtwald eine Kaffee- oder Teepause einlegen will, sollte dort einkehren. Sie haben im Schnitt von 11.00-1.00 Uhr geöffnet und sind mit Bahn/Bus Linie 136, Haltestelle Kitschburger Str., zu erreichen.

FILM UND VIDEO

Neben den vielen Kinos an den mittleren Ringen gibt es folgende Programmkinos:

Broadway
Ehrenstraße 11, 50672 Köln
☎ 92 57 57-0

Cinemathek
Wallraf-Richartz-Museum/
Museum Ludwig
Bischofsgartenstraße 1, 50667 Köln
☎ 21 11 36

Cinenova
Herbrandtstraße 11, 50825 Köln
☎ 954 17 22

Filmpalette
Lübecker Str. 15, 50666 Köln
☎ 12 21 12

Lupe 2
Mauritiussteinweg 102, 50676 Köln
☎ 21 59 33

Metropolis
Ebertplatz 11, 50668 Köln
☎ 739 12 45

Odeon-Theater
Severinstraße 81, 50678 Köln
☎ 31 31 10

Off Broadway
Zülpicher Str. 24, 50674 Köln
☎ 23 24 18

Klassische Kinos:

Cinedom
Im Mediapark 1, 50670 Köln
☎ 95 19 51 93

Residenz-Kino-Center
Kaiser-Wilhelm-Ring 30
☎ 13 48 21

Rex-Cine-Center
Hohenzollernring 60
☎ 25 41 41

Scala Kino
Hohenzollernring 48
☎ 25 42 24

Ufa-Palast-Center
Hohenzollernring 22-24
☎ 257 40 39

Weisshaus
Luxemburger Str. 255, 50937 Köln
☎ 41 84 88

Im Universitätsbereich finden regelmäßige Aufführungen in der Studiobühne (s.a. Theater) und in der Aula im Hauptgebäude statt – meist zu geringen Eintrittspreisen nach Vorankündigung über Aushänge und Plakate.

Eine wichtige Adresse für Filminteressierte:

Kölner Filmhaus e.V.
Luxemburger Str. 72, 50674 Köln
☎ 41 73 44
ab Frühjahr 1998 Maybachstraße (gegenüber MediaPark)
regionaler Zusammenschluß von über 250 Film- und Videomachern/innen

Aufführungen und Termine der Kölner Kinos sind den Stadtillustrierten, der Tagespresse sowie den Anschlägen an den Litfaßsäulen zu entnehmen; über das komplette Wochenprogramm informiert im Anzeigenüberblick die Donnerstagsausgabe der Tagespresse.

FLUGHAFEN

Der Flughafen Köln-Bonn liegt ca. 15 km südöstlich von Köln in der Wahner Heide und ist mit dem Flughafenbus der KVB, Bahn/Bus Linie 170, schnell und billig zu erreichen. Er verkehrt täglich von 6.00-23.00 Uhr jede halbe Stunde, von 7.00-20.00 Uhr sogar alle 20 Minuten. Die Fahrzeit beträgt 20 Minuten, der Fahrpreis 7.20 DM. Die (einzigen) Haltestellen befinden sich am Busbahnhof und am Bahnhof Deutz. Das Serviceangebot des Flughafens ist dem des Hauptbahnhofs vergleichbar, nur nicht so umfangreich. Informationen können unter ☎ **02203/40 40 01** erfragt werden.
Neben Linien- und Charterflügen starten hier auch die Rundflüge über Köln, die von folgender Gesellschaft angeboten wird:

A.S.T.
☎ 02203/40 24 53

Die Kosten für einen viertelstündigen Rundflug betragen 200.- DM für maximal drei Personen; die Rundflüge finden ganzjährig nach telefonischer Absprache und Wetterabhängigkeit statt.

FRAUEN

Der Touristin bieten sich folgende Anlaufpunkte:
Hotelbuchung und KulturTour, für Frauen die (allein) nach Köln kommen,
Köln der Frauen e.V.
Postfach 50 20 27, 50980 Köln

Für aktuelle Termine — z.B. um zu erfahren, wo frau gerade hingeht — und zum Bücherkauf gibt es eine wichtige Adresse:

Rhiannon
Frauenbuchladen
Moltkestraße 66, 50674 Köln
☎ 52 31 20
Hier gibt es neben Büchern, Flugblättern, Zeitschriften u.v.m. auch Tips, Rechtsberatung Do 17.00-18.00 Uhr.

Ein wichtiger Anlaufpunkt für Lesben ist das SCHULZ:

Schwulen- und Lesbenzentrum SCHULZ
Kartäuserwall 18, 50678 Köln
☎ 93 18 80 (Kneipe)
☎ 93 18 81 (Beratung)
Mo-Fr 18.00-0.30, Sa/So 16.00-0.30 Uhr
der erste Sa im Monat ist Lesben-(Frauen-) Disco

Reichhaltiges Informationsmaterial diverser Frauengruppen, mit dem der Einstieg in die Kölner Frauenszene leichter fällt, hält bereit:

Frauen-Amt
Markmannsgasse 7, 3. Etage, 50667 Köln
☎ 221 6482
Mo-Do 9.00-13.00 und 14.00-16.30, Fr 8.30-12.30 Uhr

Weitere Informationen zur Weiterbildung und Beratung bietet das »Kölner Frauenhandbuch« erhältlich bei der Stadt Köln.
Studentinnen können sich, um Informationen oder Kontakte zu bekommen, an die Frauenreferate des ASTA in den jeweiligen Hochschulbereichen wenden.
s.a. Universität

Frauenbeauftragte der Universität Köln

Eckertstraße 4, 50931 Köln

☎ 470-48 30, 470-27 75

Für Termine mit der Frauenbeauftragten ist eine telefonische Vereinbarung notwendig. Die Frauenbeauftragte setzt sich für die spezifischen Belange aller Frauen an der Universität ein. Ein Schwerpunkt der Arbeit ist die persönliche Beratung in Fällen der Frauenförderung, z.B. der Beförderung, Stipendienvergabe und Kinderbetreuung sowie Be-schwerden bei Diskriminierung und sexueller Belästigung. Das Hochschul- und fakultätsübergreifende Frauenveranstaltungsverzeichnis für Köln wird zu Beginn des Semesters herausgegeben. Es bietet einen kommentierenden Überblick über alle frauenspezifischen Vorlesungen und Seminare. Im Frauenbüro befindet sich eine kleine Bibliothek mit frauenspezifischer Literatur. Zu den eigenen Publikationen der Frauenbeauftragten gehört das Lese- und Handbuch für Studentinnen GENIA. Über besondere Aktivitäten wie Ausstellungen und Theaterveranstaltungen können Sie sich im Frauenbüro informieren.

Hagazussa e.V.
Feministisches Frauengesundheitszentrum
Roonstraße 92, 50674 Köln
☎ 23 40 47
Mo, Do 16.00-19.00, Di 10.00-12.00 Uhr

glf Sozialwerk im SCHULZ
Lesben- und Schwulenberatungsstelle
Kartäuserwall 18, 50678 Köln
☎ 194 46
Mo-Fr 16.00-18.00, Di-Fr 20.00-22.00 Uhr
Vermittlung von Adressen z.B. ÄrztInnen, TherapeutInnen, Selbsthilfegruppen, bieten Hilfe für Menschen, die HIV-infiziert und/oder an AIDS erkrankt sind.

Zentrum für selbstbestimmtes Leben
Jakobstraße 22, 50678 Köln
☎ 32 22 90
Spezielle Angebote für Frauen mit Behinderungen von Frauen mit Behinderungen. Termine telefonisch erfragen.

Wer länger in Köln bleibt und die Stadt kennenlernen will, wendet sich an:

Frauengeschichtsverein
Marienplatz 4, 50676 Köln
☎ 24 82 65
Der Verein organisiert »Historische Stadtrundgänge« und Kirchenführungen für Frauen – sammelt Informationen, forscht über Frauenleben in der Vergangenheit. Programme werden auf Wunsch gegen frankierten Umschlag zugeschickt.
Wenn frau von der Stadt Abwechslung sucht, fährt sie am besten aufs Land:

Frauenbildungs- und Ferienhaus
Prälat-Franken-Straße 13
53909 Zülpich-Lövenich
☎ 02252/65 77
im Regionalverkehr mit Bahn/Bus Linie 979 erreichbar
Dort bieten sich gute Möglichkeiten für Spaziergänge, zum Radfahren sowie zur Teilnahme an Workshops und Kursen. Die Unterkunft kostet ca. 50.- DM pro Tag. Ermäßigungen und kostenloser Aufenthalt bei Mitarbeit im Haus sind möglich.

Sollte frau in Not geraten und gar keine Bleibe haben, dann könnte möglicherweise die folgende Adresse weiterhelfen:

Mäc up Mädchencafé
Machabäerstr. 31 (Domstr.), 50668 Köln
☎ 13 35 57

FÜHRUNGEN

Domführungen
☎ 92 58 47-30
Kurzführungen im Kölner Dom finden ganzjährig zu folgenden Terminen statt:
Mo-Fr 10.00, 11.00, 14.30, 15.30, 16.30 Uhr
Sa 10.00, 11.00 und So 14.30, 15.30 Uhr

Neben den konventionellen Führungen gibt es in Köln eine große Anzahl alternativer Angebote:

Martin Stankowski
An der Bottmühle 6, 50678 Köln
☎ 932 08 18
Stadtführungen vom Kindergarten bis zu Betriebsausflügen, Straßenbahntouren zusammen mit Jürgen Becker, Böll-Wanderungen mit Viktor Böll, Klangstätten mit den Talking Horns und diverses mehr!

Frauengeschichtsverein
Marienplatz 4, 50676 Köln
☎ 24 82 65
siehe Frauen

Cölln-Führungen
Detlef Rick
Kuenstraße 52, 50733 Köln
☎ 73 76 73
Spezialitäten: Führungen durch Kölner Bier- und Brauhäuser in der Altstadt; von der Südstadt nach Bayenthal; Melatenfriedhof. Neu: mit dem Fahrrad um die Mittelalterliche Stadtmauer: »De Rhing erop, de Ringe erav«

StattReisen
Hansaring 135, 50670 Köln
☎ 73 80 95
☎ 732 51 13 Infoline
StattReisen veranstaltet Rundfahrten, Rundgänge und Stadtspiele. Für Jugendgruppen werden mehrtägige Aufenthalte oder einzelne Wandertage organisiert. Die Programme werden individuell zusammengestellt. Programmauszug: Innenstadtführung »Köln quer« Spaziergang durch Mülheim; Geschichte des Rheins; Köln nach 1945; Kirchen, Künstler, Kneipen zwischen Chlodwigplatz und Dom; Kölsche Sagen und Legenden. Prospekte werden auf Anfrage zugeschickt!

Stadtwanderung Bruno Fischer
Am Nußberger Pfad 34,
50827 Köln (Ossendorf)
☎ 59 23 59
z.B. antimilitaristische Stadtrundfahrt, Kölner Südstadt, Juden in Köln

Vereinigung der Verfolgten des Naziregimes/Bund der Antifaschisten (VVN/BdA)
Senefelder Str. 3, 50825 Köln
☎ 550 10 41
z.B. antifaschistische Stadtrundfahrt

Verein Kölner Stadtführer VKS
Hartstraße 22, 50939 Köln
☎ 41 53 62
z.B. Barockes Köln; Köln und Kaviar; Köln der Radfahrer, Preußisches Köln; vom Leprosenhaus zur Millionenallee

Stadtteilarchiv Nippes e.V.
Bülowstraße 32, 50733 Köln
☎ 760 56 68
Sozialgeschichte: 100 Jahre Nippes

Das Stadtmuseum veranstaltet mundartliche Busrundfahrten. Informationen sind unter ☎ **221 2352** erhältlich.

Das Verkehrsamt der Stadt Köln veranstaltet Führungen und Rundfahrten, die sich mehr an typische Touristen/innen richten und der Vollständigkeit halber erwähnt werden; außerdem vermittelt es Fremdenführer aller Sprachen (s.a. Information):

— Stadtführungen zu Fuß auf Wunsch täglich 16.30 Uhr, 8.- DM pro Person, Dauer etwa zwei Stunden, Treffpunkt am Verkehrsamt

— Stadtrundfahrten, täglich 10.00, 11.00, 13.00, 14.00 und 15.00 Uhr von Mai bis Mitte Oktober, Erwachsene 23.-, Kinder 8.- DM, Dauer etwa zwei Stunden, Abfahrt neben dem Verkehrsamt — von Mitte Oktober bis April nur noch zwei Rundfahrten um 11.00 und 14.00 Uhr

— Kölner Abend, Fr, Sa 20.00 Uhr, 35.- DM pro Person, Busfahrt, Panoramafahrt auf dem Rhein u.v.m.

GALERIEN UND AUSSTELLUNGEN

Titel, Themen und Termine finden sich in den Stadtmagazinen; besonders umfassend und übersichtlich ist der Galerienspiegel im Monatsjournal »Köln im...«.
Für regelmäßige, größere Ausstellungen gibt es in Köln neben den Museen (s.a. Museen, ständig wechselnde Ausstellungen) zwei wichtige Adressen:

Kölnischer Kunstverein
Cäcilienstraße 33, 50676 Köln
☎ 21 70 21
Di-So 10.00-17.00 Uhr

Kunstverein Köln rechtsrheinisch e.V.
Genovevastraße 72, 51065 Köln
☎ 62 50 40

Angesichts der zahllosen Galerien, die es in Köln gibt, haben wir eine subjektive Auswahl getroffen:

Galerie 68elf
Förderverein der jungen Kunst
Bismarckstraße 68, 50672 Köln
☎ 52 25 38
Di-Fr 14.00-18.00, Sa 11.00-14.00 Uhr
zeitgenössische Kunst

APC Galerie
Maastrichter Str. 26, 50672 Köln
☎ 52 00 63
Di-Fr 11.00-13.00, 15.00-18.00, Sa 11.00-14.00 Uhr
erweiterte Malerei, Objekte

Galerie Inge Baecker
Zeughausstraße 13, 50667 Köln
☎ 257 04 01
Di-Fr 13.00-18.00, Sa 11.00-14.00 Uhr
Zeitgenössische russische Kunst, Pop-art-Künstler und Nachläufer

Galerie Boisserée
Drususgasse 7-11, 50667 Köln
☎ 257 85 19
Di-Fr 9.00-18.30, Sa 9.00-14.00 Uhr
Abstraktion nach 1950

Daniel Buchholz
Neven-du-Mont Str. 17, 50667 Köln
☎ 257 49 46
Di-Fr 11.00-18.30, Sa 11.00-14.00 Uhr
Junge mutige Kunst

Chapel Art Center
Jülicher Str. 26, 50674 Köln
☎ 240 21 68
Di-Fr 10.00-12.00, 15.00-18.00, Sa 10.00-13.00 Uhr
Junge Kunst der 70er-80er Jahre

Galerie Feuerle
Hansaring 77, 50670 Köln
☎ 12 30 50
Di-Fr 14.00-18.30, Sa 10.00-14.00 Uhr
Kombination Moderne und antikes Kunsthandwerk

Galerie Karsten Greve
Albertusstraße 18, 50667 Köln
☎ 257 10 12
Di-Fr 11.00-13.00, Sa 10.00-14.00 Uhr
Klassiker der Moderne

Galerie Heinz Holtmann
Richartzstraße 10, 50667 Köln
☎ 257 86 07
Mo-Fr 10.00-13.00, 14.00-18.00, Sa 10.00-14.00 Uhr
Deutsche Künstler der 70er und 80er Jahre

Galerie und Edition Hundertmark
Brüsseler Str. 29, 50674 Köln
☎ 23 79 44
Di-Fr 15.00-18.30, Sa 10.00-14.00 Uhr
Editionsgalerie, Fluxus, kleine feine Auflagen

Galerie Dorit Jacobs
Bismarckstraße 62, 50672 Köln
☎ 52 95 96
Di-Fr 11.00-13.00, 15.00-18.00, Sa 11.00-14.00 Uhr
Junge Malerei

Galerie Orangerie Reinz
Helenenstraße 2, 50667 Köln
☎ 257 50 38
Di-Fr 9.00-13.00, 14.00-18.00, Sa 9.00-13.00 Uhr
Klassische Kunst von Dali bis Chagall

Pasziti-Bott Galerie
Thürmchenswall 70, 50668 Köln
☎ 139 05 49

Di-Fr 15.00-18.00, Sa 12.00-15.00 Uhr
Junge Kölner und Düsseldorfer Künstler, Editionen

Galerie und Photographie Reckermann
Albertusstraße 16, 50667 Köln
☎ 257 48 68
Di-Fr 10.00-13.00, 14.00-18.00, Sa 10.00-14.00 Uhr
Malerei und Fotografie zu Themen

Otto Schweins
Wormser Str. 23, 50677 Köln
☎ 34 39 32Di-Fr 15.00-18.00, Sa 12.00-14.00 Uhr
»Kleinste Galerie Kölns«

Galerie Der Spiegel
Bonner Str. 328, 50968 Köln
☎ 38 57 99
Mo-Fr 10.00-13.00, 15.00-18.00, Sa 10.00-13.00 Uhr
seit 1945 für die moderne kunst

Monika Sprüth Galerie
Wormser Str. 23, 50667 Köln
☎ 38 04 15
Di-Fr 11.00-13.00, 15.00-18.00, Sa 11.00-14.00 Uhr
Schwerpunkt: internationale Künstlerinnen

Lutz Teutloff
St.-Apern-Str. 26, 50667 Köln
☎ 257 01 00
Di-Fr 11.00-18.00, Sa 11.00-14.00 Uhr
sculptures-multiples-drawings

Galerie Michael Werner
Gertrudenstraße 24-28, 50667 Köln
☎ 92 54 62-0
Di-Fr 10.00-13.00, 14.00-18.30, Sa 11.00-14.00 Uhr
Klassiker mit musealem Charakter

Weitere Ausstellungsorte gibt es in Bahnhöfen, Fabriken, Kirchen und anderen Stätten, unter anderem:

Ignis
Europäisches Kulturzentrum
Elsa-Brandström-Str. 6, 50668 Köln
☎ 72 51 05
Di 10.00-16.00, Do 14.00-20.00 Uhr

Kunstpavillon im Bahnhof Köln Deutz
Exit Art Köln
Ottoplatz 7, 50679 Köln
☎ 81 09 23
Mo-Fr 12.00-18.00 Uhr

Kunststation St. Peter
Leonhard-Tietz-Str. 6, 50676 Köln
☎ 23 67 14
Di-Sa 11.00-17.00, So 13.00-17.00 Uhr
Der Jesuitenpater Friedhelm Mennekes hat eine Vorliebe für moderne Kunst.

Kunstverein
Galerie am Buttermarkt
Buttermarkt 23, 50667 Köln
☎ 258 12 06

Kunsthaus Rhenania
Bayenstraße 28, 50678 Köln
☎ 31 28 12

Kunstzentrum Wachsfabrik
Industriestraße 170, 50999 Köln (Rodenkirchen)
☎ 02236/637 70
Bahn/Bus Linie 16, Haltestelle Godorf
täglich 14.00-19.00 Uhr

Simultanhalle
Volkhovener Weg 209, 50765 Köln (Volkhoven)
☎ 53 25 69
Bahn/Bus S-Bahn, Haltestelle Volkhovener Weg

Kunstraum Fuhrwerkswaage
Bergstraße 79. 50999 Köln (Sürth)
☎ 02236/610 49
angegliedert der Skulpturenpark am Fort, Militärringstraße/Ecke Konrad-Adenauer-Straße

Projekt Oberbuschweg
Ober Buschweg 32, 50999 Köln (Sürth)
☎ 02236/678 70
Mo-Fr 10.00-12.30, 16.00-19.00 Uhr

Ein ganzjähriges Ausstellungsprogramm im Stapelhaus in der Innenstadt bietet:

Berufsverband Bildender Künstler e.V. (BBK)
Frankenwerft 35, 50667 Köln
☎ 258 21 13
Mo-Fr 10.00-13.00, 14.00-17.00, Sa-So 11.00-16.00 Uhr

INFORMATION

Erste Anlaufstelle, zentral gegenüber dem Domportal:

Fremdenverkehrsamt der Stadt Köln
Unter Fettenhennen 19, 50667 Köln
☎ 221 33 45
Mo-Sa 8.00-21.00, So 9.30-19.00 Uhr (November bis April), Mo-Sa 8.00-22.30, So 9.00-22.30 Uhr (Mai bis Oktober)

Von den zahlreichen Broschüren und Informationsheften, die dort erhältlich sind, empfehlen wir zum Einstieg:
— »Informationsprospekt Köln« 2.- DM, übersichtliche Einführung; »Köln-Monatsvorschau« 2.- DM, Überblick über kulturelle Veranstaltungen, Messen und Sportereignisse – auch über längere Zeiträume hinweg; »Tips und Touren in Köln« mit einem kleinen Anhang mit Adressen und Informationen. Dies ist nur ein kleiner Ausschnitt. Interessant sind auch die preiswerten Bildbände, z.B. »August Sander — Kölner Jahre bis 1938« und »Typisch Köln« jeweils 6.- DM. Im Verkehrsamt liegen auch Broschüren anderer Institutionen aus, ein Verkauf von Fremdbroschüren findet aber nicht statt. Bei der Planung von Kongressen, Tagungen und Veranstaltungen hilft die Kongreßabteilung des Verkehrsamtes
☎ 221-33 26

Von seiner Bestimmung her hauptsächlich Informationsstelle für Kölner Bürger/innen, Zuzugsinteressierte und Neukölner/innen ist ein weiteres Amt:

Presse- und Informationsamt der Stadt Köln / Bürgerladen
Laurenzplatz 4, 50667 Köln
☎ 221-64 84
Mo-Do 8.00-16.15, Fr 8.00-12.15 Uhr

Unter anderem sind dort erhältlich:

— »Zu Hause in Köln« – das (für Neubürger) kostenlose Infobuch der Stadt Köln, übersichtlich gestaltet, Adressen, Daten und Fakten in handlichem Taschenbuchformat; »Köln-Chronik« – jährlich erscheinende Chronik zur Arbeit von Rat und Verwaltung (kostenlos). Nachfragen sollte man/frau auch nach der Plakatserie »Unser Köln« – 3.- DM – und nach den (kostenlosen) Faltblättern »Rathaus Rat und Verwaltung«. Informationen erteilen auch die Bezirksstellen in den jeweiligen Stadtbezirken, Sprechzeiten: Mo-Fr von 8.00-12.00 Uhr und Mo-Do von 14.00-16.00 Uhr. Wer ein spezielles Interesse an einem Viertel hat, dort zeitweise wohnen will, kann sich bei der zuständigen Bezirksstelle den (kostenlosen) »Bezirksstadtplan-Zahlen-Daten-Fakten« besorgen, für jeden einzelnen der neun Stadtbezirke kostenlos erhältlich.

KARTEN UND PLÄNE

Zu Preisen unter DM 10.- sind folgende übersichtliche Pläne erhältlich:

— Fußgängerplan, näherer Innenstadtbereich, Maßstab 1:10.000, dt. u. engl., Verlag W. Kühn, Fürstenfeldbruck. Mit Abstand die beste und übersichtlichste Karte der Kölner Innenstadt. Vor allem für Fußgänger!
— Falk-Plan, Maßstab 1:19.000 bis 1:33.000, Citybereich 1:12.000, ungefaltet und patentgefaltet, Falk-Verlag, Hamburg
— RV-Plan, Maßstab 1:20.000, Citybereich 1:10.000, RV Reise- und Verkehrsverlag, Stuttgart
— ADAC-Stadtplan, Maßstab 1:20.000 mit City 1:10.000
— Plan der Stadt Köln, Maßstab 1:25.000 mit gesondertem Straßenverzeichnis. Mit Werbung DM 5.-, ohne Werbung DM 12.50

Wer seinen Aufenthalt auch auf Bonn und das Umland ausdehnen möchte, sollte sich einen Stadtatlas zulegen:

— Städteatlas Köln-Bonn, Maßstab 1:20.000, Citybereiche 1:10.000, DM 24.80

FAHRRADKARTEN:

Innerhalb des Kölner Stadtgebietes gibt es eine Vielzahl von Parks und Gärten, die zum Flanieren und Verweilen einladen. Und auch im engeren Radius um Köln herum giftet nicht nur der Chemiegürtel, es finden sich auch etliche attraktive Ausflugs- und Erholungsziele, die mit dem Rad oder Bussen und Bahnen leicht zu erreichen sind.
Die Radwanderkarte zum Stadtgebiet Köln im Maßstab 1:50.000, DM 9.80, die auf dem derzeit aktuellsten Kartenbild fußt und ca. 600 Kilometer Radwege verzeichnet, ist eine gute Orientierungshilfe. Die angegebenen Ziele sind nicht nur für Radfahrer interes-

sant, sondern auch für Fußgänger erwanderbar.

Die Pläne sind in gut sortierten Kölner Buchhandlungen erhältlich. Als Buchhandlung, die sich auf Karten, Reiseliteratur und Köln-Bücher spezialisiert hat, ist hervorzuheben:

Buchhandlung Gleumes
Hohenstaufenring 47, 50674 Köln
☎ 21 15 50 + 21 56 50

KARTENVORVERKAUF

Mittlerweile gibt es über vierzig Vorverkaufsstellen im gesamten Stadtgebiet, die direkt mit dem Köln-Ticket-Computer in Verbindung stehen. Wir haben die wichtigsten und für fast jeden Stadtteil eine Vorverkaufstelle aufgeführt:

Köln-Ticket
Bischofsgartenstraße 1, 50667 Köln
☎ 28 01
Fax 204 08 61
Informationen rund um die Uhr
☎ 257 41 41
Roncalliplatz, 50667 Köln

Hauptbahnhof Touristenschalter
☎ 41-26 86 und 41-28 86

Neumarkt KVB-Passage
☎ 257 38 42

Next — Theater- und Konzertkasse am Rudolfplatz
Hohenzollernring 2-4, 50672 Köln
☎ 258 29 57

Theater- und Konzertkasse im Kaufhof
Hohe Str./Schildergasse, 50667 Köln
☎ 257 88 11 / 14

Theater- und Konzertkasse
Hansaring 64, 50670 Köln
☎ 913 01 16/17/18

Theaterkasse am Barbarossaplatz
Beethovenstraße 16-18, 50674 Köln
☎ 21 03 53-55

Verlag DuMont Schauberg
Breite Str. 70, 50667 Köln
☎ 224 22 28

Buchhaus Gonski
Neumarkt 18a, 50667 Köln
☎ 209 09-56/57

Der andere Buchladen
Wahlenstraße 1, 50823 Köln (Ehrenfeld)
☎ 52 05 79
Mo-Fr 9.00-18.30, Sa 95 55 9.00-14.00 Uhr

Tabak Treff Noack
Luxemburger Str. 321, 50939 Köln (Klettenberg)
☎ 46 53 61

Ticket Counter
im Bezirksrathaus Chorweiler
Pariser Platz 1, 50765 Köln
☎ 970 24 44

Neunundneunzig 6 Buchhandlung
Gustav-Radbruch-Str. 23, 50996 Köln (Rodenkirchen)
☎ 398 11 02/03

Bühne und Sport
Schreibwaren Barth
Gotenring 38, 50679 Köln (Deutz)
☎ 81 36 70

Karten- & Veranstaltungsservice KVS GmbH
Wiener Platz 2a, 51065 Köln (Mülheim)
☎ 962 42 41

Tel. Bestelldienst
Heidestraße 250, 51147 Köln (Porz)
☎ 02203/69 59 73

Karten für Konzerte in der Philharmonie:

Köln-Ticket
Bischofsgartenstraße 1, 50667 Köln
☎ 28 01

Kartenvorverkauf der Städtischen Bühnen:

Oper der Stadt Köln
Offenbachplatz, 50667 Köln
☎ 221 84 00
Mo-Fr 11.00-14.00, 16.00-18.00, Sa 11.00-14.00 Uhr

Karten für Konzerte des WDR:

Konzertkasse des WDR
Reichardhaus/Unter Fettenhennen 5, 50667 Köln
☎ 220-21 44
Mo-Fr 11.00-13.00, 15.00-17.30 Uhr

Ermäßigungen gibt es in der Regel nicht an den Vorverkaufsstellen, sondern direkt an der Abendkasse.

24 Std. Konzertansageservice
☎ 24 55 22

KINDER

In den Sommerferien können Tips unter ☎ **221 55 55**, dem Kölner Ferientelefon, erfragt werden. Auf Wunsch wird Interessenten auch die Ferienzeitung zugeschickt.

Amt für Kinderinteressen
Perlengraben 2, 50676 Köln
☎ 221-40 50 Kindertelefon
Mo-Do 9.00-16.00 Uhr, Fr 9.00-12.00 Uhr

Sorgentelefon
☎ 221-44 01
Di-Do 9.00-16.00 Uhr

Kulturprogramme für Kinder bieten:

Comedia Colonia
Löwengasse 7-9, 50676 Köln
☎ 24 76 70
tägliches Theaterprogramm, auch für Kinder und Jugendliche

Kindertheater
Bürgerzentrum Alte Feuerwache
Melchiorstraße 3, 50670 Köln
☎ 739 1073
Jeden 1. So im Monat jeweils ab 11.00 Uhr Programm für Kinder von 6-12 Jahren, Eintritt 1.- DM; jeden Di 14.00-16.00 Uhr MuKuTaThe, Musik, Kunst, Tanz, Theater

Hänneschen-Theater
Puppenspiele der Stadt Köln
Eisenmarkt 2-4, 50667 Köln
☎ 258 12 01
Vorführungen der über Köln hinaus bekannten Stockpuppenbühne nicht nur für Kinder

Jugendkunstschule Köln e.V.
Kum & Luk

Hansaring 66, 50670 Köln
☎ 139 05 51
Kurse, Workshops, Projekte für Kinder und Jugendliche

Eine wichtige Adresse für die Vermittlung von Babysitting:

Studentenservice des Arbeitsamtes Köln
Universitätsstraße 16, 50937 Köln
☎ 94 29-12 42/44/46/48

Zu erwähnen sind auch noch die ausgewählten Kindervorstellungen zu niedrigen Eintrittspreisen in den Programmkinos Broadway, Cinedom, Metropolis und Weisshaus (s.a. Film und Video).

In Kölner Parks gibt es natürlich zu wenig Kinderspielplätze. Eine Ausnahme bildet der innerstädtische Friedenspark (ehem. Hindenburgpark) in der Südstadt mit seinem (pädagogisch betreuten) Abenteuerspielplatz, werktags von 13.30-17.30 Uhr geöffnet.
Für Besucher/innen mit Kindern besonders zu empfehlen ist ein Besuch des Kölner Zoos und Aquariums und des Wildparks im Stadtwald (s.a. Wildparks und Gärten). Eine Attraktion ist auch der im rechtsrheinischen Messegelände gelegene Rheinpark, u.a. mit einer Miniaturbahn für Rundfahrten und einem Sessellift ausgestattet.

KIRCHEN

Über die Kölner Kirchen und insbesondere über den Dom informiert der Treffpunkt:

Domforum
Domkloster 3, 50667 Köln
☎ 92 58 47-20
Mo-Fr 10.00-18.30, Sa 10.00-17,00,So 13,00-17,00 Uhr
Folgende Publikationen sind hier erhältlich: monatlicher Veranstaltungskalender; Kölner Kirchen laden ein; Kölner Kirchen im Blick (Kirchenführungen).
s.a. Führungen

Die Broschüre »Domforum« bietet ein vielfältiges Kulturprogramm an und in der Regel sind diese Veranstaltungen kostenlos.
Die katholischen Kirchen der Innenstadt sind i.d.R. von 10.00-12.00 und von 15.00-18.00 Uhr geöffnet. Führungen durch die Kirchen der Innenstadt (romanische, gotische, barocke Kirchen und Kirchen des 19. Jahrhunderts) sowie durch die Kirchen einzelner Kölner Stadtteile werden mit jährlich wechselnden Terminen angeboten von:

Katholisches Bildungswerk
Gilbachstraße 23, 50672 Köln
☎ 92 58 47-50/70

Informationen zu den evangelischen Kirchen erhält man bei:

Evangelische Informationsstelle Antoniterkirche
Schildergasse, 50667 Köln
☎ 258 25 16
Mo-Fr 14.00-18.00 Uhr

Die meisten romanischen Kirchen lohnen eine Besichtigung, besonders die ehemaligen Frauenstifte: St. Maria im Kapitol, St. Ursula, St. Cäcilien.
Aus einer Fülle der — meist immer gleichen — Bücher zu den romanischen Kirchen empfehlen wir den spannenden Band der ehemaligen Kölner Stadtkonservatorin Hiltrud Kier, der aus der Praxis öffentlicher Führungen und Besichtigungen mit Kindern in den Kirchen entstanden ist: »Die großen romanischen Kirchen« (Wienand Verlag)

LITERATUR

Regelmäßige Lesungen finden in der SK Stiftung Kultur, im Stadtgarten, im Tanzbrunnen (Rheinhalle), in der Zentralbibliothek (s.a. Archive und Bibliotheken) sowie in vielen ausländischen Kulturzentren, Buchhandlungen, Cafés, Theatern und Erwachsenenbildungstätten statt. Die jeweiligen Termine dazu finden Sie in den Stadtmagazinen oder in der Tagespresse.

Orte für Lesungen:

SK Stiftung Kultur
Literatur und Leseförderung
Im Mediapark 7, 50670 Köln
☎ 226-24 34, Fax 226 34 10

Regelmäßige Veranstaltungen bzw. Angebote sind die Kölner Literaturnächte (Frühjahr und Herbst); Köln-Düsseldorfer Poetiklesungen; Poetic mail – zeitgenössische Lyrik per E-mail; Arbeitskreis Leseförderung in Köln.

Stadtgarten
Venloer Str. 40, 50672 Köln
☎ 95 29 99 420

Dienstagsgespräche: In Zusammenarbeit mit dem »Anderen Buchladen«

Lik-Archiv — Literatur in Köln
Josef-Haubrich-Hof 1, 50676 Köln
☎ 221-3903, Fax 221-39 33

Das Archiv ist Dokumentations- und Informationsstelle über das literarische Leben in Köln. Es sammelt alle Medien von und über Kölner AutorInnen, die hauptsächlich belletristisch arbeiten, erschließt sie und macht sie zugänglich. Dazu gehört auch die Sicherung und Aufbereitung von Archiven und Nachlässen u.a. folgender Autoren: Hans Bender, Heinrich Böll, Hans Mayer, Paul Schallück, Wilhelm Unger, Dieter Wellershoff. Das Archiv führt Ausstellungen und Veranstaltungen (»Junge Autoren«, »Autoren im Gespräch«, »Ausländische AutorInnen stellen sich vor«, »Hörspielgalerie«) durch und legt Veröffentlichungen vor. Das Archiv versucht, mit den in Köln lebenden AutorInnen ins Gespräch zu kommen, ihnen bei ihrer Arbeit zu helfen, Ansprechpartner für junge AutorInnen zu sein und ihnen Kontakte und Veröffentlichungsmöglichkeiten zu vermitteln.

Böll-Archiv
Telefonische Nachfrage unter:
☎ 221-7728/7729

MUSEEN

Zu den Kölner Museen ist im Verkehrsamt und in den städtischen Museen die Broschüre »Kunststadt Köln« erhältlich!

RELIGIÖSE KUNST

Domschatzkammer im Kölner Dom
Domkloster 4, 50667 Köln
☎ 13 51 30

Mo-Sa 9.00-17.00, So 13.00-16.00 Uhr kirchliche Schätze vom frühen Mittelalter bis zum 20. Jh.

Diözesanmuseum
Roncalliplatz 2, 50667 Köln
☎ 92 58 47 -30

täglich außer Do 10.00-17.00 – kein Eintritt! Mittelalterliche sakrale Kunst in Konfrontation mit ganz aktuellen Künstlern in ständig wechselnden Ausstellungen.

Schnütgen-Museum
Cäcilienstraße 29, 50667 Köln
☎ 221-23 10, 221-36 20

Di, Do, Fr 10.00-17.00 Uhr, Mi 10.00-20.00,

Sa-So 11.00-17.00 Uhr
Sakrale Kunst vom frühen Mittelalter bis zum 18. Jh.

Wallraf-Richartz-Museum
Bischofsgartenstraße 1, 50667 Köln
☎ 221-23 82
Di 10.00-20.00, Mi-Fr 10.00-18.00, Sa-So 11.00-18.00 Uhr
Zeugnisse abendländischer Malerei vom 13. bis zum 19. Jh.

MALEREI UND KUNST

Museum Ludwig
Bischofsgartenstraße 1, 50667 Köln
☎ 221 23 82
Di 10.00-20.00, Mi-Fr 10.00-18.00, Sa-So 11.00-18.00 Uhr
Skulpturen ab 1800, Kunst von 1900 bis zur Gegenwart, amerikanische Pop-art u.s.w.; ständige wechselnde Ausstellungen

Käthe-Kollwitz-Museum der Kreissparkasse Köln
Neumarkt 18-24, 50667 Köln
☎ 227-23 63, 227-28 99
Di-So 10.00-17.00, Do 10.00-20.00, öffentliche Führungen So 11.00 Uhr
Handzeichnungen, Druckgraphiken und Bronzen; wechselnde Ausstellungen

artothek
Am Hof 50, 50667 Köln
☎ 221-23 32
Kunst zum Ansehen und Ausleihen

ALLTAGSKULTUR

Beatles Museum
Heinsbergstraße 13, 50674 Köln
☎ 21 25 98
Mi-Fr 10.00-14.00 Uhr und 15.00-19.00 Uhr, Sa 10.00-15.00 Uhr
Einzigartig in Europa

Galerie Erotika
Museum für erotische Kunst
Heinsbergstraße 16, 50674 Köln
☎ 23 95 69
Mo-Sa 12.00-18.00 Uhr

Spielzeugmuseum
Sammlung Lückert
Kolumbastraße 4, 50667 Köln
☎ 25 10 50
Mo-So 11.00-18.00 Uhr, Mi Ruhetag
Sammlung der letzten 150 Jahre

Museum für Angewandte Kunst
An der Rechtschule, 50667 Köln
☎ 221 38 60, 221-67 14
Di-So 11.00-17.00 Uhr, Mi bis 20.00 Uhr
Angewandte Kunst und Kunstgewerbe vom Mittelalter bis zur Gegenwart; ständig wechselnde Ausstellungen

Geldgeschichtliches Museum
Kreissparkasse
Neumarkt 18-24, 50667 Köln
☎ 227 23 70
Mo-Mi 8.30-16.00 Uhr, Do 8.30-18.00 Uhr, Fr 8.30-15.30 Uhr
Geld der Antike, des Mittelalters und der Neuzeit, vormünzliche Zahlungsmittel

GESCHICHTE

Römisch-Germanisches Museum
Roncalliplatz 4, 50667 Köln
☎ 221-23 04/45 90
Di-Fr 10.00-17.00, Do bis 20.00, Sa-So 11.00-17.00 Uhr
Römische Kunst-, Kultur- und Stadtgeschichte, Vor- und Frühgeschichte des Rheinlandes; ständig wechselnde Ausstellungen

Römische Grabkammer
Aachener Str. 1338, 50859 Köln
☎ 02234/733 99
Bedeutende unterirdische Grabanlage mit Skulpturenschmuck

Praetorium
Eingang Kleine Budengasse, 50667 Köln
Di-So 10.00-16.00 Uhr
Römischer Statthalter-Palast unter dem Rathaus; besonders interessant ein begehbarer römischer Abwasserkanal acht Meter unter der Straße

Judenbad Mikwe
Rathausplatz, 50667 Köln
☎ 221 45 42
Unter dem Pflaster des mittelalterlichen Judenviertels vor dem Rathaus ist unter einer Glaspyramide das frühere Kultbad der alten Judengemeinde zugänglich (Schlüssel im Praetorium s.o.).

Ubiermonument
An der Malzmühle 1, 50676 Köln

Mai bis Oktober, Do 16.30-18.00 Uhr, jeden 1. So im Monat ab 10.30 Uhr öffentliche Führung
Der älteste Turm des frührömischen Köln an der Süd-Ost-Ecke der alten Stadt ist in seinen Fundamenten und Kellerräumen nur bei Führungen zugänglich.

Kölnisches Stadtmuseum
Zeughausstraße 1-3, 50667 Köln
☎ 221 23 98
tägl. 10.00-17.00, Di bis 20,00 Uhr, Mo geschlossen
Geschichte, Wirtschaft und Politik der Stadt Köln vom 10. bis zum 20. Jh.; ständig wechselnde Ausstellungen

EL-DE-Haus
Appellhofplatz 23/25, 50667 Köln
☎ 221 43 40
Di-Fr 10.00-16.00 Uhr, Sa-So 11.00-16.00 Uhr
Gedenkstätte im ehemaligen Kölner Gestapo-Haus, der Zellentrakt im Keller umfaßt 10 Zellen mit über 1.200 Wandinschriften von Gefangenen aus den Jahren 1943 bis 1945. Vom Sommer 1997 an beherbergt das Haus auch eine ständige Sammlung zur Geschichte des Nationalsozialismus in Köln, dazu Bibliothek, Medien- und Arbeitsräume. Spezialführungen auf Anfrage.

FOTOGRAFIE UND MEDIEN

Agfa-Foto-Historama im Wallraf-Richartz-Museum/Museum Ludwig
Bischofsgartenstraße 1, 50667 Köln
☎ 221 24 11/39 48
Di 10.00-20.00, Mi-Fr 10.00-18.00, Sa-So 11.00-18.00 Uhr
Fotografien aus dem 19. und 20. Jh., Exponate zur Geschichte der Fotografie, »Fotoapparate der Firma Agfa«

Museum »Deutsches Tanzarchiv«
Im Mediapark 7, 50670 Köln
☎ 226 57 57
Di, Mi, Do 10.00-16.00 Uhr
s.a. Tanz

SK Stiftung Kultur
Im Mediapark 7, 50670 Köln
☎ 226-24 34, Fax 226 34 10
Di, Mi, Fr 14.00-18.00, Do 14.00-20.00, Sa 10.00-14.00 Uhr
mit dem August-Sander-Archiv
s.a. Literatur

Theaterwissenschaftliches Institut der Universität
Burg Wahn, 51147 Köln (Wahn)
☎ 02203/641 95
Besuch nach Voranmeldung
Bahn/Bus Linie 7 bis Endhaltestelle Zündorf, dann Bus Linie 162 bis Haltestelle Wahn
Bilddokumente und Schriften zur Theatergeschichte, Programmhefte, Aufführungskritiken und diverse Objekte

ANDERE KULTUREN

Museum für Ostasiatische Kunst
Universitätsstraße 100, 50674 Köln
☎ 940 51 80
Di-So 11.00-17.00 Uhr, Do bis 20.00 Uhr, Kulturfilmvorführungen Di 11.00 Uhr und So 15.00 Uhr
Kunst aus China, Japan und Korea

Rautenstrauch-Joest-Museum für Völkerkunde
Ubierring 45, 50678 Köln
☎ 33 69 40
Di-Fr 10.00-16.00, Sa, So 11.00-17.00 Uhr
Kultur und Kunst außereuropäischer Völker; ständig wechselnde Ausstellungen

HEIMAT

Heimatmuseum Köln e.V. im Hause des Kölner Karnevals
Antwerpener Str 55, 50672 Köln
☎ 57 40 00
Besichtigung nach tel. Vereinbarung; ständige Ausstellung zur Geschichte des Kölner Karnevals

Museum Kölner Karnevalsorden
Unter Käster 12, 50667 Köln
☎ 25 29 81
Mo-Sa 15.00-20.00 Uhr, So 11.00-16.00 Uhr

Waldmuseum »Haus des Waldes« Greifvogelstation Gut Leidenhausen
51107 Köln (Eil)
☎ 02203/381 60, 399 87
So und an Feiertagen 10.00-17.00 Uhr
Bahn Linie 7, Haltestelle Porz Markt oder Ostheim, dann Bus 152 bis Heumarer Str.
Greifvogelstation
Sa und So 9.00-17.00 und 9.00-19.00 Uhr (April-Sept.), jeden 3. Mi Führungen um 15.00 Uhr
Waldboden und Waldzonen der Erde, Wald-

entwicklung aus vorgeschichtlicher Zeit, Anatomie und Physiologie des Baumes, Pilze und Tiere des Waldes.
In Planung ist die Eröffnung eines Obstmuseums mit über 140 einheimischen Sorten, die weitgehend vom Markt verdrängt sind, und 250 verschiedenen Beerensorten.

TECHNIK UND NATURWISSENSCHAFT

KHD-Motorenmuseum
Rheinauhafen, Halle 10, 50678 Köln
☎ 221-70 07
nach Absprache
Sammlung zur Entwicklung der in Köln erfundenen Verbrennungsmotoren

Luftfahrtmuseum Köln
Butzweiler Hof e.V.
Kaserne Butzweiler Hof
Butzweiler Str., 50829 Köln (Ossendorf)
☎ 59 19 09
vorübergehend geschlossen

Museum des Geologischen Instituts der Universität Köln
Zülpicher Str. 49a, 50674 Köln
☎ 470 2262
Mi 14.00-19.00 Uhr während des Semesters
Klima dor Vorzeit

Museum des Mineralogisch-Petrographischen Instituts der Universität Köln
Zülpicher Str. 49a, 50674 Köln
☎ 470 3368
Mi 14.00-19.00 Uhr während des Semesters
Mineralien aus Köln und Umgebung, synthetische Kristalle und Meteorite

ESSEN, TRINKEN UND DIE FOLGEN

Historische Braustätte der Küppers Kölsch-Brauerei
Alteburger Str. 145, 50968 Köln (Bayenthal)
☎ 37 79-0
Sa 11.00-16.00 Uhr
Bahn/Bus Linie 6, Haltestelle Schönhauser Str.
Komplett eingerichtete, über hundert Jahre alte Hausbrauerei

Schokoladenmuseum
Imhoff-Stollwerck Museum
Rheinauhafen 1a, 50678 Köln
☎ 931 88 80
Mo-Fr 10.00-18.00, Sa, So 11.00-19.00 Uhr
Tropenhaus mit Kakaopflanzen, Informationen über den Kakaoanbau und die Ursprünge des Kakaos in Mittelamerika, Geschichte der Fa. Stollwerck, Werbung, Kunst und Automaten.

Zahnärztehaus
Sammlung Proskauer-Witt
Universitätsstraße 71, 50931 Köln
☎ 400 10
Mo-Do 8.00-16.30 Uhr, Fr 8.00-15.00 Uhr, Führungen nach Vereinbarung
Zahnarztwerkzeug und ein altes Behandlungszimmer

Einige wichtige Adressen zum Schluß:

Museumsdienst Köln
Richartzstraße 2-4, 50667 Köln
☎ 221 40 76
Zuständig für Führungen von auswärtigen Gruppen, Kurse und museumspädagogische Veranstaltungen; der automatische Informationsdienst der Kölner Museen ist unter ☎ **221 4343** erreichbar.
Führungen, speziell für Schulklassen und Jugendgruppen.

Die städtischen Museen — erkennbar am Telefonanschluß ☎ **221** — sind montags geschlossen. Für Leute, die montags ins Museum gehen wollen, bietet sich das Schokoladen-Museum sowie das Diözesanmuseum an.
Die Eintrittspreise liegen zwischen 5.- und 10.- DM, öffentliche Führungen sind kostenlos, Gruppenführungen werden gegen Entgelt durchgeführt.

MUSIK

Aufführungsstätten für Klassische und Neue Musik sind vor allem:

Kölner Philharmonie
Bischofsgartenstraße 1, 50667 Köln
☎ 204 08-0

Oper der Stadt Köln
Offenbachplatz, 50667 Köln
☎ 221 8400

Musikhochschule Köln
Dagobertstraße 38, 50668 Köln
☎ 91 28 18-0

Sendesaal des Deutschlandfunks
Raderberggürtel 40, 50968 Köln
☎ 345-1

WDR Großer Sendesaal
Wallrafplatz 5, 50667 Köln
☎ 220-21 44

Den besten Überblick, z.B. über Konzerte in Kölner Kirchen, gibt die »Köln-Monatsvorschau« beim Verkehrsamt für 2.- DM erhältlich. Im Bereich des Rock sind folgende Adressen zu nennen, wenn es sich nicht um »Mammutkonzerte« handelt:

Live Music Hall
Lichtstraße 30, 50825 Köln
☎ 54 31 72
Internationale Gruppen

Luxor
Luxemburger Str. 40, 50674 Köln
☎ 21 95 06
Seit 1982 sind hier weit über 1.300 Gruppen aufgetreten und somit die älteste Rockstätte Kölns.

MTC
Zülpicher Str. 10, 50674 Köln
☎ 170 27 64

Rhenania Kunsthaus
Bayenstraße 28, 50678 Köln
☎ 31 28 12

Underground
Vogelsanger Str. 200, 50825 Köln
☎ 54 23 26

Größte Beachtung im Bereich des Jazz verdient:

Stadtgarten
Venloer Str. 40,50672 Köln
☎ 95 29 94-0
Hier ist auch der Sitz der regen Jazz-Haus-Initiative,
☎ 95 29 94-50

Subway
Aachener Str. 82-84, 50674 Köln
☎ 51 79 69

Unter dem Vulkan/Dancefloor
Ubierring 24, 50678 Köln
Acid Jazz im ehemaligen Eckstein

Tanzbrunnen und Rheinhalle
Rheinparkweg 1, 50679 Köln
☎ 88 73 83
Offen von April bis September; ein »gemischtes Programm«

E-Werk
Schanzenstraße 37, 51063 Köln
☎ 962 79-10
Konzerte, Shows, Theater, Discos und Ausstellungen finden hier regelmäßig statt.
s.a. Tanz

Regelmäßig Live-Konzerte aller Stilrichtungen veranstalten auch die Sendeanstalten DeutschlandRadio (Deutschlandfunk), Deutsche Welle und der WDR (s.a. Presse und Rundfunk); der WDR z.B. samstags am Abend »Nachtmusik im WDR« oder sonntags morgens die »Matinee der Liedersänger«

ÖFFNUNGSZEITEN

Ämter
Ämter und vergleichbare Institutionen haben montags bis freitags meist von 8.00-12.00 und von 14.00-16.00 Uhr geöffnet; für den Publikumssverkehr sind sie oft nur vormittags offen. Freitagnachmittag sind manche von ihnen — die städtischen Behörden alle ab 12.00 Uhr — geschlossen.

Banken und Sparkassen
Die Geschäftszeiten der meisten Banken und Sparkassen sind in der Regel montags bis freitags von 8.30-16.00 Uhr; an Donnerstagen sind sie oft noch ein bis zwei Stunden länger offen.

Postämter
Postämter haben montags bis freitags von 8.00-18.00 Uhr und samstags von 8.00-12.00 Uhr geöffnet; die kleineren Poststellen in den Vororten sind oft über Mittag geschlossen.

Geschäfte
Geschäfte sind in der Regel montags bis freitags von 9.00-19.30, am langen Donnerstag einige bis 21.00 Uhr und samstags von 9.00-16.00 Uhr geöffnet. Einige kleinere Läden schließen über Mittag zwischen 13.00 und 15.00 Uhr. Der erste Samstag im Monat ist langer Samstag; in den Geschäften und Kaufhäusern der Innenstadt ist dann bis 16.00 oder 18.00 Uhr geöffnet.

POLITIK

Einen Einblick in die politische Szenerie in Köln vermitteln die Veranstaltungen und Vorträge, Gruppen- und Initiativentreffen in den Bürgerzentren und Bildungswerken; an dieser Stelle nur eine begrenzte Auswahl:

Bürgerhaus Stollwerck
Dreikönigenstraße 23, 50678 Köln (Südstadt)
☎ 31 80 53

Bürgerzentrum Alte Feuerwache
Melchiorstraße 3, 50670 Köln (Nordstadt)
☎ 739 10 73
umfangreiches sozialpolitisches und kulturelles Programm in Selbstverwaltung

Bürgerzentrum Ehrenfeld
Venloer Str. 429, 50823 Köln (Ehrenfeld)
☎ 54 21 11/54 55 00
Bahn Linie 3, 4, Haltestelle Venloerstr./Gürtel

Friedensbildungswerk Köln e.V.
Bismarckstraße 40-42, 50672 Köln
☎ 952 19 45

KUM & LUK Bildungswerk
Hansaring 66, 50670 Köln
☎ 390551

Öko-Bildungswerke
Herwarthstraße 22, 50672 Köln
☎ 51 40 20/29

VSB Bildungswerk
Boisseréestraße 3, 50674 Köln
☎ 21 91 70

Funkhausgespräche
Der WDR veranstaltet jeden Donnerstag im kleinen Sendesaal am Wallrafplatz um 19.00 Uhr (demnächst 20.00 Uhr) öffentliche Debatten zu aktuellen politischen, kulturellen und sozialen Themen mit z.T. hochkarätigen Gästen. Die einstündigen Zeitgespräche werden im WDR übertragen und haben sich allmählich zu einer ersten Adresse intellektueller Auseinandersetzung in Köln entwickelt.

Desweiteren sind zu nennen:

Allerweltshaus
Körnerstraße 77-79, 50823 Köln (Ehrenfeld)
☎ 51 30 02
Bahn/Bus Linie 3, 4, 5, Haltestelle Körnerstraße
Vorträge und Veranstaltungen zu Minderheiten und der Dritten Welt

Kölner Appell e.V. gegen menschenfeindliche Ausländerpolitik und Rassismus
Körnerstr. 77-79, 50823 Köln (Ehrenfeld)
☎ 952 11 99
Eine gute Adresse für AusländerInnen in der Stadt. Hier entstand 1994 das erste Stadtbuch gegen Rassismus und Ausländerfeindlichkeit.

Kölner Arbeitslosenzentrum KALZ
Philippstraße 23, 50823 Köln (Ehrenfeld)
☎ 51 81 11
Bahn/Bus Linien 3, 4, 5, Haltestelle Liebigstraße

Info-Laden
Ludolf-Camphausen-Straße 36
☎ 52 29 07
Hier werden Informationen im allgemeinen wie auch zu verschiedenen Schwerpunkten (z.B. Knast, Prozesse, sog. Dritte Welt, Anti-

faschismus, Frauen, Häuserkampf etc.) gesammelt, diskutiert und verbreitet.

Volkshochschule
Josef-Haubrich-Hof 1, 50676 Köln
☎ 221 3601/02
Regelmäßige Vorträge und Veranstaltungen zu verschiedenen politischen und kulturellen Themen.

Wer weitere Fragen hat und einen genaueren Einblick darüber gewinnen will, was politisch in Köln läuft oder nicht läuft, kann sich an die folgenden Adressen wenden:

Der Andere Buchladen
Zülpicher Str. 197, 50937 Köln
☎ 41 63 25

Kölner VolksBlatt
Melchiorstraße 15
☎ 73 17 98

Stadt-Revue
Maastrichter Str. 49, 50672 Köln
☎ 95 15 41-0

PRESSE UND RUNDFUNK

In Köln erscheinen zwei Tageszeitungen mit ausführlichem Lokalteil: der verwaltungsfreundliche »Kölner Stadt-Anzeiger« und die christlich-konservative, rathauskritischere »Kölnische Rundschau«. Daneben gibt es noch das Boulevardblatt »Express«. Alle drei bieten einen täglichen Veranstaltungskalender. Stadtmagazine mit politisch-kulturellem Anspruch sind die monatlich erscheinende »Stadt-Revue«, die »Kölner Illustrierte« sowie die älteste Zeitung der Kölner Initiativen, das »Kölner VolksBlatt«. Für Besucher/innen ist auf jeden Fall ein Blick in den Tageskalender dieser Magazine von Nutzen.

Rundfunk und Fernsehen

DW Deutsche Welle
Raderberggürtel 50, 50588 Köln (Bayenthal)
☎ 389-0
Empfang über Kurzwelle oder Satellit

DeutschlandRadio Köln (Deutschlandfunk DLF)
Raderberggürtel 40, 50968 Köln (Bayenthal)
☎ 345-0
Frequenz: UKW 89,1 MHz

Radio Köln
Am Mediapark 5, 50670 Köln
☎ 951 99-0
Frequenz: UKW 107,1 MHz

Radio Luxemburg rtl
Aachener Str. 1036, 50858 Köln
☎ 456-0

Radio RPR (Studio Rheinland)
Zeppelinstr. 9, 50667 Köln
☎ 25 64 35, 25 31 95
Frequenz UKW 103,5 MHz

Viva Fernsehen
Claudius-Dornier-Str. 56, 50829 Köln
☎ 956 82-0

Vox Film- und Fernsehengesellschaft
Richard-Byrd-Str. 6, 50829 Köln
☎ 95 34-0

WDR Westdeutscher Rundfunk
Appellhofplatz 1, 50667 Köln
☎ 220-1

Besichtigungen und Führungen sind bei allen Sendeanstalten nur nach vorheriger Anmeldung oder Vereinbarung möglich.

RHEINSCHIFFAHRT

Nähere Informationen zu den Rheinfähren finden sich unter »Verkehr«. Die Saison aller Schiffahrtslinien ist April bis Oktober. Regelmäßige Rundfahrten veranstalten zwei Schiffahrtsgesellschaften, deren Anlegestellen sich am Rheinufer unter bzw. neben der Hohenzollernbrücke befinden. Karten und Informationen sind dort erhältlich. Während die »Rhein-Mosel Schiffahrtsgesellschaft« Runden zwischen dem Kölner Dom und Rodenkirchen fährt, pendelt das Schiff der »Colonia-Schiffahrtsgesellschaft« zwischen dem Dom, der Severinsbrücke und Zoo/Mülheim. Beide Rundfahrten dauern etwa eine Stunde, Abfahrten von 10.00-17.30 Uhr alle 45 Minuten, Erwachsene 8.-, Kinder 4.- DM, kostenlose Fahrradbeförderung. Ein Tip: Die Rundfahrten können auch als Verkehrsver-

bindungen benutzt werden. Die Strecke nach Rodenkirchen, für die das Schiff eine knappe halbe Stunde benötigt, ist mit anderen Verkehrsmitteln kaum in kürzerer Zeit zurückzulegen. Beide Gesellschaften veranstalten auch Sonderfahrten für Betriebe und Vereine:

Colonia Dampfschiffahrt
Lintgasse 18-20, 50667 Köln
☎ 257 42 25 und 38 16 64
Anleger Hohenzollernbrücke

Kölntourist Personenschiffahrt
Konrad-Adenauer-Ufer, 50668 Köln
☎ 12 16 00

Ausflugsfahrten nach Fahrplan veranstaltet:

Köln-Düsseldorfer
Deutsche Rheinschiffahrt AG
Frankenwerft 15, 50667 Köln
☎ 2088-01 und 258 30 11
In der Saison von Ostern bis Ende Oktober fahren die KD-Rundfahrtschiffe Domspatz und Jan von Werth täglich entlang des Kölner Rheinpanoramas bis Rodenkirchen. Die einstündigen Panorama-Rundfahrten finden von 10.00-18.15 Uhr statt und kosten 9.50 DM pro Person einschließlich Stadtplan und Schiffspostkarte. An Bord gibt es ein reichhaltiges Angebot von Speisen und Getränken, die Sehenswürdigkeiten werden in drei Sprachen erklärt.
Ausflugsfahrten zum Siebengebirge werden von Ostern bis Oktober täglich angeboten. Außerdem fährt ab Ostern ein schnelles Tragflügelboot von Köln über Koblenz bis nach Mainz und wieder zurück (vier Stunden eine Fahrt).
Erstmals wieder im Einsatz ist der aus dem Jahr 1913 stammende Nostalgie-Schaufelraddampfer »Goethe«. Abfahrtzeiten sind über die Dampfer-Hotline ☎ **0180-513 01 60** zu erfahren. Auch im Winter kann man Rundfahrten und romantische Abendfahrten auf dem Rhein unternehmen, und zwar in der Adventszeit, und zum Jahresschluß gibt es noch eine große Silvesterfahrt.
Karten und Informationen gibt es im KD-Büro am Rheinufer. Interessant für BesucherInnen ist die Möglichkeit, gegen geringe Übergangsgebühren Bahn- und Schiffsreise zu kombinieren. Fahrräder werden kostenlos mitgenommen, können aber auch an der KD-Anlegestelle gemietet werden.

Köln ist auch Ausgangspunkt für mehrtägige Kreuzfahrten mit komfortablen Kabinenschiffen den Rhein hinauf bis Basel oder nach Frankfurt und zur Mosel.
Buchungen ☎ **20 88-288**

SCHWULE

Köln hat sich durch eine Vielzahl von Kneipen und Cafés sowie sozialen und politischen Vereinigungen zum »Schwulenzentrum West« entwickelt. Einen umfassenden Überblick bietet der Stadtführer »Lesben und Schwule in Köln«, Kiepenheuer & Witsch, 35,- DM.
Dachorganisation, politische Interessenvertretung und zugleich Zentrum:

Schwulen- und Lesbenzentrum SCHULZ
Kartäuserwall 18, 50678 Köln
☎ 93 18 80 (Kneipe)
☎ 93 18 81 (Beratung)
Mo-Fr 16.00-1.00, Sa, So 14.00-1.00 Uhr
Treffpunkt für viele Gruppen und zugleich Veranstaltungsort mit Cafébetrieb, Disco, Kneipe, aber auch Beratung u.v.m.

CHECKPOINT
Info- und Servicezentrum für Lesben und Schwule
Pipinstraße 7, 50667 Köln
☎ 92 57 68 68
täglich von 17.00-21.00 Uhr
Informationen für Einheimische und Touristen, u.a. auch eine Bettenbörse

Schwulenverband in Deutschland (SVD)
Helmholtzstr.2, 50825 Köln
☎ 240 31 11
Die Lobby der Schwulen setzt sich für ein Antidiskriminierungsgesetz, Maßnahmen gegen schwule Gewalt und für die Gleichstellung schwuler Lebensgemeinschaften ein.

Janus e.V.
Postfach 450 567, 50880 Köln
Schwul-lesbischer Sportverein mit zehn verschiedenen Abteilungen, u.a. Fußball, Schwimmen und Volleyball.

AIDS-Hilfe Köln e.V.
Beethovenstraße 1, 50674 Köln
☎ 20 20 30
Beratung, Prävention und Betreuung von Erkrankten

Centrum Schwule Geschichte Kölns e.V.
Wahlenstraße 1, 50823 Köln
☎ 52 92 95
Der Arbeitskreis archiviert Zeitungen und anderes Material, das Leben und die Diskriminierung von Schwulen werden dokumentiert. Veröffentlichung »Himmel und Hölle – das Leben der Kölner Homosexuellen in den 50er Jahren«. Erschienen im Emons Verlag (DM 29.80).
Der Christopher Street Day (CSD) hat sich von einem Straßenfest zur größten schwul/lesbischen Veranstaltung in NRW mit zuletzt 50.000 Teilnehmer und mehreren 100.000 Besuchern entwickelt. Er findet immer am ersten Juliwochenende statt und wird vom Kölner Schwulen- und Lesbentag e.V. organisiert. Tradition und besonders beliebt ist die Parade unter dem Motto: Kölle Aloah.

Es gibt in Köln mehrere Zeitschriften von und für Schwule. Hier haben wir die wichtigsten aufgelistet:

Raus in Köln
Ein wichtiges Informationsblatt der im SCHULZ zusammengeschlossenen Gruppen. Das Blatt erscheint monatlich und wird kostenlos abgegeben.

FIRST
Kamekestr.14, 50672 Köln
☎ 942 11 33, Fax 510 72 24

BOX
Postfach 29 03 41, 50255 Köln
☎ 54 25 16, Fax 546 22 35

DOWNTOWN
In der Bohnenbitze 68, 51143 Köln
☎ 02203/857 67, Fax 02203/325 59 90
Kostenlose Zeitung mit Hinweisen, Tips und Anzeigen, liegt in Lokalen und den bekannten Szeneorten aus.

Als selbstständiger Teil der Schwulenbewegung versteht sich:

Schwulenbuchladen ganymed
Kettengasse 3, 50672 Köln
☎ 25 11 10
Schwule Literatur, große Klassik-Abteilung

Im Universitätsbereich existiert seit langem:

Andere Fakultät
Schwulen- und Lesbenreferat im AStA der Universität Köln
Universitätsstraße 16, 50937 Köln
☎ 470 29 91
Mo-Fr 10.30-21.00 Uhr
Studentische Interessenvertretung (die Rosa Liste ist mit zwei Sitzen im Studentenparlament vertreten).

Die bekanntesten Treffpunkte in Kölner Parks sind der Aachener Weiher in der Innenstadt und der Herkulesberg, hinter dem Gereonsgelände (Nähe MediaPark) gelegen.

TANZ

Kölns Discotheken konzentrieren sich hauptsächlich im Zentrum und an den Ringen.

Eine Auswahl:

Alter Wartesaal
Johannesstraße 11, Hauptbahnhof, 50667 Köln
☎ 912 88 50
Mo, Fr, Sa 22.00-5.00 Uhr
Eintritt 5.- DM, Fr, Sa 15.- DM incl. 10.- DM Verzehr
House und Technoszene, Mainstream in schicker Kleidung

Das Ding
Hohenstaufenring 30-32, 50674 Köln
☎ 24 63 48
Mo-Do 21.00-1.00, Fr-Sa bis 3.00 Uhr
Eintritt DM 5.-, Fr/Sa DM 6.-
älteste Studentendisco, Mainstream, Mo-Do Themenabende

E-Werk
Schanzenstraße 37, 51063 Köln
☎ 96 27 90
Eintritt 15.- DM (Mindestverzehr 16.- DM)
Mainstream, Publikum zwischen 20-30 Jahren
s.a. Musik

Gloria
Apostelnstraße 11, 50667 Köln
☎ 258 36 56
Mainstream, junges Publikum

Kauri-Keller
Auf dem Rothenberg 11, 50667 Köln
☎ 257 79 22
Di-So 21.00-3.00 Uhr
Mindestverzehr 10.- DM
Black Music

Lalic
Rathenauplatz 6, 50674 Köln
☎ 24 26 75
Di, Do-So 21.00-1.00 Uhr
Fr-Sa Eintritt DM 5.-
Popmusik im Studentenviertel

Luxor
Luxemburger Str. 40, 50674 Köln
☎ 21 95 03
Regelmäßig Konzerte und Kino; Biergarten vorhanden, Disco Fr, Sa 22.00-4.00 Uhr
Eintritt: Fr 10.- DM incl. 4.- DM Mindestverzehr, Sa 15.- DM incl. 10.- DM Mindestverzehr,
Singleparties (Termine erfragen), mittwochs Lonely-Hearts-Parties

Rhein-Rock-Hallen
Otto-Hahn-Str. 6-8, 50997 Köln (Godorf)
☎ 02236/84 10 04
drei verschiedene Discos
Mainstream, HipHop, Crossover und Techno

M-Center
Herseler Str. 2-10, 50389 Köln (Wesseling)
☎ 02236/420 25
Fr, Sa 21.00-6.00 Uhr
Eintritt 14.- DM (Mindestverzehr 7.- DM), Sa 19.- DM (Mindestverzehr 9.- DM)
Pop und HipHop

Nachtrock
Hohenzollernring 89-93, 50672 Köln
☎510 22 29
Eintritt 10.- DM incl. Getränk
zwischen Rock und Techno

Café Tuba
Moselstraße 80, 50674 Köln
☎ 23 43 57
Mo 22.00-2.00 Uhr, Fr, Sa 22.00-3.00 Uhr
Reggae Night, Afrikanische und Karibische Musik, Salsa und Soul

Subway
Aachener Str. 82, 50674 Köln
☎ 51 79 69
Mi-So 21.00-3.00 Uhr
Jazz und Rock

Underground
Vogelsanger Str. 200, 50825 Köln
☎ 54 39 66
HipHop und Rock

Zorba the Buddha
Die Kleine
Brabanter Str. 15, 50672 Köln
☎ 56 22 50, 52 00 59
täglich außer Mo 21.00-3.00 Uhr
Eintritt 10.- DM, Do, So 5.- DM
Mainstream

42 dp
Hohenstaufenring 25, 50674 Köln
☎ 24 79 71
Mi-So 22.00-4.30 Uhr, Mi, Do, So 5.- DM, Fr, Sa 10.- DM Mindestverzehr
Jungle, Sa Techno

Viele Kneipen veranstalten abends an bestimmten Tagen Disco oder Schwoof — das kostet dann meistens keinen Eintritt.

Drei wichtige Adressen für alle, die an Tanz interessiert sind:

Institut für Bühnentanz
Ballettakademie Köln
Vogelsanger Str. 28-32, 50823 Köln
☎ 951 46 90
Ausrichter der alljährlichen »Sommerakademie des Tanzes«

Deutsche Ballett-Bühne e.V.
Kartäusergasse 24 b, 50678 Köln
☎ 31 60 21
Träger der Initiative »kölntanz«

Deutsches Tanzarchiv Köln
Im Mediapark 7, 50670 Köln
☎ 226 57 57
Di, Mi, Do 10.00-16.00 Uhr
Das Archiv ist eine Spezialsammlung für Tanz. Mehr als 8.000 Bücher, etwa eine Million geklebter Zeitungsausschnitte, ca. 70 internationale Fachperiodika sowie 80.000 Fotos und Programmzettel: Über 100 Tänzernachläße.
s.a Museum

THEATER

Städtische Bühnen in Köln:

Oper der Stadt Köln
Offenbachplatz, 50667 Köln
☎ 221 84 40

Schauspielhaus
Offenbachplatz, 50667 Köln
☎ 221 84 00

Schlosserei im Schauspielhaus
Krebsgasse, 50667 Köln
☎ 221 83 21

Halle Kalk
Neuerburger Str., 51103 Köln
☎ 221-84 00

Von den zahlreichen Freien Theatern verdienen die folgenden aufgrund ihres oft anspruchsvollen oder ausgefallenen Programms besondere Beachtung:

Comedia Colonia
Löwengasse 7-9, 50676 Köln
☎ 23 85 50

Erstes Kölner Wohnzimmertheater
Probsteigasse 21, 50670 Köln
☎ 962 79 10

Freies Werkstatt Theater
Zugweg 10, 50677 Köln
☎ 32 78 17

Horizont Theater
Thürmchenswall 25, 50668 Köln
☎ 13 16 04

Kaiserhof Theater/Kaiserdose
Hohenzollernring 92, 50672 Köln
☎ 23 78 00

Piccolo-Theater
Zülpicher Str. 28, 50674 Köln
☎ 23 27 04, 72 99 75

Severins-Burg-Theater
Eifelstraße 33, 50667 Köln
☎ 32 17 92

Studio-Bühne und Filmwerkstatt
Universitätsstraße 16, 50932 Köln
☎ 470 37 07

Theater Der Keller
Kleingedankstraße 6, 50677 Köln
☎ 31 80 59

Theater im Bauturm
Aachener Str. 24, 50674 Köln
☎ 52 42 42

Kölns kleinstes Theater:
Figurentheater Helios
Mainzer Str. 71, 50678 Köln
☎ 34 18 76

Als Boulevard- und Mundarttheater beliebt und bekannt:

Volkstheater Millowitsch
Aachener Str. 5, 50674 Köln
☎ 25 17 47

Kabarett und Kleinkunst finden Besucher/innen neben der Comedia Colonia in:

atelier-theater
Roonstraße 78, 50674 Köln
☎ 24 24 85
Pantomime

Kabarett-Theater Machtwächter
Gertrudenstraße 24, 50667 Köln
☎ 257 83 60

Theater am Sachsenring
Sachsenring 3, 50677 Köln
☎ 31 50 15

Senftöpfchen
Große Neugasse 2-4, 50677 Köln
☎ 258 10 58

Die telefonische **Spielplandurchsage ist unter ☎ 11517** zu erreichen; über Spielplan und Termine informieren auch ausführlich Tagespresse und Stadtmagazine.

Außerhalb von Köln ist zu erwähnen:

Pantheon-Theater
Bundeskanzlerplatz, 53113 Bonn
☎ 0228/21 25 40

UNIVERSITÄT

Universität zu Köln
Albertus-Magnus-Platz 1, 50931 Köln
☎ 470-0

Trotz der über 50.000 StudentInnen spielt die Kölner Universität im öffentlichen Bewußtsein der Stadt kaum eine Rolle. Das mag u.a. auch daran liegen, daß von ihr in jüngerer Zeit kaum einmal relevante Impulse ausgegangen sind. Der Universitätsbereich liegt an der halbringförmigen Universitätsstraße im Stadtteil Sülz. Dort, wo Luxemburger Str., Zülpicher Str. und Lindenstraße auf die Universitätsstraße treffen, befinden sich fast alle wichtigen Gebäude.

Zu erreichen ist die Universität mit Bahn/Bus Linie 9, Haltestelle Universität; weiterhin auch mit Bahn/Bus Linien 17, 18, 19, Haltestelle Weißhausstraße und Bahn/Bus Linien 136, 146, Haltestelle Hildegardis-Krankenhaus.

Der AStA mit seinen verschiedenen Referaten befindet sich im StudentInnenhaus:

AStA-Haus
Universitätsstraße 16, 50937 Köln
☎ 470 29 93
Mo-Fr 9.00-16.00 Uhr

ASTA der Fachhochschule
Betzdorfer Str. 2, 50679 Köln
☎ 88 18 36, 88 30 40, 88 54 03

Hochschulzentrum des Arbeitsamtes
Zülpicher Str. 58, 50937 Köln
☎ 94 29-29 01

Kölner Studentenwerk (Studentenhaus)
Universitätsstraße 16, 50937 Köln
☎ 941 55 70

Die Stadtmagazine geben jeweils zu Semesterbeginn kostenlose Hochschulnummern mit umfangreichen Serviceteilen heraus, die eine Orientierung in und an der Universität erleichtern. Außerdem erscheint monatlich im Semester das Studentenmagazin für Politik, Umwelt und Kultur – EINBLICK (wird kostenlos abgegeben).

UNTERKUNFT

Es gibt in Köln wie auch in anderen Städten bisher keinen kritisch kommentierenden Hotelführer, lediglich eine eng gedruckte Auflistung des Fremdenverkehrsamtes »Hotels und Pensionen« kostenlos mit Stadtplan, die nur knapp informiert und sich aller Wertungen und Ratschläge enthält. Für Gruppenreisen ist eine Sonderpreisliste erhältlich. Die **Zimmervermittlung ist unter 221 33 11** zu erreichen. Aus der Fülle von Möglichkeiten haben wir nach subjektiven Kriterien einige Hotels ausgesucht, die wir uns selbst auf Reisen wünschen würden. Generell gilt, daß alle Hotels mit sich handeln lassen, sofern sie nicht während der Messemonate (vor allem Februar, März, September, Oktober) ausgebucht sind. Kriterien unserer Auswahl waren:

— Preis im Verhältnis zur Leistung
— ruhige Lage
— Anbindung an öffentliche Verkehrsmittel
— überschaubare Größe und individuelle Bewirtung
— Möglichkeiten für Familien und Gruppen
— lange Frühstückszeiten
— und ein spezieller Tip für Rollstuhlfahrer

Viktoria Hotel
Worringer Str. 23, 50668 Köln
☎ 720 04 76
Das Hotel im Stil der Jahrhundertwende ist ein wunderschönes Baudenkmal, mit Räumen in architektonischer Vielfalt. Es liegt im noblen Kölner Versicherungsviertel, nahe der Rheinuferstraße, in der Nähe vom Bahnhof und gehört zur Luxusklasse. Preise ab DM 175,- für ein Einzel- bzw. DM 220,- für ein Doppelzimmer. Dusche/WC auf dem Zimmer.

Hotel Hopper
Brüsseler Str. 26, 50674 Köln
☎ 92 44 00
Wohnen über dem Klosterkeller, speisen in der Kapelle. Kunst und Kultur verbinden sich in ehemaligem Klostergemäuer, das in klassisch-modernem Stil eingerichtet ist. Das 49 Zimmer umfassende Hotel, in der Nähe zum Rudolfplatz, bietet auch ein behindertengerechtes Zimmer. Preise ab DM 139,- für ein Einzel- bzw. DM 179,- für ein Doppelzimmer. Dusche/WC auf dem Zimmer. Garagen und Stellplätze vorhanden.

La Isla

Hotel Pension Garni

Eintrachtstraße 4, 50668 Köln

☎ 13 41 71

Ein intimes kleines Hotel in gleicher Entfernung von Hauptbahnhof und Ebertplatz. Trotz der Nähe zum lebhaften Eigelstein ein ruhiges, mit Geschick eingerichtetes Haus mit einem Dutzend Betten und 3 Appartements im Nebenhaus. Das Frühstück kann bis 11.00 Uhr eingenommen werden und bietet Bio-Alternativen und viel Selbstgemachtes. Der Frühstücksraum kann auch anderweitig von kleineren Gruppen genutzt werden. Sauna im Haus. Preise ab DM 95.- für ein Einzel- bzw. DM 130.- bis 150.- für ein Doppelzimmer. Dusche/WC auf dem Zimmer. Appartementpreise bei längerem Aufenthalt ab DM 80.-.

Hotel Chelsea

Jülicher Str. 1, 50674 Köln

☎ 23 47 55/6

Künstlerhotel abseits der Ringe, das nach einem gleichnamigen Haus in New York benannt ist, in dem Künstler mitunter auch mit ihren Bildern bezahlen. Die 50 Zimmer sind mit verschiedenen Kunstwerken ausstaffiert, sozusagen eine Ausstellung mit Schlafmöglichkeit. Das Haus ist auf die Künstlerszene zugeschnitten: Essen gibt es bis 3.00 Uhr nachts und Frühstück mindestens bis high noon. Neoexistentialistischer Stil in schwarzweiß, angegliedert ist eine stadtbekannte Bar, das »Café Central«, Preise ab DM 139.- für ein Einzel- und DM 179.- für ein Doppelzimmer, in Messezeiten doppelt so hoch. Ermäßigungen nach Vereinbarung in den ruhigen Monaten April, Juni/Juli und Dezember. Bad/Dusche, WC, Telefon, TV im Zimmer, üppiges Frühstücksbuffet, Konferenzräume, Verkehrsanbindung in alle Richtungen über den nahe gelegenen Rudolfplatz.

Esplanade

Hohenstaufenring 56, 50674 Köln

☎ 92 15 57-0

Ein modernes Hotel, mit 28 Zimmern, in bester Lage direkt auf dem Kölner Boulevard mit bester Schlemmer- und Einkaufsmöglichkeit. Preise ab DM 125,- für ein Einzel- bzw. DM 165,- für ein Doppelzimmer. Dusche/WC auf dem Zimmer.

Accent-Severin-Hotel

Severinstraße 61, 50678 Köln

☎ 931 86 70

Ein kleines, freundliches Hotel mit 17 Zimmern, verkehrsgünstig im Zentrum der Stadt zwischen Altstadt und Chlodwigplatz. Das Frühstück kann bis um 11.00 Uhr eingenommen werden und bietet 78 verschiedene Kaffeesorten. Tagsüber verwandelt sich der Frühstücksraum in ein gemütliches Bistro »Rizz em Veedel«, in dem die zahllosen Nudelgerichte eine besondere Spezialität sind. Preise ab DM 116.- für ein Einzelzimmer bzw. DM 162.- für ein Doppelzimmer. Dusche/WC auf dem Zimmer.

Tagungshotel Engelshof

Ostmerheimer Str. 397, 51107 Köln 91 (Merheim)

☎ 699 99 10, 699 99 27

Hotel in einem umgebauten und teils restaurierten Gutshof mit grünem Innenhof am Rande der Stadt; vor allem für Gruppen und Familien, aber auch Einzelgästen zu empfehlen, die nicht nur eine Nacht in Köln bleiben wollen. Für Rollstuhlfahrer nicht geeignet. Ruhige Lage, Landwirtschaft in der Nähe, kein Nachtleben. Das Haus ist auf Tagungen spezialisiert, mit entsprechender technischer Ausstattung, Gruppen- und Sporträumen, bietet Halb- und Vollpension, auf Wunsch wird vegetarisch oder vollwertig gekocht. Einzel-/ Doppelzimmer 110,-/160,- DM. Preise für Gruppen ab DM 70.- pro Person (Halbpension); für das Doppelzimmer wird pro Person ein Aufschlag von DM 20.- und für ein Einzelzimmer von DM 40.- verlangt. Frühstücksbuffet nach Vereinbarung. Direkte Straßenbahnverbindung in die Innenstadt (20 Minuten Fahrt).

St. Georg

Tagungs- und Gästehaus

Rolandstraße 61, 50677 Köln

☎ 93 70 20-0

Mischung aus Pension und Jugendherberge, aber mit dem Vorteil, am Rande der Südstadt zu liegen, so daß der Weg ins Vergnügen nur wenige Minuten dauert. Das Haus bietet eine Reihe von Tagungs- und Konferenzräumen und alle technischen Einrichtungen für Schulungs- und Lehrveranstaltungen. Neben Einzel- und Doppelzimmern auch Mehrbetträume für Gruppen. Ausgestattet mit Restaurant, Café und großer Terrasse. Die Preise beginnen bei DM 58.- für ein Einzelzimmer mit WC/Dusche auf der

Etage und reichen bis DM 140.- für das Doppelzimmer mit Bad/Dusche und WC im Zimmer. Halb- und Vollpension möglich, Mahlzeiten zwischen DM 8.- und DM 12.50. Sonderpreise für Gruppen in Mehrbettzimmern ab DM 45,- (Halbpension). Zu Messezeiten ist alles teurer.

Panorama-Hotel
Siegburger Str. 33, 50679 Köln (Deutz)
☎ 88 40 41/2
Bürgerliches Haus mit unaufdringlicher Einrichtung und den üblichen Accessoires wie Dusche oder Bad und WC im Zimmer, TV, Telefon, Garagen etc. Einige Zimmer lassen sich mit 1 bis 2 Zusatzbetten für Kinder ausrüsten. Empfehlenswert für Rollstuhlfahrer, da es über eine Garage und einen breiten Aufzug leicht zugänglich ist. Durch die Lage am Deutzer Ufer sehr schöner Blick auf den Rhein und die Altstadt. Preise ab DM 100.- für Einzel- und DM 220.- für Doppelzimmer. An Wochenenden ruhig, zu Messezeiten Hochbetrieb. Frühstück bis 10.00 Uhr möglich.

Ein familienfreundliches Hotel mit Kinderbetreuung finden Sie unter folgender Adresse:

Hokus Pocus Nachtigall
Belfortstraße 11, 50668 Köln (Nordstadt)
☎ 139 05 70
Tag- und Nachtbetreuung für Kinder von 1-12 Jahren möglich, täglich wechselndes Kinderkulturprogamm. Zimmerpreise ab DM 90.- bis DM 300.-.

Da die Kosten für Unterkunft doch »arg ins Geld gehen«, Entscheidungen sich nicht zuletzt nach dem Preis richten, einige Tips, preiswert unterzukommen:

Jugendgästehaus
An der Schanz 14, 50735 Köln (Riehl)
☎ 76 70 81
Bahn/Bus Linien 5, 15, 16, Haltestelle Boltensternstraße
Übernachtung/Frühstück 37,- DM

Jugendherberge
Siegesstraße 5 a, 50679 Köln (Deutz)
☎ 81 47 11
Bahn/Bus Linien 1, 2, 9, Haltestelle Bahnhof Deutz/Messe
Übernachtung/Frühstück zwischen 26.50 und 30.50 DM

Für beide Häuser ist ein gültiger Jugendherbergsausweis erforderlich.

weitere Adressen, bei denen sich ein Anruf oder Vorbeischauen lohnen kann:

Agentur für Wohnraum
Petersstraße 23-25
☎ 23 63 67

ihre mitwohnzentrale
Brüsseler Str. 73a
☎ 510 22 77

Mitwohnzentrale
An der Bottmühle 16, 50678 Köln
☎ 32 70 84

Mitwohnagentur
Lindenstraße 77, 50674 Köln
☎ 21 05 11

VERKEHR

ZU FUSS

Wer sich in Köln unabhängig von Verkehrsmitteln bewegen möchte, orientiert sich am besten am historischen Aufbau der Stadt.
Vom unmittelbaren Zentrum um den Kölner Dom und Hauptbahnhof aus gelangt man/frau auf die halbringförmig angelegten Ringe, die die Begrenzung des Innenstadtbereichs bilden. An den Knotenpunkten der Ringe mit den wichtigen Ausfallstraßen, z.B. Bonner Str., Luxemburger Str., Aachener Str., Venloer Str. und Neusser Str. befinden sich markante Plätze wie z.B. der Chlodwigplatz, Barbarossaplatz, Rudolfplatz, Friesenplatz und Ebertplatz (von S nach N). Nützlich ist auf jeden Fall der schon erwähnte Fußgängerplan (s.a. Karten und Pläne).

INNERSTÄDTISCH MIT BAHNEN UND BUSSEN

Kölner Nahverkehr, das sind 17 Bahn- und 30 Buslinien der KVB, die in Abständen von 10 bis 15 Minuten bis 1.00 Uhr nachts verkehren. Danach fährt nichts mehr. Die Straßenbahnen verkehren teils überirdisch, teils als U-Bahnen.
Fahrkarten, auch Mehrfachfahrkarten, gibt es an Haltestellen aus Automaten und bei den Vorverkaufsstellen der KVB, die an allen wichtigen Plätzen und in den U-Bahn-Statio-

nen eingerichtet sind. Die Fahrkarten sind in den Bahnen und Bussen in den Entwertern abzustempeln, ausgenommen Einzelfahrscheine, die in den Bahnen aus Automaten, in Bussen bei den Fahrern/innen gekauft werden können. Schwarzfahren kostet 60.- DM und den Eintrag in eine Datei.

Das Tarifsystem der KVB ist für Besucher/-innen wie für Einheimische schwer verständlich. Am günstigsten ist der Kurzstreckentarif, 2,- DM (als Viererkarte DM 7,75); an jeder Haltestelle ist vermerkt, wie weit er von diesem Punkt aus gilt; ansonsten gilt im Stadtgebiet der Zwei-Zonen-Tarif, DM 3,20. Interessant für Besucher/innen sind darüber hinaus die 24-Stunden-Karte, (11,- DM), die Dreitagekarte (22,- DM) oder Minnigruppenkarte 11,- DM; alle Preisangaben beziehen sich auf den Zwei-Zonen-Tarif. Fahrtunterbrechungen sind bis zu 90 Minuten erlaubt. Bei den örtlichen Kundenzentren erhalten Sie die DOS-Software ASSlight, um Ihren persönlichen Fahrplan zu erstellen.

Weitere Informationen erteilt:

Fahrgastcenter Neumarkt
Neumarkt 25, 50667 Köln
☎ 547 46 46
Mo-Fr 7.30-19.00, Sa 8.30-14.30 Uhr

Fahrgastcenter Mülheim
Wiener Platz, 51065 Köln
☎ 547 23 49
Mo-Fr 7.00-19.00, Sa 8.30-14.00 Uhr

Fahrgastcenter Ehrenfeld
Ehrenfeldgürtel 14, 50823 Köln
☎ 547 33 80
Öffnungszeiten wie in Mülheim

Dort gibt es einen Gesamtfahrplan zu 5.90 DM (incl. des sehr guten, übersichtlichen Stadtplans mit Streckenverzeichnis aller Linien).

Wer sich im Zentrum bewegt, sollte die Bahn/Bus Linien 6, 15 benutzen, die halbringförmig auf den Kölner Ringen das Zentrum umfahren. Am Barbarossaplatz, Friesenplatz und Ebertplatz ist ein Umsteigen auf das zentrale U-Bahn-Netz möglich. In größeren U-Bahn-Stationen sind Gepäckschließfächer eingerichtet; die Gepäckaufbewahrung kostet 4.00 DM für 24 Stunden Lagerdauer, maximal 72 Stunden Aufbewahrungsdauer.

MIT BAHNEN UND BUSSEN IM REGIONALVERKEHR

Zu erwähnen sind vor allem die Bahn/Bus-Linien 15, 16, 18, die zwischen Köln und Bonn im Abstand von 15 bis 30 Minuten verkehren; weiterhin die S-Bahn zwischen Worringen und Bergisch Gladbach, die auf dieser Strecke in Intervallen von 20 bis 30 Minuten fährt. Vom Regionalverkehr mit Bussen ist abzuraten: Lange Wartezeiten und schier endlos erscheinende Fahrten verderben die gute Laune sehr bald.

MIT DEM FAHRRAD

Köln verfügt über ein in Ansätzen verwirklichtes Fahrradnetz. Ihr Meisterstück haben die Planer bei der Gestaltung der Radwege entlang der Ringe abgelegt, wo man/frau die Wahl zwischen der Kollision mit abbiegenden Autofahrern, flanierenden Fußgängern, biedermeierlich nachempfundenen Pollern und der Bestuhlung der Außengastronomie hat. Ein erster Gestaltungspreis für dummdröselige Gedankenlosigkeit!
Nützlich zur Orientierung sind spezielle Radwegekarten (s.a. Karten und Pläne). Ein wichtiger Hinweis: Alle acht Rheinbrücken können mit dem Fahrrad befahren werden, auch die Autobahnbrücken. Wenn das Rad nicht mehr läuft, gibt es neben vielen Fahrradgeschäften noch eine wichtige Adresse:

Nippeser Radlager
Siebachstraße 57-59, 50733 Köln (Nippes)
☎ 73 46 40
Das Radlager ist Mitglied im »Verbund selbstverwalteter Fahrradbetriebe e.V. VSF«.

Eine weitere wichtige Adresse in Köln:

Allgemeiner Deutscher Fahrrad-Club e.V. »ADFC«
Im Sionstal 8, 50678 Köln
☎ 32 39 19
Di 17.00-18.00, Fr 14.00-18.00, Sa 10.00-13.00 Uhr

Fahrradverleih.
Auf neuen Rädern kann man/frau täglich für DM 15.- (Wochenpreis DM 70.-) Köln erkunden (Kaution DM 150.-).

Fahrradverleih Hans Bauerfeind
Kleiner Griechenmarkt 81, 50676 Köln
☎ 23 71 06

Kölner Fahrradverleih
Markmannsgasse, 50668 Köln
☎ 629 87 96 ☎ 0171-629 87 96
Unter der Deutzer Brücke (linksrh.)
Tägliche Stadtrundfahrt mit dem Rad (von April bis Oktober), z.B. Rheinpanorama-, Grüngürtel- und Romanische-Kirchen-Tour.

Ein Tip: Als FahrradfahrerIn kann man/frau auch den Service der KVB beanspruchen, die auf den Bahn/Bus Linien 1-12 kostenlose Fahrradmitnahme während der Sommerferien zuläßt.

MIT DEM AUTO

Autoverleihe gibt es unzählige in Köln; wer Touren in entferntere Stadtgebiete oder die Region machen will, kann sich an die in den Branchenbüchern aufgelisteten Verleihe wenden und selbst eine Auswahl treffen.

Ein Tip:

StattAuto
Maastrichter Str. 41-43
☎ 952 11 87
Nur für Leute, die Car Sharing nutzen.

MIT SCHIFFEN

Von Mai bis Oktober und zu Messezeiten, täglich von 8.00-19.00 Uhr alle 10 Minuten, fährt eine Personenfähre von der Hohenzollernbrücke aus nach Köln-Deutz/Messe. Die einfache Fahrt kostet 2.- DM, Hin/Rückfahrt 3.- DM, Fahrräder werden zum gleichen Preis befördert. Da die Schiffahrtsgesellschaft auch Sonderfahrten veranstaltet, hier die Adresse:

H. Linden Personenschiffahrt und Fährbetrieb
Oberländerufer 168, 50968 Köln (Bayenthal)
☎ 38 47 38

Die Kölner Fähren: Zündorf-Weiß, ganztägig an Wochenenden verkehrend, werktags nur morgens und abends im Berufsverkehr; kaum bekannt ist die Autofähre im Kölner Norden, die zwischen Langel und Leverkusen-Hitdorf pendelt, ganzjährig werktags von 6.00-20.00, So von 9.00-20.00 Uhr alle 15 Minuten. Die Anlegestellen befinden sich in den Stadtteilen am Rheinufer und sind in jedem Stadtplan deutlich markiert.

MIT DER RHEINSEILBAHN

Seit dreißig Jahren verkehrt zwischen Zoo und Rheinpark die Rheinseilbahn. Eine Fahrt damit lohnt sich vor allem wegen des weiten Blicks auf das Rheinpanorama. Die Rheinseilbahn fährt Mitte März bis Ende Oktober täglich von 10.00-18.00 Uhr, einfache Fahrt 6,50 DM, Hin/Rückfahrt 9.50 DM, Kinder zahlen 3,50/5,- DM.

MIT DEM TAXI

Taxifahren in Köln kann unumgänglich werden, vor allem nachts, wenn keine Bahnen und Busse mehr fahren. Die Standplätze befinden sich an allen wichtigen Plätzen und Straßen. Der Taxiruf ist rund um die Uhr unter ☎ **28 82** zu erreichen. Nach 20.00 Uhr können in Bahnen und Bussen der KVB Taxis zu einigen festgelegten Haltestellen telefonisch bestellt werden.

Orgatax Sammeltaxi
☎ 257 32 15 Mindestens eine Stunde vor Abfahrt anrufen. Abfahrt immer zur vollen Stunde.

WILDPARKS UND GÄRTEN

Eine Attraktion, auch für den Besuch mit Kindern, ist der Kölner Zoo:

Zoologischer Garten Köln
Riehler Str. 173, 50735 Köln (Riehl)
☎ 77 85-0
Bahn/Bus Linien 5, 15, 16, Haltestelle Zoo
Der Zoo ist täglich von 9.00-17.00, im Sommer von 9.00-18.00 Uhr geöffnet, das Aquarium, mit Insektarium und Terrarium, täglich von 9.30-18.00 Uhr. Die Fütterungszeiten an den Gehegen liegen zwischen 9.30 und 16.30 Uhr und werden durch Aushänge bekanntgemacht. Der Eintritt im Zoo beträgt für Erwachsene 15.- DM, für Kinder 7.50 DM. Lohnenswert ist auch das Aquarium (keine zusätzlichen Kosten).

Unmittelbar am Zoo gelegen und ebenso attraktiv ist die Flora:

Botanischer Garten
Am Botanischen Garten,
50735 Köln (Riehl)
☎ 76 43 35

Die Flora ist von 8.00 Uhr bis Einbruch der Dunkelheit geöffnet, Mo-Fr von 12.00-13.00 Uhr geschlossen, der Eintritt ist frei. Besonders zu empfehlen ist ein Besuch der Gewächshäuser mit subtropischen Pflanzen und Kakteen.

Daneben gibt es noch drei weitere sehenswerte Wildparks:

Tierpark im Stadtwald

Kitschburger Str., 51147 Köln (Müngersdorf)
Bahn/Bus Linie 1, Haltestelle Maarweg

Wildpark Köln-Dünnwald
Dünnwalder Mauspfad, 51069 Köln (Dünnwald)
Bahn/Bus Linie 4, Haltestelle Leuchterstraße

Wildgehege Brück
Brücker Mauspfad, 51109 Köln (Brück)
Bahn/Bus Linie 1, Haltestelle Brück, Mauspfad oder Bahn/Bus Linie 9 bis Endstation Königsforst
Die Wild- und Tierparks sind täglich bis zum Eintritt der Dämmerung geöffnet, der Eintritt ist kostenlos.

JÄHRLICHE FESTE UND VERANSTALTUNGEN

Dezember/Januar	**Sechstagerennen** zwischen dem 26. Dezember und dem 2. Januar mit rasender Silvesternacht (Sporthalle)
Februar	**Kölner Karneval** 40 Tage vor Palmsonntag ist Aschermittwoch, die Karnevalstage kann man sich danach errechnen. Donnerstag: Wieverfastelovend: 11.11 Uhr Eröffnung am Alter Markt; am Wilhelmplatz in Nippes; am Lorenzplatz in Deutz; 14.00 Uhr Jan und Griet-Spiel am Severinstor. Samstag: die ersten Stadtteilumzüge, außerdem der Geisterzug, der seit 1992 abends durch die Stadt geht. Wechselnde Routen. Sonntag: Schull- und Veedelszöch in der Innenstadt Montag: Rosenmontagszug in der Innenstadt Dienstag: Stadtteilumzüge in der Südstadt und in der Altstadt, vor diversen Kneipen Nubbelverbrennen Mittwoch: Aschermittwoch und Fischessen
März	**Westdeutsche Kunstmesse** (in ungeraden Jahren)
Mai	**Mülheimer Schiffs-Prozession** an Fronleichnam Eine jahrhundertealte, farbenprächtige Prozession mit zahllosen Schiffen und Booten auf dem Rhein zwischen 11.00 und 13.00 Uhr; den besten Blick hat man/frau vom Rheinufer zwischen Zoobrücke und Mülheimer Brücke bzw. von den Brücken herab! Karten zum Mitfahren gibt es vorher im Büro der Mülheimer Liebfrauengemeinde, Adamstr. 15, ☎ **61 29 07**. **Tanzbrunnen**: Eröffnung des Programms auf der Freilichtbühne.
Juni	**Internationale Computerausstellung**
Juli	**Am ersten Wochenende im Juli: Christopher-Street-Day** mit großer Parade am Sonntagmittag. Parade-Weg den Tageszeitungen entnehmen **Kappesrollen** rund um den Vogelsanger Markt im Stadtteil Vogelsang am Anfang des Monats **Internationale Sommerakademie** des Tanzes (verschiedene Spielstätten) **Kölner Sommer** während der Ferien viel Kultur umsonst und draußen.
August	**Popkomm** das größte Musikfest der Welt auf den Ringen der Stadt **Internationales Leichtathletik Sportfest** (Müngersdorfer Stadion) **Feier der Marinekameradschaften** unter dem Rettungsboot an der Eigelsteintorburg am 28. August aus Anlaß des Untergangs des Kreuzers »Cöln«

September	**Kölner Bücherherbst** auf dem Neumarkt. 4 Tage lang präsentieren Kölner Verlage und Buchhandlungen ihre Bücher, dazu ein umfangreiches Kulturprogramm mit Lesungen, Diskussionen u.v.m. im Zelt.
	Antiquariatstage
	Internationales Pantomimenfest »Gaukler«
	SPOGA Sportartikel-Messe
	Grafenbegängnis im Kölner Dom, Kranzniederlegung am Grab Gottfrieds IV. von Arnsberg am Sonntag vor dem Fest des Heiligen Michael
September/Oktober	**IFMA** Internationale Fahrrad- und Motorradausstellung (in geraden Jahren)
	ANUGA Weltmarkt der Ernährung (in ungeraden Jahren)
	Photokina-Fachmesse (in geraden Jahren)
Oktober	**Patronatsfest** der Kölner NATO-Verbände in der St. Gereons-Basilika am 14. Oktober
	Reliquienprozessionen zu den Gedenktagen der Heiligen Ursula (21.10.), Severin (23.10.) und Kunibert (12.11.) jeweils am darauffolgenden Sonntag. Alter Kult mit Viertelsprozessionen um die gleichnamigen Kirchen
	Weltmusiktage der Internationalen Gesellschaft für Neue Musik (verschiedene Spielstätten)
November	**Kölner Jazzhaus-Festival** im Stadtgarten (s.a. Musik)
	Art Cologne Internationaler Kunstmarkt

IRENE FRANKEN

KÖLN

Der Frauen-Stadtführer

Gebunden

Mit *KÖLN*-Der Frauen-Stadtführer werden Sie ganz neue Aspekte der Stadtgeschichte und Stadtkultur entdecken: die wichtigen Schauplätze der Frauengeschichte in Köln. Der Stadtführer meidet die ausgetretenen Pfade des Tourismus, und führt zu unbekannten Schauplätzen des touristischen Zentrums der Stadt im Bereich zwischen Dom und St. Maria im Kapitol. Bei diesem Rundgang durch die Stadt wird deutlich, daß in fast jedem Stadtteil ein Beitrag zur Frauengeschichte zu finden ist. Der Spaziergang durch das Zentrum des historischen (und heutigen) Köln informiert über interessante Frauen, erzählt von Kämpfen, von Spuren der Heiligen, Herrscherinnen und der »kleinen Frau auf der Straße«.
Dieser Stadtführer schließt eine Lücke in der Geschichtsschreibung der Stadt Köln. Über 150, zum Teil bisher unveröffentlichte Fotos und Dokumente zeigen eine Fülle unbekannter Kölner Geschichte, dokumentieren die Vielfältigkeit der Aktivitäten von Frauen. Das Buch zeigt Ihnen die Stadt und die Geschichte ihrer Frauen – wie Sie sie auf normalen Sightseeingtouren nicht kennenlernen.

Wichtige Rufnummern

AIDS-Beratung der AIDS-Hilfe Köln e.V.	☎ 194 11 ☎ 20 20 30
AIDS-Telfon der Bundeszentrale	☎ 89 20 31
Apotheken-Notdienstansage	☎ 01 15 00
Arztrufzentrale	☎ 72 07 72
Bahn-Reiseauskunft	☎ 194 19
Drogenhilfe Köln e.V.	☎ 91 27 97-0
Fernamt	☎ 010
Flughafen	☎ 02203/40 40 01
Fremdenverkehrsamt	☎ 221 33 45
Feuerwehr	☎ 112
Fundbüro der KVB	☎ 547 36 72
Fundbüro der Stadt Köln	☎ 221 63 12
Fundstelle Hauptbahnhof	☎ 141 21 72
Jugend-Notdienst	☎ 221 40 78
Krankenwagenleitstelle	☎ 74 54 54
KVB-Fahrplanauskunft	☎ 547 33 33
Literatur-Telefon	☎ 115 10
Messen und Ausstellungen	☎ 115 16
Notruf für vergewaltigte Frauen	☎ 56 20 35
Pannendienst des ADAC	☎ 192 11
Polizei-Notruf	☎ 110
Reisewettervorhersage	☎ 01 16 00
Telefonauskunft	☎ 011 88
Straßenzustandsbericht	☎ 011 69
Taxiruf Köln	☎ 19410 und ☎ 28 82
Telegrammaufnahme	☎ 01131
Umwelttelefon	☎ 221 2020
Verwahrungsstellen für sichergestellte Autos	☎ 59 10 09/10 ☎ 38 01 78
Wettervorhersage	☎ 0190/116406
Zeitansage	☎ 01191

Bildnachweis

Rheinisches Bildarchiv, Köln: 13, 14, 19, 20o, 24, 25, 30, 31o, 31u, 33, 35, 36o, 38, 39, 47, 57, 72, 73, 75o, 75u, 76, 77, 78, 79, 81, 87, 89, 92o, 92u, 101, 103, 113, 121, 127, 138, 139, 140, 142, 154, 155, 156, 157, 172, 179o, 190, 195o, 195u, 196, 199, 208, 221, 222l

Axel Krause, laif, Köln: 15, 16, 17, 18o, 20u, 54, 62, 83, 91, 95u, 98, 107o, 107u, 109, 112, 115, 116, 126, 132, 140u, 144, 145, 161, 162o, 162u, 165, 168, 169o, 169u, 170, 173, 174, 176, 178, 179u, 185, 187, 201, 202o, 203, 205, 206, 209, 214, 221u, 222u, 223

Manfred Linke, laif, Köln: 16o, 26, 37, 53, 67, 88u, 96, 100, 111, 122, 129, 135, 146, 152, 164, 197

Gernot Huber, laif, Köln: 28, 59, 60o, 60u, 95o, 97, 124, 181u, 182o, 182u, 183o, 183u, 212

Köln-Archiv: 45o, 45u, 65, 88o, 117, 130o, 160, 166o, 167, 177, 184, 188, 213

Historisches Archiv der Stadt Köln: 40, 61, 123, 127, 130u, 200, 217

Kölner Frauengeschichtsverein: 41, 80o, 80u, 133, 171

Bildarchiv Foto Marburg: 21, 22o, 22u, 23u

VVN-Archiv, Köln: 93l, 93r, 94l

Photo-/Videosammlung Museum Ludwig, Köln: 68o, 68u, 69

Stadtkonservator, Köln: 97u, 106u, 131

Petra Metzger, Köln: 106o, 106u

Sammy Maedge, Köln: 219, 220

Zentralrat Deutscher Sinti und Roma, Mannheim: 215, 216o

Robert Bossart, Oberhausen: 158

British Library, London: 198

Express: 66

Firmenarchiv Stollwerck, Porz: 180

Peter Fischer, Köln: 218

Klenkes, Aachen: 27

Kölner Stadt-Anzeiger: 29, 104

Kölnische Rundschau: 216u

Kölnischer Kunstverein: 105

Celia Körber-Leupold, Köln: 230

Hans-Günter Meisenberg: Autorenporträt

Römisch-Germanisches Museum, Köln: 52

Fritz Schneider, Köln: 18u

Yoash Tatari, Köln: 108

Hildegard Weber, Köln: 175

R. Wylezalek, Lichtbildstelle der Bahndirektion: 43

Ferner entnahmen wir Abbildungen aus den folgenden Publikationen:

AK Schwule Geschichte Kölns, Dornröschen. Das Leben der »Verzauberten« im Köln der 20er Jahre. Köln 1987: 136, 137

Heinrich Böll, Leben und Werk. Hrsg: Stadt Köln und Heinrich Böll-Stiftung, Köln, Köln 1994: 63

Fliciana Brüll, Anna M. A. von Heers. Berlin 1930: 70

Otto Dann (Hrsg.), Köln nach dem Nationalsozialismus. Wuppertal 1981: 99

Deutscher Stahlbau-Verband, Stahlbauten in Köln und Umgebung. Köln 1984: 48

Geschichtswerkstatt Agnesviertel, Alltagsgeschichte im Agnesviertel. Köln 1988: 56, 57, 58, 61

Heiminitiative Tempelstraße (Hrsg.), Wir wollen's anders drehn! Köln o.J.: 202u

Illustrierte Geschichte der deutschen Revolution (Reprint). Berlin 1929: 166u

Kölnisches Stadtmuseum (Hrsg.), Juden in Köln. Köln 1984: 114

Bruno Kuske, 100 Jahre Stollwerck 1839-1939. Köln 1939: 181o

Museum Ludwig (Hrsg.), Skulpturen in Köln. Köln 1988: 74

Hans Prolingheuer, Der rote Pfarrer. Leben und Kampf des Georg Fritze. Köln 1989: 159

Stadt Köln (Hrsg.), Stadtspuren Bd. 1. Köln 1984: 36u

Arnold Stelzmann/Robert Frohn, Illustrierte Geschichte der Stadt Köln. Köln 1958ff: 34

The Illustrated London News: 210

Verein El-De-Haus e.V. (Hrsg.), Arisierung in Köln. Köln 1988 (Ausriß Westdeutscher Beobachter, 30.5.33): 153

Mathias Zender, Räume und Schichten mittelalterlicher Heiligenverehrung. Düsseldorf 1950: 150

Der Autor

Martin Stankowski (*1944) ist Journalist, Geschichtenerzähler und Fremdenführer. Seine Stadtwanderungen bieten ein interessantes Kontrastprogramm zu Führungen herkömmlicher Art. Im Jahr 1968 gehörte er zu den Mitbegründern der Zeitschrift »Kritischer Katholizismus«, studierte eher lustlos Germanistik und Theologie und arbeitete während der 70er Jahre in einer selbstverwalteten Druckerei, später bei einer der ersten Alternativzeitungen der Bundesrepublik, dem »Kölner VolksBlatt«. Seit Beginn der 80er Jahre verdient er sein Geld vornehmlich als Rundfunkautor. Zusammen mit Jürgen Becker schrieb er das Kabarettprogramm »Biotop für Bekloppte«, mit Rainer Pause »Tod im Rheinland – eine heitere Knochenlese«. 1996 erhielt er den »Köln-Literaturpreis«, im gleichen Jahr erschien im DuMont-Buchverlag, in Zusammenarbeit mit dem Fotografen Manfred Linke, der opulente Bildband »Köln – Ein rheinischer Planet«.

Band 1 in Stichworten

Zweitausend Jahre Stadtgeschichte von den Römern bis zur Gegenwart
Der Einleitungsessay zeichnet die Entwicklungslinien seit der römischen Gründung nach und beleuchtet die gesellschaftlichen Hauptgruppen Kölns, die das Gesicht der Stadt bis heute geprägt haben: Soldaten, Händler und Priester.

Wanderung 1: Im Zentrum der alten Stadt
Löwenkampf und Bürgermeister, Vertreibung der Patrizier, Römerstadt und Abwasserkanal, Judengeschichte und Kultbad, Kölnisch Wasser und ein Stadtrevoluzzer, Marx und Engels, Zwangsarisierung, Politisches Nachtgebet, Anna Maria van Schürmann und Maria de Medici, Frauenzünfte, Schwulentreffs im Mittelalter.

Wanderung 2: Westliche Innenstadt
Henker und Bischof im Altengrabengäßchen, Unter Sachsenhausen, Freiherr Schröder und die Nazis, El-De-Haus, Schweizer Ladenstadt und Bazaar de Cologne, Vierzehn Nothelfer von St. Aposteln, Freiheitsbaum und Adenauer auf dem Neumarkt, Legende von der schönen Richmodis, Gesundheitsamt und »Drittes Reich«, Psychiatrie im Mittelalter, Weberaufstand am Griechenmarkt, Hochhaus ohne Baugenehmigung.

Wanderung 3: Rund um den Kölner Dom
Kampf der zwei Magier, Legende vom Dombaumeister, Glocken zu Kanonen, Pius IX. kneift, Der Dom als Kontakthof, Hexen in der »Hacht«, Bombentreffer im Nordturm, Der Wächter im Dom, Die Rippe der Richeza und das Herz Maria Medicis, »The Judensau« im Chorgestühl, Reinald der Reliquiendieb, Pendeln im hohen Chor, Napoleons Pferd, Verwitterung und Saurer Regen.

Wanderung 4: Von der Stolkgasse in die Altstadt
Nord-Süd-Fahrt, Frauenverächter Albertus Magnus, Deutsche Arbeitsfront, Die Göttin der Vernunft, Buchdruck im alten Köln, Verbotene Stadt und höchste Erhebung, Beginen und Frauenorden, Kolumba und die Bärin, Bauklüngel und »Moderne Stadt«, Goldmeile Hohe Straße, Kölsch vom Inquisitor Petrus Martyr, Alfreds Traum: »Aus der Badewanne die Domspitzen sehen«, Altstadtsanierung im »Dritten Reich«, St. Siegfried und die Annoköpfe.

Dazu die **Themenregister** und der umfassende **»Köln-Service«** mit allen wichtigen Adressen, Öffnungszeiten, Preisen und weiteren Informationen.

»Der andere Stadtführer«, Band 1, Verlag Kiepenheuer & Witsch, Köln 1997.